학교사회복지론

진 혜 경

창지사

서문

학교사회복지가 낯설었던 1990년대와 달리 이제 학교사회복지사업, 교육복지우선지원사업, 위프로젝트 등 학교 안에서 사회복지사를 만나는 건 그리 어렵지 않은 현실이 되었다. 그러나 90년대만 하더라도 학교사회복지론은 모든 사회복지학과에서 가르치는 일반적인 교과목이 아니었고, 교육청과 학교의 교직원에게는 매우 생소한 영역이었다. 그러므로 교사나 학생, 학부모들은 학교사회복지사의 역할과 직무를 잘 몰랐고, 상담교사와의 차이점은 더욱 이해하지 못하였다.

그동안 학교사회복지를 제도화하기 위한 많은 노력들이 있었다. 학교사회복지 특별법안, 초·중등교육법 개정안 등 많은 논의가 있었고, 여전히 진행 중이다. 이러한 가운데 2018년 사회복지사업법의 개정으로 학교사회복지사가 국가자격제도로 전환되고 사회복지사업의 전문분야로 인정을 받게 된 것은 매우 고무적이다. 2020년 시행령과 시행규칙 개정까지 이루어지면서 한국사회복지사협회, 한국학교사회복지학회, 한국학교사회복지사협회의 공동주관으로 2005년 학교사회복지사 자격제도가 시행된 지 15년 만에 국가공인 학교사회복지 자격제도가 완성되었다. 그러나 또 한편으로는 한국적 학교사회복지의 전문성을 갖추기 위한 지식, 기술, 태도를 정립하고, 직무표준을 정립하여야 하는 엄준한 사회적 무게감을 느낀다.

이 책은 학교사회복지사가 되기를 꿈꾸는 대학교 학부생과 대학에서 학교사회복지론을 배우지 못하고 현장에서 일하고 있는 사회복지사 그리고 학교사회복지사 자격 취득을 위한 수련생을 위하여 집필되었다. 초창기에는 한인영 교수님, 전재일 교수님, 성민선 교수님이 주도하신 책만이 학교사회복지사의 길을 밝혔지만, 지금은 꽤 많은 교재가 출판되어 학교사회복지실천의 앞길을 환하게 비추고 있다. 이 책은 그 빛에 덧붙여 함께하고 싶은 작은 소망에서 출발한다. 저자가 대학원과 대학에서 학교사회복지론을 강의한 지 15년의 시간이 흘렀는데, 앞서 공저로 참여한 두 권의 책이 이미 오래되어 수업에 바로 적용하기 어려운 아쉬움이 있었다. 그동안 국내의 교육 환경과 학교사회복지 환경은 커다란 변화를 겪었다. 본서에서 이를 감안하고 저술하지만, 충분하고 완전하지 못할 것이며 부족한 부분은 또 다른 등불이 밝혀 주리라 기대하고 편안한 마음으로 내어 놓는다.

2021. 3. 저자

차례

■ 서문 / 2

PART 1. 학교사회복지의 기초

제 1 장 학교사회복지의 발달 8

1. 외국의 학교사회복지 발달 / 8
2. 한국의 학교사회복지 발달 / 17

제 2 장 학교사회복지의 이해 38

1. 학교사회복지의 개념 / 38
2. 학교사회복지사의 역할과 직무 / 45

제 3 장 학교사회복지 관련 법률 60

1. 사회복지사업법 / 60
2. 교육 관련 법률 / 64
3. 아동 · 청소년 및 가족 관련 법률 / 70
4. 학교사회복지 제도화를 위한 노력 / 78

PART 2. 학교사회복지실천 토대

제 4 장 학교사회복지실천의 이론적 토대 82

1. 체계적 관점 / 82
2. 강점관점 / 89
3. 인권관점 / 97

제 5 장 학교사회복지실천 모델 101
1. Alderson과 Costin의 실천 모델 / 102
2. 미국의 통합 서비스 모델 / 110
3. 교육복지우선지원사업 모델 / 114

PART 3. 학교사회복지실천

제 6 장 학교사회복지실천 122
1. 학교사회복지실천 과정 / 122
2. 사례관리 / 133
3. 학교사회복지의 윤리적 실천 / 146

제 7 장 학생 개입 151
1. 개별 개입 / 151
2. 집단 프로그램 / 166

제 8 장 교사 자문과 협력 175
1. 교육과정 연계 / 175
2. 교사 개입과 협력 / 179

제 9 장 안전한 학교와 위기 개입 188
1. 안전한 학교 / 188
2. 위기 개입 / 197

제 10 장 가족과 지역사회 연계 협력 204
1. 가족과 학교사회복지 / 204
2. 지역사회와 학교사회복지 / 211

PART 4. 학교사회복지 평가와 수퍼비전

제 11 장 학교사회복지 평가 224

1. 평가 개요 / 224
2. 학교사회복지 평가 / 232

제 12 장 학교사회복지 수퍼비전 242

1. 수퍼비전 / 242
2. 학교사회복지 수퍼비전 / 249

- 참고문헌 / 258
- 부록 / 276

1 학교사회복지의 기초

1부에서는 학교사회복지의 기초로 역사적인 발달 과정과 학교사회복지의 개념, 학교사회복지 관련 법률을 포함한다. 제1장에서는 학교사회복지가 시작된 영국과 미국을 중심으로 학교사회복지의 역사를 고찰하고, 국내 도입과 발달 과정을 다룬다. 제2장에서는 학교사회복지에 대한 개념과 학교사회복지사의 역할과 직무를 포함하여, 학교사회복지에 대한 전반적인 이해를 돕는다. 제3장에서는 최근의 학교사회복지사 자격제도 변화를 포함한 사회복지사업법과 학교사회복지 서비스와 관련된 교육, 아동 · 청소년, 가족지원 관련 법률을 살펴본다.

제1장

학교사회복지의 발달

역사는 역사가와 사실들의 지속적인 상호작용 과정이며, 현재와 과거 사이의 끝없는 대화이다.

– E. H. Carr, 「역사란 무엇인가」

1. 외국의 학교사회복지 발달

학교사회복지는 학생들의 교육권을 실현하기 위하여 학교를 기반으로 가정–학교–지역사회 연계를 통해 포괄적인 사회복지실천이 이루어지는 사회복지의 전문분야이다. 학교는 기본적으로 교육 목적을 위해 설립된 기관으로, 사회복지사가 주요 전문직이 아닌 2차 현장이다. 병원에서 효과적으로 환자의 건강을 회복하기 위해 의료사회사업이 함께 지원되는 것처럼, 학교에서 학생들의 교육적 목적을 효과적으로 달성하기 위해 학교사회복지 서비스가 지원되는 것이다.

학교사회복지가 시작된 역사적 배경은 의무교육제도가 핵심적인 역할을 한다. 본 장에서는 의무교육이 실시되기까지의 배경과 학교사회복지가 도입되는 역사적 맥락을 살펴본다.

1) 의무교육제도의 도입

(1) 독일

교육은 인간의 역사와 함께 시작했다고 볼 수 있다. 한 세대에서 습득한 삶의 지혜와 경험이 교육을 통해 다음 세대로 이어지면서 인간의 문화는 발전되기 때문이다. 일찍이 그리스 시대 플라톤(Plato)은 교육이 귀족이나 특권층이 아닌 일반 시민에게도 필요하다고 역설하였다. 그러나 이러한 플라톤의 이상은 확산되지 못하고, 16세기 독일의 루터(Luther)에 이르러서 다시금 제기될 수 있었다. 종교개혁을 시작한 루터는 글을 못 읽는 대부분의 사람이 성경을 읽을 수 있도록, 그동안 귀족층만 향유할 수 있었던 교육이 모든 사람에게 제공되어야 한다고 보통교육의 필요성을 제안하였다.

보통교육을 법제화한 것은 독일의 옛 영주국가인 바이마르(1616년), 고타(1642년)의 법률이다. 그러나 대부분의 시민은 여전히 교육보다 당장 생존이 더 급했고, 아동을 학교교육보다는 집에서 가사를 돕거나 값싸고 쉽게 부릴 수 있는 노동력으로 취급하였기 때문에 보통교육이 확산되지 못하였다.

의무교육제도가 도입된 것은 독일의 옛 국가인 프로이센이 나폴레옹에게 패한 후 국가에 필요한 강력한 군대, 근면한 노동자, 애국적 시민을 양성할 필요성에서 비롯되었다. 피히테(Fichte)가 1807년 패전 후 매주 강연을 통해 애국심과 교육을 강조한 것에서 당시 분위기를 엿볼 수 있다

> 시민 대다수가 조국이라는 의식을 갖도록 교육해야 하고, 시민 대다수가 이러한 의식을 확실하게 갖기 위해서는 교육이 전반적으로 실시되어야 한다. … 우리들이 제안한 교육을 실시하면, 어릴 때부터 직업에 대해 숙고하는 습관을 가지고 자기 스스로 자신을 돕는 능력과 성향을 가진 노동계급을 국가가 갖게 될 것이다. 그뿐만 아니라 국가가 그들에게 적당한 방법으로 후원을 한다면 그들은 말 한마디도 다 하기 전에 국가를 이해하고 국가의 가르침을 참으로 감사하는 마음으로 받아들일 것이다.
>
> –Fichte(1808), "독일 국민에게 고함"–

이를 바탕으로 교육부 장관인 훔볼트(Humbolt)에 의해 1810년 초등학교, 중등학교, 대학교의 3부문으로 이루어진 학교체계를 도입하게 되었으며, 1819년 이전의 의무취학령 등을 포괄하여 의무교육제도를 확립하게 되었다. 이와 같은 공교육(public education)은 평민을 포함하여 모든 사람이 교육받을 수 있도록(보편성), 국가 정책을 통하여(공공성), 의무교육 기간 동안 아동을 학교에 취학시켜야 하는 부

모의 책임과 의무(의무성)를 강조한다. 독일이 산업혁명의 후발 주자로 유럽사회에서 뒤늦게나마 선진국가가 될 수 있었던 것은 강력한 국가주의를 바탕으로 세계 최초의 학교교육 체계를 갖추고 일관된 교육과정과 교사양성 체계, 의무교육제도를 실시한 것이 바탕이 되었다. 이후 의무교육은 전 세계로 확대되었다.

(2) 프랑스

프랑스의 의무교육은 독일과는 다소 다른 배경에서 출발하였다. 1789년 프랑스 혁명 이전은 다른 유럽국가들과 마찬가지로 교육은 상류층과 가톨릭 교회의 자선학교가 중심이었다. 그러나 프랑스 혁명 이후 자유와 평등 사상을 바탕으로 콩도르세(Condorcet)는 1792년 혁명의회에 공교육에 대한 법안을 제출하였는데, 당시에는 채택되지 않았지만 이후 프랑스 공교육제도의 기본적 틀이 되었다. 그는 올바른 교육은 진정으로 자유와 평등을 증진시켜야 하며, 계급과 성에 관계없이 모든 시민에게 무상의 의무교육을 실시할 것을 주장하였다.

콩도르세에 의하면, 사회가 그 구성원을 교육시켜야 할 이유는 세 가지이다. 첫째, 자신보다 많은 지식을 가진 자에게 노예처럼 의존하지 않기 위해서 모든 시민이 반드시 소유해야 할 최소한의 지식이 있다. 둘째, 교육은 시민의 다양한 재능을 발전시키고, 그렇게 함으로써 모든 시민이 평등하게 누리는 사회의 복지에 각자의 능력으로 최대한의 기여를 할 수 있다. 셋째, 인류의 완성가능성은 교육에 달려 있다(나병현, 2001).

이후, 프랑스에서는 7월 혁명과 2월 혁명을 거치며 콩도르세가 교육개혁론을 주장한 지 100년 가까운 시간이 지난 1882년 의무교육제도가 확립되었다. 당시 6세에서 13세까지의 초등교육은 무상성, 의무성, 비종파성(Laicitē)의 3가지 원칙을 수립하였으며, 이는 오늘에 이르기까지 프랑스 교육의 원칙이 되고 있다.

(3) 영국과 미국

영국과 미국에서는 빈곤 아동의 노동에 대한 비판이 배경이 되었다. 영국의 신빈민법 이후에 더욱 열악해진 구빈원과 작업장의 현실로 아동 빈곤, 아동 노동 학대에 대한 비판과 사회적 고발이 사회적 이슈가 되었다. 생존이 우선이었던 당시의 일반 서민들이나 노동계층, 빈곤층의 아동들은 젖먹이 시기가 지나면 어떤 형태로든 가사나 농업, 후에는 공장 근로까지 가정의 생계를 위해 노동을 할 수밖에 없었다. 그러므로 국가는 의무교육을 통해 아동의 노동을 금지하고, 자녀를 학교에 보낼 부모의 의무를 강제하였다(나병현, 2001).

영국, 스페인, 네덜란드, 프랑스 등의 식민지였던 미국은 청교도 등 종교의 영향이 컸지만, 1776년 독립을 선언한 후 비종파적인 공교육에 대한 요구가 확산되었다. 이에 따라 공교육의 아버지라 불리는 호레이스 만(Horace Mann)에 의해 1852년 메사추세츠 주를 시작으로 의무교육이 실시되었으며, 다른 많은 주들로 확산되었다. 그는 당시 사립학교가 상류층의 전유물로 빈민이나 여성들에게 교육 기회가 제공되지 않는 교육 차별은 철폐되어야 하고 모두에게 평등하게 교육의 기회가 주어져야 한다고 역설했다.

영국은 1870년 교육법과 1876년 기초교육법을 통해 의무교육제도를 확립하였다. 이후 1918년 교육법과 1922년의 노동당에 의한 '모든 사람에게 중등교육을'이라는 강령을 통해 초등 의무교육을 중등으로 확대하려 하였으나, 2차 세계대전의 여파로 실질적으로는 1944년 교육법을 통해 5세부터 15세까지의 의무교육을 실현하였다.

그러므로 모든 아동에게 노동을 금지하고, 성장과 발달을 위한 보통교육이 의무화되기 시작한 것은 전 인류의 역사에 비추어 보면 불과 200여 년밖에 되지 않는다. 고대 그리스나 로마시대부터 근대에 이르기까지 상류층이나 시민권을 가진 일부에게만 교육의 기회가 주어졌고, 신분, 성별, 인종 등과 관계없이 모든 아동이 교육 받을 수 있게 된 것은 근대에 와서야 이루어진 것이다. 서양에서의 의무교육제도는 이와 같이 절대주의 국가의 강제력, 자유권과 평등권의 인권 의식의 확장, 아동 노동에 대한 사회적 비판 등이 배경이 되었다.

2) 학교사회복지의 도입과 확산

(1) 의무교육 출석 관리로 시작

학교사회복지는 의무교육제도가 도입되면서 출석 관리를 위해 학교와 가정을 연결시키는 방문교사(visiting teachers)로부터 시작되었다. 세계 최초로 영국에서 19세기 후반에 자선조직협회와 인보관에서는 빈곤 아동의 무단결석에 대해 학교와 가정을 연결하는 방문교사 프로그램을 시작하였다(Barrett, 2014; Huxtable, Sottie & Ulziitungalag, 2012). 또한, 미국에서도 1906년 각기 독립적으로 뉴욕, 보스턴, 하트포트 등 세 도시의 학교 밖 민간기관에서 방문교사가 활동하기 시작하였다. 뉴욕의 하틀리 인보관과 그리니치 인보관은 학교와 가정을 방문하는 두 명의 직원을 배정하였으며, 보스턴에서는 여성교육협회에서 방문교사를 학교에 배치하였다. 또한 하트포트에서는 심리상담소 소장이 방문교사 프로그램을 시작하였다(Allen-Mears, 2007).

당시 의무교육제도가 도입되었지만, 부모들은 아동 교육의 필요성을 인식하지 못하고 방임하거나, 경제적 이득을 위해 여전히 아동을 학교보다는 노동 현장에 보내고 있었다. 또한 아동들 역시 학교에 가지 않고 공장에서 일하는 것을 바라는 경우도 있었다(Tyack & Berkowitz, 1977). 이에 따라 영국과 미국에서는 의무교육제도에도 불구하고 학교에 아동을 보내지 않는 가정을 방문하고, 학교와 가정의 상호 이해를 증진시키기 위한 인력이 등장하게 되었으며, 오늘날 학교사회복지사의 원류가 되었다. 인보관과 자선조직협회 등 민간기관에서 활동한 이들은 무단결석관리관(truant officer), 출석관리관(attendance officer), 방문교사(visiting teachers) 등 다양한 이름으로 불리었다.

(2) 시범사업과 전국 협회의 결성

교육청에서도 이들을 고용하기 시작하여, 1913년 미국의 뉴욕 주 로체스터 교육위원회는 학교와 가정의 협력을 극대화하기 위하여 방문교사 프로그램을 시작하였다. 방문교사가 증가하면서, 1919년 최초로 미국에서 전국방문교사협회(National Association of Visiting Teachers and Home Visitors)가 창설되었는데, 이는 1917년 개별사회사업가 중심의 전국사회복지사협회(National Social Workers' Exchange, NSWE)와 1918년 미국병원사회사업협회(American Association of Hospital Social Workers, AAHSW)에 이은 전국 단위의 협회였다.

또한, 1923년에는 공익재단(Commonwealth Fund)이 3년간 시범사업으로 전국방문교사협회의 학교사회사업을 지원하였다. 시범사업은 농촌과 도시의 30개 지역에 30명의 학교사회복지사를 배치하였으며, 각 지역사회는 이들 방문교사의 급여를 분담하였다. 1930년 사업이 종결될 때까지 이들 중 21개 지역에서 사업이 지속되었으며, 다른 주에서도 방문교사 프로그램을 시행하여, 전국적으로 당시 31개 주에서 244명의 학교사회복지사가 활동하였던 것으로 보고되고 있다(Allen-Mears, 2014).

1945년 미국의 전국방문교사협회는 전국학교사회복지사협회(National Association of School Social Workers)로 명칭을 변경하였다. 이는 학교사회복지사가 학교, 가정, 지역사회 연계를 통해 다양한 역할을 하고 있음에도 여전히 '무단결석관리관(truant officer)'의 이름으로 불리거나(Radin, 1989), '방문교사', '방문상담가', '학교상담가' 등의 이름으로 불리는 현실에서, 학교에 있는 사회복지사를 학교사회복지사로 통일하기 위한 것이었다.

사회복지사가 점차 전문직으로 성장하게 될 때, 학교사회복지사는 핵심적인 구성원이었다. 1955년 사회복지의 각 분야별 협회를 통합하여 전미사회복지사협회(NASW)가 결성될 때, 학교사회복지사협회는 7개 협회의 중요한 구성원이었다. NASW로 통합된 협회는 미국사회사업가협회(AASW, 전 NSWE), 학교사회복지사협회(NASSW), 의료사회사업가협회(AAMSW), 정신보건사회사업가협회(AAPSW), 집단사회사업가협회(AAGW), 지역사회조직 연구협회(ASCO), 사회사업연구집단(SWRG)이며, 학교사회복지사는 후에 의료사회사업가, 정신보건사회사업가와 함께 전문 사회사업가(specialist)의 위상을 갖게 된다.

(3) 학교사회복지의 제도화와 전문화

1975년 미국의 학교사회복지는 장애아동교육법(Education for All Handicapped Children Act)을 통해서 법제화가 되었다. 장애아동교육법은 장애아동이 '최소 제한의 환경' 속에서 적절한 공교육을 받을 권리를 보장하기 위하여 '관련된 서비스'와 이를 제공하는 전문 인력을 규정하였다. 이들은 학교사회복지사, 학교상담사, 학교심리사로 법령에 각 전문직이 수행하는 역할이 제시되어 있다. 이 법은 1990년 IDEA(Individuals with Disabilities Education Act, 공법 94-142)로 개정되었고, 이후 여러 차례 개정이 이어지고 있다.

장애아교육법은 단순히 물리적 장애만이 아니라, 학습장애도 포함되기 때문에 미국의 이민자와 빈곤, 학대 등으로 학습에 어려움을 겪는 아동이 모두 포함되었다. 즉, 이민자들의 아동이 영어로 의사소통이 안 되어 학습에 장애를 겪거나, 가정의 빈곤, 학대 등 다양한 심리정서적 어려움으로 학습이 어려운 경우를 포함하고 있기 때문에, 기존의 심신 장애만이 아니라 더욱 포괄적인 의미에서 학습에 어려움을 겪는 아동을 도울 수 있다.

학교사회복지가 제도화되면서, NASW는 1978년 학교사회복지 서비스 표준(Standards for school social work practice)을 제정하였다. 그러므로 학교사회복지사는 사회복지사 윤리강령을 준수하면서, 학교 체계 내에서 학생을 대상으로 서비스가 이루어지는 특성을 반영한 학교사회복지 서비스 표준을 따른다. 서비스 표준은 1992년, 2002년, 2012년 3차례에 걸쳐 개정되어, 현재 11개 조항으로 구성되어 있으며 학교사회복지 실천의 전문성을 명확히 하고 주요한 지침을 제시한다.

한편, 초기에는 학교사회복지사의 자격제도는 통일되지 않은 상태에서 지역단위에서 임의로 개별사회사업가 중에서 학교사회복지와 관련된 과목을 이수하면 자격을 부여하였다. 이에 NASW는 학교사회복지사의 질 관리를 위하여 1992년 최초로 학교사회복지사 자격시험을 실시하였으나, 미국 교사 시험(National Teacher's Test)은 1999년 이를 폐지하였다. 따라서 NASW는 전문 사회복지사 자격으로 2000년 공인 학교사회복지 전문가(Certified School Social Work Specialist, C-SSWS) 자격을 신설하였다(Allen-Mears & Montgomery, 2012). 그러나 미국의 모든 주에서 학교 사회복지사 자격(C-SSWS)을 요구하는 것은 아니며, 각 주마다 학교사회복지사에 대한 다른 기준들을 갖고 있다.

미국의 학교나 교육자치구는 학교사회복지사만이 아니라 청소년상담사, 심리사 등 다양한 전문직을 필요에 따라 채용하고 있다. 학교사회복지는 교육법, 장애아동교육법, 안전한 학교법(Safe Schools Act, 1994), 아동낙오방지법(No Child Left Behind, 2002) 등의 법률을 통해서 학생 사례관리와 학교-가정-지역사회의 연계 및 다학문적 협력을 통한 더욱 광범위하고 포괄적인 영역에서 활동하고 있다.

3) 세계 학교사회복지

20세기 초반 영국과 미국에서 의무교육제도에 따른 학교출석 관리와 빈곤 아동의 학업 성취를 위해 학교사회복지가 시작된 것은 이후 영국의 지배를 받던 국가와 유럽 전반에 영향을 미쳤다. 영국령이었던 캐나다는 1900년대 이전부터 영국과 마찬가지로 출석 관리를 위한 방문교사를 시작하였으며, 영국령이었던 가나, 호주에서도 1940년대부터 도입되었다.

학교사회복지는 1940년대 네덜란드, 말타, 스웨덴과 다른 북유럽 국가로 확산되었으며, 1960년대에는 아르헨티나 등 남미에도 도입되기 시작하였다. 1970년대에는 아시아의 홍콩, 싱가포르, 대만에도 도입되기 시작하였다. 또한 1989년 말 베를린 장벽이 무너지고, 구소련이 해체되면서 동유럽권에도 학교사회복지가 확산되기 시작하였다(Huxtable, 2002). 구소련의 동구 유럽 국가의 대학에 사회복지학과가 설치되면서, 학교사회복지가 동구 유럽 국가에도 확산되기 시작한 것이다. 1990년대 후반, 우리나라를 비롯하여 일본, 몽골, 중국 등 동아시아 국가에도 학교사회복지가 도입되었다. 2020년 현재 학교사회복지는 전 세계 50여개 국가에서 약 74,000명의 학교사회복지사가 활동 중이다(복지타임즈, 2020).

이러한 가운데 제1차 세계 학교사회복지 컨퍼런스가 1999년 미국 시카고에서 개최되어, 20개국 학교사회복지사가 교류할 수 있었다. 제2차 컨퍼런스는 2003년 스웨덴에서 열렸으며, 2006년에는 우리나라의 부산대학교에서 제3차 컨퍼런스가 개최되어 세계의 학교사회복지사들에게 우리나라의 학교사회복지를 알리는 계기가 되었다. 이후 세계 학교사회복지 컨퍼런스는 뉴질랜드(2009), 가나(2012), 몽골(2015), 중국(2018)에서 개최되었고, 2020년 제8차 컨퍼런스가 호주에서 개최될 예정이었으나, 전 세계적인 코로나 바이러스의 확산으로 연기된 상태이다.

이러한 모임을 통해 전 세계 학교사회복지사들은 각국의 실천 사례를 공유하고, 학교사회복지 이론을 발전시켜 나가고 있으며, 2016년부터는 세계 학교사회복지 학술지(International Journal of School Social Work)도 발간되기 시작하였다. 또한 세계 학교사회복지 네트워크가 Marion Huxtable에 의해 만들어졌고, 뉴스레터가 꾸준히 발간되고 있다.

전 세계의 학교사회복지사의 명칭은 교육사회사업가, 학교 큐레이터, 학교교육사 등 다양하고, 자격에 대한 규정이나 법적 기반, 고용되는 형태, 주로 다루는 초점 문제도 각 사회적 상황에 따라 다르다. 일례로, 영국은 의무교육제도 하에서 무단결석하는 아동에 대한 출석 관리를 위해 고용된 무단결석관리관(truant officer) 또는 출석관리관(attendance officer)이 현재 교육복지관(education welfare officer)으로 공적 영역에서 활동하고 있으며, 여전히 출석 관리에 주력하고 있다(진혜경, 2018). 그러나 공공복지보다는 개인의 자유를 중요시하는 연방국가인 미국에서는 제한된 공공복지를 보완하기 위하여 민간사회복지 실천이 전문적으로 발달하면서 학교사회복지 실천의 체계적인 이론을 확립해 나가게 되었다.

그러므로 현재 미국의 학교사회복지 실천 지식, 기술, 가치체계는 오늘날 세계의 학교사회복지 실천 이론과 방법의 토대가 되었으며, 각 국가의 현실을 반영하여 다양하게 발전되고 있다. 세계 학교사회복지는 학생을 위한 학교사회복지의 지식, 가치, 기술을 기반으로 하고 있으며, 학교-가정-지역사회의 연계를 통해 통합적이고 포괄적인 서비스를 제공하는 데 초점을 둔다. 또한, 최근 학교사회복지는 전 지구적 기후변화에 따른 재난, 난민 아동과 그 가족, 이스라엘과 팔레스타인의 오랜 갈등과 중동 지역에서 피해를 입고 있는 아동 등, 한 국가 내에서의 서비스뿐만 아니라 전 지구적인 문제에 대한 협력으로 나아가고 있다.

2. 한국의 학교사회복지 발달

미국의 학교사회복지는 100여 년의 역사가 있지만, 우리나라의 학교사회복지 역사는 30여 년에 불과하다. 그럼에도 불구하고 짧은 시간 동안 괄목할 만한 성장을 이루었다. 우리나라의 학교사회복지 역사를 시대에 따라 구분한다면, 1996년까지의 준비기, 1997~2002년 태동기, 2003~2010년 확장기, 2010년 이후 확립기로 구분할 수 있다. 1993년 학교사회사업이란 용어를 전면에 내세우며 지역사회복지관의 학교 언세 사업이 실시되고, 대학원생인 윤철수가 최초로 학교현장에서 학교사회사업 현장실습을 하는 등의 준비기가 있었기 때문에, 1997년 교육부와 서울시교육청 시범사업을 통해 학교사회복지가 태동할 수 있었다. 2002년을 또 하나의 축으로 잡는 것은 이 해에 사회복지공동모금회 기획사업으로 전국적으로 학교사회복지사업이 실시되었고, 이를 기점으로 2003년과 2004년 교육부의 사업이 크게 확장되었기 때문이다. 특히 2003년에 시작한 교육복지투자우선지역지원사업은 현재 가장 많은 사회복지사가 학교에서 서비스를 제공하는 교육부의 사업으로 역사의 한 획을 긋고 있다. 마지막으로 2010년을 축으로 삼은 것은 초·중등교육법 시행령의 개정으로 미흡하게나마 학교 내의 복지사업에 대한 근거를 마련하였고, 교육복지사업이 크게 확산될 수 있었기 때문이다.

학교사회복지의 연대표는 부록1에 첨부하였으며, 본 장은 위의 4가지 시기로 구분하여 서술하지 않았고, 교육구호사업, 민간기관, 공공기관, 학교사회복지 전문화의 영역별로 역사적 발달을 살펴본다. 초창기에는 학교사회사업(school social work), 학교사회사업가(school social worker)로 지칭하였지만, 2000년대 사회사업학과를 사회복지학과로 명칭을 변경하는 추세에 따라 학교사회사업(가)도 학교사회복지(사)로 명칭을 변경하여 사용하였다. 따라서 역사적 서술에서는 이를 혼용하여 사용한다.

1) 교육 구호사업

(1) 근대 학교교육의 시작

우리나라에서 학교교육은 개화파 관료들과 민간에서 전통적인 서당을 근대식 학교로 변화시킨 것과 조선의 개항과 함께 선교사들이 설립하거나 애국지사들이 설립한 학교에서 출발한다. 1883년 원산학사와 같이 서당이 근대식 교육기관으로 변화되었고, 1894년 갑오교육개혁으로 각 지역에서 관립 보통학교(소학교)가 설립되기 시작하였으며, 배재학당, 이화학당, 정신여학교 등 선교사들이 각 지역에서 학교를 설립하였다. 조선 말과 일제 강점기 동안 개화파와 민간에서는 국가의 위기를 벗어나고자 하는 열망이 강했고, 교육을 통해 새로운 문물을 받아들이고자 노력하였다. 또한 많은 외원단체가 고아와 빈곤 아동을 위한 사업을 시작하였고, 특히 가부장적 남아 선호 사회에서 버림받은 소녀들을 대상으로 학교를 설립하는 데 앞장섰다.

이와 함께 전문적인 사회사업도 조선의 개항 이후 선교사들과 외원단체들에 의해 우리나라에 도입되기 시작하였다. 서양의 인보관과 자선단체로 우리나라 태화여자사회관과 구세군, 캐나다 유니테리언 봉사회, 기독교 아동복리회, 가톨릭 사회복지회 등이 활동하였으며, 이들은 고아와 여성, 장애인, 빈민을 위한 구호사업을 펼쳤다. 선교사와 외원단체들은 부족한 고아원, 학교, 병원을 설립하였으며, 교육은 중요한 구호 사업의 하나로 여겨졌다.

(2) 학교사회복지로 이어지지 않은 의무교육

우리나라의 의무교육제도는 해방과 함께, 1949년 교육법 제정으로 명문화되었다. 그러나 이어진 한국전쟁으로 의무교육제도가 시행되지 못하였으며, 전쟁 후에는 절대 빈곤의 상태에서 무상의 의무교육을 실시할 국가의 재정도, 학교시설도 부족하였다. 따라서 초등 의무교육은 1954년부터 단계적으로 실시되어 1979년에야 완결되었고, 법률상의 의무교육 기한인 중학교까지 9년의 의무교육제도는 2004년에 완성되었다(양승실 등, 2010: 33). 그러므로 우리나라에서 의무교육제도가 완성에 이르기까지는 50년이 넘는 시간이 걸렸다.

서양에서는 의무교육제도와 함께 출석관리인으로 학교사회복지가 시작되었지만, 우리나라의 경우 의무교육은 학교사회복지의 태동과 연결되지 않았다. 전쟁 후 폐허 속에서 학교시설 확충이 가장 큰 과제였기 때문에, 부족한 교실로 입시가 큰 사회문제가 되었다. 전후 베이비붐으로 2부제, 3부제 수업이 이루어지고, 베이비붐 세대가 성장하면서 중학교 입시, 고등학교 입시, 대학교 입시로 과열된 교육 경쟁이 이어졌다. 학부모들의 높은 교육열과 국가 재정의 부족으로, 영국처럼 부모의 아동 취학 의무를 강제하고 아동의 출석 관리를 담당할 별도의 인력을 공공영역에서 채용할 이유도, 여유도 없었다. 또한 미국처럼 민간의 사회복지기관이 자생할 수 있는 시간도 부족하였기 때문에, 전쟁 후에 의무교육제도가 시작되는 시기에 학교사회복지가 도입되지 못한 것으로 보인다.

2) 민간기관의 학교사회복지

(1) 종합사회복지관

우리나라에서 복지관이 학교와 연계된 사업을 시작한 것은, 1969년 캐나다 유니테리언 봉사회(USCC)에서 운영한 마포종합사회복지관에서 마포초등학교 학생을 교사, 학부모, 시립아동상담소에서 의뢰받아 학교적응과 학업 성취를 도와준 것을 처음으로 본다. 관련 기록이 부재하여 학교 연계 학교사회복지사업의 구체적인 내용은 잘 파악되지 않지만(성민선 등, 2004), 이후로도 종합사회복지관은 우리나라 학교사회복지가 실천 현장에 도입되어 확산되기까지 큰 역할을 담당하였다.

감리회 태화복지재단에서 운영하는 은평종합사회복지관의 발자취는 한국 학교사회복지의 역사를 이해하는 데 좋은 지표가 된다(www.eunpyeong.or.kr). 1993년 은평종합사회복지관의 한수정, 유영덕 두 사회복지사는 수색초등학교 특수학급 아동 대상의 '꿈나무 교실' 집단 프로그램을 1년간 실시하고, 차년도에는 학교부적응 학생으로 확대하였는데(윤철수 등, 2006), 학교사회사업의 이름으로 실시한 최초의 프로그램이다. 1995년에는 꿈나무 교실이 삼성복지재단 프로그램 지원사업에 선정되어 '아동의 학교생활 적응력 향상을 위한 학교사회사업'을 실시하였으며, 1998년에도 삼성복지재단의 지원으로 학교사회복지 프로그램을 실시하였다. 이후 2002년에는 사회복지공동모금회 기획사업에 선정되어 2005년까지 4년간 숭실중학교에서 '신나는 교실'로 학교사회복지사를 상주시켜 학교사회복지 프로그램을 운영하였다. 2008년에는 교육복지투자우선지역지원사업 기관으로 선정되어 교육복지사업 대상 학교 프로그램을 운영하였으며, 현재까지 관내 교육복지사업의 지역교육복지네트워크에 참여하고 있다.

이러한 사례는 은평종합사회복지관만이 아니라 각 지역단위의 종합사회복지관에서도 유사하게 볼 수 있다. 종합사회복지관은 척박한 우리나라 환경에서 학교 연계 학교사회복지사업을 출발시키고, 삼성복지재단, 사회복지공동모금회 등의 지원과 이후 교육부의 교육복지사업을 통하여 지역사회에 학교사회복지를 알리고 학교사회복지사업을 확대하는 데 기여하였다.

(2) 삼성복지재단

은평종합사회복지관의 사례에서 보듯이, 삼성복지재단은 학교사회복지사업을 지원하여 사회적 인식과 전국적으로 사업이 확산시키는 데 큰 역할을 하였다. 삼성복지재단은 최초로 1995년 태화은평종합사회복지관에 학교사회복지의 이름으로 프로그램을 지원한 것을 시작으로, 1997년에는 전국 8개, 1998년에는 10개 종합사회복지관에 지역사회 기반의 학교사회복지사업을 지원하였다. 삼성복지재단의 종합사회복지관 학교사회복지는 대부분 중학교를 대상으로 복지관당 1개교를 연계한 경우가 대부분이었고, 실천 장소가 전적으로 학교에서 수행된 경우는 절반에 미치지 못하였으며, 사업의 대상 역시 학교부적응 및 요보호학생에게 집중되는 한계점이 있었다(김기환, 1999).

그러나 삼성복지재단은 다른 지역사회복지관이 학교사회복지에 관심을 갖게 하고, 사회적으로도 학교사회복지에 대한 새로운 지평을 열었다(박현선, 2001). 또한, 2001년 서울시교육청에서 구일고등학교에 학교사회복지사업을 실시할 때도 삼성복지재단의 후원으로 운영할 수 있었다(한국학교사회복지사협회, 2010). 이와 같은 학교사회복지 프로그램 지원과 더불어 2001년과 2002년에는 한국학교사회사업실천가협회(현 한국학교사회복지사협회)가 '학교상주 모델 연구'와 학교사회복지 인프라 구축 연구사업을 지원하는 등(성민선 등, 2004), 초기 학교사회복지 발달에 큰 기여를 하였다.

〈표 1-1〉 삼성복지재단의 복지관 학교사회사업 지원

연도	주관	주제
1995	태화은평종합사회복지관	꿈나무교실: 아동의 학교생활 적응력 향상을 위한 학교사회사업
1997	이대 성산종합사회복지관	학교생활 부적응 아동의 적응능력 향상 프로그램
	태화 수서 기독교 사회복지관	스마일 학교: 학업 중단 청소년을 위한 사회기술훈련 프로그램(대안학교 개념을 도입하여)
	은평 종합사회복지관	학교생활 부적응 아동 부적응 요인 감소를 위한 학교사회사업 프로그램
	연세대 가양4 종합사회복지관	무지개교실 : 청소년 비행 예방 및 치료를 위한 학교-복지관 연계 프로그램
	사랑의 전화 가양7 종합사회복지관	학내 위기청소년 상담, 치료 860 응급 직통전화 상담실
	대한 성공회 청소년 쉼터	비행 청소년의 사회적 기능 향상을 위한 학교사회사업 프로그램
	가톨릭대 춘의 종합사회복지관	청소년 재가출 예방을 위한 사례관리 접근 방법-인근 지역의 학교 연계를 통하여
	장안 종합사회복지관	청소년 자원봉사활동을 위한 학교교육 프로그램
1998	서부 장애인 종합복지관	일반학교 장애아동의 학교적응능력 향상을 위한 통합지원
	은평 종합사회복지관	학교폭력 감소 및 예방: 분노 관리 중심
	하트하트 종합사회복지관	징계 경험 중학생 중도탈락 문제해결
	중탑 종합사회복지관	폭력학생의 비행 재발 예방 사회봉사활동 지도 및 사후지도
	대전 생명 종합사회복지관	잠재성 무단결석 중학생의 학업 중퇴 위기 개입
	춘천 효자 종합사회복지관	복학생들의 학교적응력 향상을 위한 복지관 통합 복지서비스
	부산 와치 종합사회복지관	1학급 1노인 결연사업: 복지관, 지역사회 연계
	부산 중구 종합사회복지관	고등학교 복학생을 위한 '해냄교실'집단 행동
	대구 신당 종합사회복지관	자람교실: 학교사회사업을 위한 지역사회복지관 개입
	광주 종합사회복지관	가족구조 결손 중학생을 대상으로 한 학교사회사업

출처: 김기환(1999).

(3) 사회복지공동모금회

2001년 중앙의 사회복지공동모금회에서는 학교사회복지 제도화를 위한 3년간의 기획사업으로 학교사회복지사업을 지원하는 것을 결정하였다. 이에 따라 2002년부터 중앙의 사회복지공동모금회 기획사업으로 전국 14개 중·고등학교에서 학교사회복지사업이 시작되었으며, 동시에 부산 사회복지공동모금회에서도 2개교를 지원하여 총 16개 학교에서 학교사회복지 실천이 이루어졌다. 또한 공동모금회 기획사업의 원활한 운영을 위하여 자문교수를 중심으로 기획사업 전문위원회가 구성되어, 16개교 및 2003년 대전 사회복지공동모금회가 지원하는 3개 학교까지 총 19개교에 대해 학교사회복지사들의 직무 연수를 통한 역량 강화와 수퍼비전 제공, 사업평가 등을 지원하였다.

중앙의 사회복지공동모금회 기획사업은 1년을 더 연장하여, 2005년까지 4년 동안 실시되었으며, 이의 영향으로 지역단위 사회복지공동모금회가 학교사회복지를 지원하기 시작하여 전국적으로 학교사회복지사업이 확산되었다. 이는 서울시교육청이나 삼성복지재단의 지원에 의한 학교사회복지사업이 1년 사업이었던 점에서 중장기 사업으로 진행하였다는 데에 의의가 있다.

기획사업이 종료되면서 지역단위 공동모금회 사업도 차례로 종결되었지만, 2008년 특수학교에 학교사회복지사 파견사업과 탈북가정 학생을 위한 초등학교 학교사회복지사 파견사업에 이르기까지 사회복지공동모금회의 지원은 계속되었다. 사회복지공동모금회는 지역사회에 학교사회복지에 대한 인식을 확산시키고, 학교사회복지 실습 현장을 마련하여 학교사회복지사 전문 인력을 양성하는 데 기여하였으며, 수퍼비전과 평가체계를 확립하고, 학교사회복지 프로그램 개발과 초, 중, 고, 대안학교 등 다양한 학교에서 시행되는 학교사회복지 실천 모델들을 제시하는 성과를 보여주었다.

〈표 1-2〉 사회복지공동모금회 지원 학교사회복지

연도	공동모금회	주관기관	학교
2002	중앙 (14개교)	학교사회복지사협회	성원중, 안천중, 영신고, 해성여상, 대성여중, 부산상고
		종합사회복지관 등	서울 마천종합(송파공고), 서울 은평종합(은평중), 부산 사직종합(사직여중), 청주 가톨릭학원(양업고), 부천 고리울종합(소명여중), 울산 화정종합(현대중), 익산 원광종합(이리공고), 강남대 사회복지연구소(청명중)
2002	부산	학교사회복지사협회	부산 서면중, 경성전자공고
2003	대전	학교사회복지사협회	대전 성천초, 어은중, 서대전여고
2004	충북	종합사회복지관	신남종합(신남초), 충북종합(충주여중)
	전남	종합사회복지관 등	순천종합(매산고), 나주청소년상담실(영산포고), 전남청소년상담실(청암고), 전남청소년폭력예방재단(학다리중)
2005	인천	학교사회복지사협회	송현초, 청천중, 제물포고
	경남	종합사회복지관 등	마산종합(마산제일여중), 경남종합(경남미용고), 김해청소년자활지원관(김해중)
2006	대구	사회복지개발연구원	명덕초, 상원중, 대구동부고
2007	전남	전남학교사회복지사협회	전남예고
		종합사회복지관 등	쌍봉종합(여양중), 나주청소년지원센터(함평고)
2008	인천	인천학교사회복지사협회	장도초(~2011)
	중앙	학교사회복지사협회	서울 정진학교, 부천 혜림학교, 수원 자혜학교 등 특수학교 3개교

출처: 최경일(2017). p.42-43 재구성.

(4) 위스타트와 드림스타트

위스타트와 드림스타트는 민관협력을 기반으로 하지만, 위스타트가 민간이 핵심주체인 반면에 드림스타트는 지방자치단체가 핵심주체이다. 위스타트(We Start)는 2004년 중앙일보의 '가난에 갇힌 아이들' 시리즈 보도 이후, 2005년 중앙일보와 한국복지재단(현 어린이재단), 사회복지공동모금회 등 여러 기관 및 단체들이 미국의 헤드스타트(Head Start)나 영국의 슈어스타트(Sure Start)를 한국에 적용한 사업이다(김상곤 등, 2007). 위스타트 운동본부는 12세 이하 저소득층 아동과 가정을 대상으로 가난의 대물림을 끊고 새출발(Start)을 지원하는 위스타트 마을 만들기를 통해 아이들이 행복한 지역공동체를 추구하였다.

위스타트의 학교사회복지는 2005년 안산 위스타트 초지마을 초등학교에 처음 학교사회복지사를 배치하면서 시작되었다. 안산 초지마을은 안산시청, 안산1대학, 단위 학교가 3자간 협약을 체결하고 학교에 학교사회복지사를 상주시키는 모형으로 사업을 운영하였다. 이후 경기도 위스타트 모든 마을에서 초등학교에 학교사회복지사를 배치하게 되었다. 또한, 2007년 부산 사하구, 인천 계양구, 전남 강진 등 전국 12개 시군구의 14개 초등학교로, 2008년에는 19개 초등학교로 확대되었다. 위스타트 학교사회복지는 초등학교를 기반으로 학교사회복지사에 의한 통합적 사례관리와 지역단위에서 보건, 교육, 문화 서비스를 학교와 연계하여 지원하는 학교-가정-지역사회 연계 서비스의 모델이 되었다.

〈표 1-3〉 위스타트 학교사회복지

연도	지역(마을)	운영기관	학교명	비고
2005	안산 초지마을	안산1대학/ 위스타트운동본부	관산초(~2013), 별망초(~2013)	별망초, 본오초 시교육재정으로 2년간 지속
2006	광명 광명마을	숭실대학교	하안남초(~2012)	
	양주 회천마을	서울여자대학교	덕계초	
	성남 목련마을	성남시청	상탑초(~2013)	
	군포 산본마을	매화종합사회복지관	관모초(~2013)	
	고양 고양마을	원당종합사회복지관	원당초(~2009)	
2007	양주 회천마을	서울여자대학교	덕산초, 회정초(~2013)	시교육경비로 유지 후 위클래스로 편입
	양주 광적마을	서정대학교	가납초(~2013)	
	구리 구리마을	서울여자대학교	부양초(~2011)	이후 드림스타트 전환에도 학교사회복지 지속
	안산 본오마을	안산1대학	본오초(~2013)	
	성남 산성마을	성남시청	성남북초(~2013)	
	군포 당동마을	주몽종합사회복지관	군포초(~2013)	
	수원 수원마을	강남대학교	우만초(~2010)	
2008	고양 고양마을	고양아동보호전문기관	성사초(~2011)	

출처: 홍순혜(2017). p.51-52 재구성.

2007년 노무현 정부는 위스타트를 모태로 '희망스타트' 시범사업을 시작하였으며, 14개 초등학교에 학교사회복지사가 배치되었다. 그러나 2008년 이명박 정부에서는 '드림스타트'로 명칭을 변경하고 전국적으로 드림스타트센터를 확대하였지만, 드림스타트로 학교사회복지가 시행된 학교는 5개교로 축소되었다. 점차 지방자치단체들은 국책 사업인 드림스타트 센터로 집중하고 위스타트 사업에 대한 재정부담으로 위스타트 사업 지원을 종료하였다. 이에 따라 경기도 위스타트 학교사회복지가 이루어지던 11개 마을은 2013년 말에, 전남 3개 마을과 서울 2개 마을의 위스타트 학교사회복지는 2014년에 종료되었다. 또한 드림스타트 센터가 지역사회기반 서비스로 강조되면서 드림스타트 학교사회복지 사업도 종결되었다.

〈표 1-4〉 희망(드림)스타트 학교사회복지

연도	지역	학교
2007 희망스타트 (14개교)	경기, 인천	시흥(신천초), 포천(신봉초), 인천 계양(해서초)
	부산, 대구, 경상도	부산 사하(다선초), 대구 수성(수성초), 영주(중앙초), 김해(구봉초),
	광주, 전라도, 제주도	광주 남구(장산초, 봉주초), 정읍(수성초), 여수(성산초), 강진(동초), 제주(한천초, 서초)
2008 드림스타트 (5개교)	경기, 강원, 충북	경기 남양주(천마초), 강릉(주문초, 주영초, 신영초), 청주(성화초)

위스타트 사업이 종결된 후에도 일부 학교는 시교육 재정으로 한시적으로나마 학교사회복지사업을 지속시켰고, 일부는 위클래스로 편입시켜 사회복지사가 상주하였다. 위스타트 학교사회복지가 경기도 각 마을의 총 15개 학교에서 짧게는 1년, 길게는 9년간 진행되어, 사례관리와 지역과 연계하는 많은 사업들이 효과적으로 진행되었음에도 전국의 위스타트 마을로 확대되지 못하였고, 이후의 드림스타트 사업에서도 학교기반의 통합형 사례관리로 이어지지 못한 점은 매우 아쉬운 부분이다(홍순혜, 2017). 그러나 위스타트 사업은 민관협력의 가능성을 보여주었고, 안산1대학, 강남대, 서울여대, 숭실대 등이 위탁 관리하며 안정적인 수퍼비전 체계를 구축하고,

학교사회복지의 통합적 사례관리 모델을 제시하였다는 점에서 의의가 있다(김상곤 등, 2007).

(5) 강원랜드 하이원 학교사회복지사업

2010년부터 강원랜드의 교육장학사업으로 강원도 하이원 교육분야 사회공헌사업이 폐광지역인 고한과 사북의 6개 학교(고한초, 고한중 · 고, 증산초, 사북초, 사북중)에 5명의 학교사회복지사가 배치되어 2020년 현재까지 학교사회복지사업이 시행되고 있다. 하이원 학교사회복지사업의 목표와 기대효과는 다음과 같다.

| 목표 |

1. 학교 부적응 또는 고 위험군 학생의 발굴 및 통합적 사정
2. 통합적 서비스(One Stop Service) 전략 수립 및 시행
3. 학교–가정–지역사회 연계망 구축

| 기대효과 |

1. 학교 문제에 대한 즉각적, 전문적, 통합적 개입
2. 방임 아동에 대한 효과적인 보호와 양육
3. 청소년 일탈, 비행 감소와 학교적응력 증진
4. 교육복지적 환경의 조성 및 학생복지 안전망 확충
5. 학교사회복지의 일반적 모형 확립
6. 학교 급별, 지역의 특성별 학교사회복지 모델 정리

강원랜드의 하이원 학교사회복지사업은 서울 은평구, 경기도의 지방자치단체 지원 학교사회복지와 함께 현재 교육복지 모델이 아닌 학교사회복지 모델을 실현하고 있다. 이들 사업에서 학교사회복지사들은 소득 기준과 무관하게 전교생을 대상으로 중도탈락 위기 또는 무단결석 등 학교생활 부적응을 포함하여, 학급 응집력 강화, 학교 문화 개선, 가정–학교–지역사회 연계 등을 통해 학교와 학생, 교사, 학부모의 욕구에 따른 서비스를 개발하여 지원하고 있다.

3) 공공기관의 학교사회복지

(1) 서울시교육청 학교사회복지사업

1996년 서울시교육청은 서울시 의회로부터 학교사회사업에 대한 권고를 받고 추경예산을 편성하여 서울대학교 사회복지연구소가 '학생비행 예방 및 선도를 위한 복지 프로그램 개발에 관한 연구'(1996.7~1997.12)를 실시하도록 하였다(노혜련, 2017). 이에 따라 1997년 서울 시내 3개교(광신고, 연북중, 영등포여상)에 1년간 학교사회복지사가 배치되어 학교사회복지 사업을 실시하였다. 사업이 종료된 후 영등포여상에 파견된 윤철수는 상담실장의 직책으로 사립학교 재단에서 자체 고용하는 최초의 학교사회복지사가 되었으며, 같은 재단의 한가람고등학교에도 한 명의 시간제 학교사회복지사가 추가로 채용되었다. 학교법인 봉덕학원은 2004년까지 학교사회복지사를 채용하였다.

서울시교육청은 효과성에 대한 연구 결과를 바탕으로, 2000년 1차 생활지도 시범사업을 5개교(송파공고, 당곡고, 남강중, 은평공고, 동마중)에서 실시하였고, 1년간의 시범사업이 너무 짧다는 요청으로, 2002년 시범사업부터는 2년간 운영하는 것으로 변경하였다. 서울시교육청 학교사회복지 시범사업은 2007년에 이르기까지 지속되었다. 이와 별도로 서울시교육청은 2006년 강남과 강북의 교육격차 해소를 위해 '좋은 학교 만들기 자원학교' 사업을 시작하고 96개교를 선정하여 지원하였는데, 이 중 9개교가 학교사회복지사를 배치하고 학교사회복지 서비스를 제공하였다.

서울시교육청 학교사회복지사업은 공적인 교육정책체계에서 최초로 학교 내에 학교사회복지사를 상주시킨 사업이었다. 또한 서울대학교, 연세대학교, 숭실대학교 사회복지학과 교수로 학교별 자문교수를 두어 학교사회복지실천 수퍼비전 체계를 갖추었으며, 한국적 학교사회복지실천 모델을 제시하였다는 점에서 매우 큰 의의가 있다. 이후 대부분의 학교사회복지실천은 당시 제작된 매뉴얼에 기초하였으며, 지속적으로 학교사회복지사를 양성하고, 한국학교사회사업실천가협회의 창설에 모태가 되었다.

〈표 1-5〉 서울시교육청 학교사회복지 사업 변천과정

구 분	운영 주제	학교명	사업 후 연장 등
연구사업 1996.7~1997.12	학생비행 예방 및 선도를 위한 복지 프로그램 개발에 관한 연구	영등포여상, 광신고, 연북중 (3개교)	* 연구학교 후 법인 산하 학교 자체 고용-영등포여상,한가람고(윤철수)
1차 생활지도 시범사업 2000	학생들의 학교적응력 향상을 위한 학교-가정-지역사회 연계사업을 개발 · 적용	남강중, 동마중, 당곡고, 송파공고, 은평공고 (5개교)	
2차 생활지도 시범사업 2001	학교사회사업을 활용한 효과적인 학생지도	성원중, 안천중, 경성여실고, 삼성고, 서울북공고 (5개교)	* 사회복지공동모금회 기획사업으로 연장-성원중, 안천중 (2002~2005)
3차 생활지도 시범사업 2002~2003	학교사회사업을 활용한 금연지도 및 흡연 예방 프로그램의 실시	도봉중, 연서중, 서초공고, 성덕여상 (4개교)	* 사회복지공동모금회 기획사업으로 연장-도봉중, 연서중 (2004~2005)
4차 학교사회사업 시범사업 2004~2005	학교사회사업을 활용한 학생복지체계 구축	양서중, 장위중, 송파공고, 한서고 (4개교)	삼성/교육부 사업으로 연장-(양서중), 동작교육지원청 지원(송파공고) 전환, 서울시 좋은 학교만들기(한서고) 전환
5차 학교사회복지 시범사업 2006~2007	학교사회복지를 활용한 학교폭력 예방 및 학생복지증진 프로그램 개발 운영	구암중 (1개교)	

출처: 노혜련(2017). p.29-31 재구성.

(2) 교육부 학교사회복지 사업

교육부는 정부조직 개편으로 교육인적자원부, 교육과학기술부 등 명칭이 변경되었는데, 본서에는 교육부로 통칭하였다. 한국 사회에서 1980~90년대는 칼라TV의 보급, 5.31교육개혁, 교복자율화와 두발자유, 해외여행 자유화 등 변화의 물결 속에 있었다. 이러한 가운데 학생 문제는 복잡하고 다양한 원인들로 기존의 학교 상담만으로 해결하기 어려운 현실에 처했다. 오랫동안 이어 온 군사정부가 막을 내리고, 1992년 대통령교육정책자문회의는 교육복지법과 학교사회사업 요원의 배치를 제안하였지만 실행되지 못했다.

문민정부(1993~1998)가 들어서면서 1995년 국민복지기획단은 한국판 베버리지 보고서라 할 수 있는 '삶의 질 세계화를 위한 국민복지의 기본구상안'을 발표했다. 여기에서 아동복지를 위해 학교사회사업을 제안한 것을 받아들여, 교육부는 1997년부터 2년간 1차 연구학교를 운영하고 1년간 평가를 거쳐, 2000년 이후 2차 시범사업을 진행하고 전국으로 확대하겠다고 발표하였다. 이후 교육부는 1차 연구학교로 1997년 3월부터 1999년 2월까지 서울 무학여고, 대전 충남중, 광주 북성중, 대구 제일여상 등에서 학교사회사업 시범사업을 실시하였다.

그러나 교육부와 단위 학교는 학교사회복지의 개념을 제대로 이해하지 못하고 사회복지사를 상주시키지 않거나, 학교사회복지사 없이 교사 중심으로 진행하면서 1년을 보냈다. 2차 년도인 1998년에는 4개 학교 중 3개 학교가 사회복지사를 배치하였지만, 제대로 성과를 내지 못하였고(오창순, 1999; 오승환, 2000), 2000년 이후로 예정된 2차 연구학교도 운영되지 못한 채 종결되었다.

〈표 1-6〉 교육부 지정 1차 연구학교(1997.3~1999.2)

학교명	주 제	학교사회사업가 배치	중심 인력
서울 무학여중	일반계 여고생의 복지 향상을 위한 학교사회사업 프로그램 운영	주 2~3일 근무	진로상담교사 중심 학교사회사업가 전문 프로그램 운영
대구 제일여상	담당 상담제 활동을 통한 학교 사회사업제도의 적용	97년 미배치 98년 1년간 배치	진로상담교사 중심
대전 충남중	전문 상담요원의 협력을 통한 상담기능 확충에 관한 연구-학교사회사업제도를 중심으로	98년 1년간 배치	학교사회사업가 프로그램 전담 운영
광주 북성중	청소년 보호 및 비행 예방을 위한 학교상담교육의 활성화 방안	미배치 (종합사회복지관 사회복지사 방문 지원)	진로상담교사 중심

출처: 오창순(2017). p.21-22 재구성.

이 시기는 국내 상황이 IMF 구제금융을 받고 대량해고와 실직으로 고통을 받던 시기였다. 학교 붕괴현상으로 사회의 불안과 가정 파괴가 고스란히 학교 현장에서도 나타나 어느 때보다도 학교사회복지가 필요했던 시대였기 때문에 이렇게 종결된 것은 매우 안타깝게 여겨졌다. 서울시교육청의 학교사회복지사업처럼 배치 전에 연구기간을 갖고, 초기에 학교별로 자문교수를 배정하고, 학교사회복지를 실천할 수 있는 사회복지사를 학교 내에 상주시키며, 교육부 사업인 만큼 전국 단위로 초, 중, 고를 선정하여 체계적으로 준비하였더라면 하는 아쉬움이 크게 남는다.

이후 교육부는 2004년부터 "학교폭력 예방 및 교육복지 증진을 위한 사회복지사 활용 연구학교"로 전국 16개 시 · 도의 초 · 중 · 고 각 1개교씩 총 48개교에 학교사회복지사를 배치하는 사업을 시작하였다. 이후 2005년 48개교가 추가되었으며, 사업의 명칭은 2004년 '연구학교'에서 2006년 '시범사업', 2007년부터는 '학교사회복지사 파견사업' 등 이름이 변경되었지만, 96개교의 학교사회복지사업은 2008년 말까지 지속되었다.

교육부는 사업계획에 자문교수 체계를 넣지 않았지만, 1차 연구학교의 경험을 바탕으로 한국학교사회복지학회와 한국학교사회복지사협회는 전국 16개 시도에 지역 단위로 자문교수를 위촉하고 수퍼비전 체계를 확립하였다. 이를 통해 지역단위에서는 학교사회복지사들의 동료수퍼비전과 공동 실습 운영 등 다양한 학교사회복지 실천 모델을 개발 및 운영하였다. 당시 교육부는 동시에 교육복지투자우선지역지원사업(2003~)을 시행하고 있었기 때문에, 연구학교 중에는 교육복지 학교로 전환하고자 하는 경우가 있었고, 사업이 종료된 후 시범적용이나 파견사업을 원하지 않는 경우도 있었다. 이런 경우 다른 학교로 대체하여, 2008년 말까지 학교사회복지사업 학교는 96개교를 유지하였다.

〈표 1-7〉 교육부 사회복지사 활용 연구학교 및 파견사업(2004~2008)

	2004 사회복지사 활용 연구학교	2006 사회복지사 시범적용학교	2007 학교사회복지사 파견사업
기간	2004.5.1 ~ 2006.4.30	2006.5 ~ 2007.2.28	2007.3 ~ 2008.12
목적	• 학교폭력 예방 및 대책 관련 사회복지사 역할 증대 • 지역사회복지관과 학교의 연계를 통한 부적응 학생 문제 해소 • 요보호 · 부적응 학생을 위한 교육복지 서비스 제공 • 사회복지사와 전문상담순회교사 및 담임 교사와의 연계 방안 탐색	• 지역사회복지관과 학교의 연계를 통한 부적응 학생 문제 해소 지속 • 학교폭력 예방 및 요보호 · 부적응 학생을 위한 교육복지서비스 제공 • 사회복지사와 전문상담순회교사 및 담임교사와의 연계방안 적용	• 학생복지 향상을 위한 학교-가정-지역사회 연계의 협력적 접근 • 학생복지 향상을 위한 다양한 지역사회 자원의 연계 및 활용 • 학생복지 향상에 저해가 되는 제 요인에 대한 심리 · 사회 · 환경적 차원의 포괄적인 해결 • 본 파견사업의 성공적 수행을 통하여 향후 학교사회복지사업의 안정적 수행을 위한 실천적, 제도적 기반 마련
재정	교육부 지방재정특별교부금에서 전액 지원	시 · 도교육청에서 지원	보건복지부에서 인건비, 교육부에서 사업비를 교부

출처: 선주용(2017). p.62-64 재구성.

교육부의 학교사회복지 사업은 1997년 연구학교의 경우보다는 학교사회복지사를 상주시키고 목적에 맞는 사업을 진행하였으나, 재정 지원이나 사업 명칭, 목적 등이 계속 바뀌고 매번 가까스로 사업을 유지하였다. 학교사회복지가 모든 학생을 위한 학교생활적응력 향상, 장애학생지원, 지역사회 자원 개발과 연계 등 우수한 성과를 가져왔음에도, 이명박 정부로 지속되지 못하고 2008년말 사업은 종결되었다. 그러나 전국적으로 초 · 중 · 고교에서 실시된 사업으로 학교사회복지사 양성과 다양한 실천 모델의 개발과 적용, 학교사회복지에 대한 인식을 확산시키는 데 크게 기여하였다. 사업이 종결된 후 많은 학교사회복지사들이 지역의 교육복지사업학교로 이동하여 지역사회교육전문가로 활동하였다.

(3) 교육부 교육복지(투자)우선(지역)지원사업

현재 가장 많은 사회복지사가 학교에서 수행하고 있는 사업은 교육복지우선지원사업이다. 이 사업은 참여정부가 시작되면서, 대도시 빈곤지역의 교육기회 불평등 완화를 위해 2003년 "교육복지투자우선지역지원사업"에서 출발한 사업이다. 교육복지투자우선지역지원사업은 2003년에 서울과 부산의 대도시 빈곤지역의 학교들과 지역사회 기관들이 교육복지공동체를 형성하여 지역단위로 접근하는 사업으로, 서울 6개 지역(신림, 가양등촌, 방화, 상계중계, 월계, 미아번동)과 부산 2개 지역(덕천, 반송)의 45개 초 · 중 · 고교와 34개 유치원에서 시작하였다. 유치원에는 전문 인력이 배치되지 않았지만, 학교(지역사회교육전문가)와 교육청(프로젝트 조정자, Project Coordinator)에는 전담 인력을 배치하여 교육복지 지역 네트워크와 교육복지 사업을 수행하도록 하였다. 이는 교육청에 전담 인력을 배치한 최초이며, 이제까지 민간 주도의 지역 네트워크에서 정부가 주도하고 민간이 협력하여 지역사회와 학교의 연계를 통해 교육복지공동체를 구현하였다는 점에서 의의가 있다.

이 사업은 2010년 초 · 중등교육법 시행령 제54조 개정과 교육부 훈령 제정으로 법적 기반을 갖추고, 기존의 "지역"단위 사업에서 저소득층 밀집 "학교"를 지원하는 '교육복지우선지원사업'으로 전환되었다. 또한 기존의 특별교부금 형태의 지원은 안정적인 보통교부금으로 전환되고, 교육부 주관에서 시 · 도 교육청 사업으로 지역의 자율성을 확대하는 획기적인 변화가 나타났다. 이에 따라 시 · 도 교육청 자율로 의무교육 대상이 아닌 고등학교를 지원하거나, 거점학교와 연계학교(인력이 배치되지 않음)로 운영되는 등 다양한 형태로 이루어지고 있다. 2020년 현재 교육복지우선지원사업은 전국 3,348개 초 · 중 · 고교와 해당 지역 교육청에 총 1,534명의 전담 인력이 사업을 수행하고 있다(한국학교사회복지사협회, 2020).

〈표 1-8〉 교육복지(투자)우선(지역)지원사업 현황

연도	2003	2005	2006	2009	2011	2020
대상지역	8개	15개	30개	100개	–	–
학교 수	45	82	163	538	1,356	3,348
기준	대도시 (서울, 부산)	광역시 이상	인구 25만 이상	모든 시	저소득층 밀집학교	저소득층 밀집학교

출처: 이소임(2017), p.111 재구성.

(4) 지방자치단체의 학교사회복지

삼성복지재단(1995), 서울시교육청(1996), 교육부(1997), 사회복지공동모금회(2002)와 더불어, 지방자치단체에서도 최초로 과천시가 2003년 학교사회복지사를 관문초등학교에 배치하는 시범사업을 시작하였다. 이는 서울 은평구와 경기도 내 다른 지자체에도 영향을 미쳤으며, 2020년 현재 9개 지방자치단체에서, 84개 초등학교, 33개 중학교, 16개 고등학교와 1개 특수학교 등 총 134개 학교가 학교사회복지를 운영하고 있다.

지자체는 「지방교육재정교부금법」과 「지방자치단체의 교육경비 보조에 관한 규정」에 따라 학교사회복지를 안정적으로 지원하기 위한 제도적 기반으로 조례를 제·개정하기 시작하였다. 최초로 2009년 '성남시 학교사회복지활성화 및 지원에 관한 조례'가 제정되었으며, 2011년 '안양시 학교사회복지사업 지원 조례'와 '용인시 학교사회복지활성화 및 지원에 관한 조례'가 제정되었고, 이후 '동두천시 학교사회복지사업 지원 조례'(2015년 제정), '의정부시 학교사회복지사업 지원 조례'(2016년), '남양주시 학교사회복지사업 지원 조례'(2020년) 등이 제정되었다. 지방자치단체가 지원하는 학교 현황을 정리하면 〈표 1-9〉와 같다(한국학교사회복지사협회, 2020).

지방자치단체의 학교사회복지사업 지원은 조례 제정을 통해 법적 기반을 갖고 안정적인 재원으로 학교사회복지실천이 학교에서 지속적으로 운영될 수 있는 모델을 보여주었다. 최초로 1개 초등학교에서 시작한 과천시가 2016년부터 관내의 모든 초·중·고교로 확대하고 현재까지 학교사회복지사업을 지속하고 있는 사례는 전국의 모든 지역에서 지방자치단체장의 리더십, 지역단위에서의 요구와 합의만 있다면 법제화 이전에도 얼마든지 학교사회복지를 시행할 수 있는 가능성을 보여준다.

〈표 1-9〉 지방자치단체 지원 학교사회복지 (2020.10.7 기준)

구분	학교사회복지사업 지원	학교 수				
		계	초	중	고	특
과천	2003년부터 과천시 청소년상담복지센터에서 1개교 학교사회복지사업 운영 시작. 2016년부터 관내 모든 학교에 학교사회복지사 배치 확대	10	4	2	4	–
용인	2007년 1개교 강남대학교 사회복지연구소 시범사업 위탁 운영 시작 2011년 '용인시 학교사회복지활성화 및 지원에 관한 조례' 제정	6	5	1	–	–
성남	2009년 '성남시 학교사회복지사업에 관한 조례' 제정→2012년 '학교청소년복지 상담 활성화 및 지원에 관한 조례' 제정 2010년 21개교 사업 시작	30	15	15	–	–
수원	2010년 '수원시 교육경비 보조에 관한 조례' 개정. 보조사업의 범위에 학교사회복지 지원사업 신설 2010년 4개교 시작. 교육청에 2명의 디렉터 배치	56	44	8	3	1
군포	2011년 '군포시 교육경비 보조에 관한 조례'에서 보조사업에 학교사회복지 포함 2012년 4개교 사업 시작	8	5	3	–	–
안양	2011년 '안양시 학교사회복지사업 지원 조례' 제정 2013년 7개교 사업 시작	7	5	2	–	–
의왕	2012년 '의왕시 교육경비 보조에 관한 조례' 제3조에 따라 배치 시작	6	4	2	–	–
구리	2012년 위스타트 사업 종료 1개교 지원 시작	2	2	–	–	–
은평구	2012년부터 지역중심형 학생복지사업으로 일반고 6개교 시작	9	–	–	9	–
동두천	2015년 '동두천시 학교사회복지사업 지원 조례' 제정 2018년 2개초 운영	(2)	(2)			
안산	2016년 11개교 운영	(11)	(5)	(6)		
의정부	2016년 '의정부시 학교사회복지사업 지원 조례' 제정 의정부시에서 직접 고용 학교에 파견(14개교) 운영	(14)	(11)	(3)		
남양주	2020년 남양주시 학교사회복지사업 지원 조례 제정(2020.12.31)					
계		**134**	**84**	**33**	**16**	**1**

출처: 노경은(2017), 한국학교사회복지사협회(2020) 각 년도 현황 및 조례 검색으로 재구성.
*( )안은 현재 운영하지 않는 학교임.

4) 학교사회복지의 전문화

(1) 한국학교사회복지학회와 한국학교사회복지사협회

1996년 교육부의 시범사업과 1997년 서울시교육청의 연구학교로 학교사회복지가 도입되기 시작하면서, 학교사회복지의 전문성을 확보하기 위한 노력이 학계와 실천가를 중심으로 확산되었다. 가톨릭대, 강남대, 부산대, 서울대, 서울신학대, 연세대, 한림대, 선문대 등 전국 8개 대학의 사회복지연구소가 연합한 대학사회복지연구소협의회는 한국사회복지사협회, 한국사회복지학회, 한국사회복지대학협의회, 한국아동복지학회 등의 후원으로, 1997년 3월 15일 국회의원회관 소회의실에서 '학교사회사업 대토론회'를 개최하였다(성민선, 2017). 이를 계기로 1997년 5월 22일 '한국학교사회사업학회(현 한국학교사회복지학회)'가 창설되고, 1998년 전문학술지인 '학교사회복지' 창간호가 발간되어 현재에 이르고 있다.

또한 1999년 학교사회사업실천가협회 준비위원회와 한국학교사회사업학회는 '제1회 대학원생을 위한 학교사회사업 기초 워크숍'을 영등포여상에서 개최하였다. 참여자는 약 30여 명으로 약 40시간의 연수가 이루어진 후, 그중 10명의 교육이수자들이 영등포여상과 한가람고등학교에서 1년간 실습을 실시하였다(성민선 등, 2009).

종합사회복지관에서 학교사회복지사업을 운영하던 실천가와 학교에 상주하는 학교사회복지사들을 모두 아울러 2000년에는 '한국학교사회사업실천가협회'가 창설되었으며, 초대 회장에 영등포여상과 한가람고등학교의 상담실장인 학교사회복지사 윤철수가 선임되었다. 2005년 학교사회복지사 자격시험이 실시되면서 협회 이름을 '한국학교사회복지사협회'로 변경하였다. 협회는 지속적으로 대학생 아카데미, 학교사회복지사 보수교육과 연수, 실천 매뉴얼 제작 · 보급 및 제도화를 위한 노력을 기울이고 있다.

(2) 학교사회복지사 자격 제도

학교사회복지가 도입되던 시기에는 학교에 배치되는 사회복지사 자격을 교사와 협력하기에 적절하다고 본 사회복지학 대학원 재학생 이상으로 하였으며, 후에 1년 이상 실습을 한 사람으로 제한하였다. 그러나 2003년 교육복지투자우선지역지원사업과 2004년 교육부 학교사회사업 연구학교 사업으로 학교사회복지사 인력에 대한 수요가 전국적으로 급속히 증가하면서 이 기준을 충족시키기 어려웠다. 한국 학교사회사업실천가협회에서 대학생 아카데미와 학교사회사업가 양성 과정을 운영하고, 단위 학교의 학교사회사업가가 현장 실습을 통해 예비 학교사회사업가를 양성하였지만 늘어난 수요를 감당하기에 한계가 있었다. 이와함께 학교사회복지 실천을 위한 가치, 지식, 기술 등 학교사회복지사 전문성을 담보하고 질관리를 할 수 있는 체계가 요구되었다.

이에 따라 2005년 한국사회복지사협회, 한국학교사회복지학회, 한국학교사회복지사협회가 공동으로 학교사회복지사 자격관리위원회를 창설하고 제1회 학교사회복지사 자격시험을 시행하였다. 학교사회복지사 자격시험은 1급 사회복지사 자격을 취득하고 1년간(240시간)의 학교 내 현장실습을 마친 자가 응시할 수 있었다. 이들은 아동(청소년)복지론과 학교사회복지론 2개 과목의 필기시험 및 면접시험에 합격하고 자격연수 후 자격을 취득하였다. 이는 2020년까지 이어졌으며, 총 1,452명이 학교사회복지사 자격을 취득하였다(한국학교사회복지사협회, 2020).

학교사회복지사 자격제도는 2018년 「사회복지사업법」이 개정되면서 커다란 변화를 맞이했다. 개정된 법률에 따라 그동안 민간 자격이었던 학교사회복지사 자격은 국가자격제도로 전환되었다. 학교사회복지사는 의료사회사업가, 정신건강 사회복지사와 함께 사회복지사의 전문 자격의 하나로 규정되었으며, 2020년 「사회복지사업법」 시행령과 시행규칙이 개정됨에 따라 기존의 자격시험 방식에서 전문 영역에서 요구되는 1년간 1,000시간 이상의 수련을 통해 자격을 취득할 수 있도록 변경되었다.

(3) 학교사회복지 법제화를 위한 노력

학교사회복지의 법제화를 위해 한국학교사회복지학회와 한국학교사회복지사협회는 2004년 학교사회복지제도화 추진위원회를 구성하고, 총선을 앞둔 4월 '정당 초청 학교사회복지 제도화 정책 토론회'를 개최하였다. 또한 학교사회복지법안 개발, 대외적인 협력 및 홍보활동을 통한 노력도 꾸준히 이어지고 있다.

그동안 여러 차례 「학교사회복지법」 제정, 「사회복지사업법」 개정, 「교육복지법」 제정, 「학교폭력예방 및 대책에 관한 법률」 개정 등의 방안으로 학교사회복지를 제도화하기 위한 시도가 있었지만, 아직까지 학교사회복지의 고유성을 담은 법령은 제정되지 못한 상태이다. 또한, 2010년 「초 · 중등교육법 시행령」의 개정으로 학교에 사회복지사가 활동할 수 있는 법적 근거는 마련되었으나, 이는 교육복지우선지원사업을 위한 규정으로, 모든 학생을 위한 서비스인 학교사회복지를 포괄하지 못하는 한계점이 있다.

2018년 「사회복지사업법」의 개정은 학교사회복지가 사회복지의 전문 영역 중 하나라는 것을 천명하고, 학교사회복지사의 국가자격제도를 명확히 규정하였다는 점에서 희망을 보여준다. 학교사회복지사의 국가자격제도 이후로 모든 학교 현장에서 학교사회복지가 실현될 수 있다는 기대감과 함께 제도화를 위한 노력은 계속되고 있다. 최근까지 진행된 법안에 대한 내용은 본서의 3장에서 구체적으로 다루었다.

제2장

학교사회복지의 이해

인생의 가장 큰 영광은 결코 넘어지지 않는 데 있는 것이 아니라, 넘어질 때마다 일어서는 데 있다.

– Nelson R. Mandela, 『자유를 향한 머나먼 길』

1. 학교사회복지의 개념

1) 학교와 사회복지

(1) 교육과 사회복지

의무교육제도와 학교 체제는 앞서 서술한 것처럼 국가차원에서는 애국 시민을 양성하는 목적과 개인 및 사회 차원으로 인간의 기본적 권리에 대한 요구, 아동 노동에 대한 비판 등 복합적인 배경 속에서 도입되었다. 교육의 목적은 개인의 잠재 능력을 계발하고 흥미와 적성에 맞는 진로를 찾아 직업인으로 준비시키는 것이며, 자유와 평등, 평화와 공존을 위한 민주 시민을 양성하는 데 있다.

현재 학교에서 운영되고 있는 교육과정은 교육이념, 교육목적, 교육과정이 추구하는 인간상을 제시하고 있다. 즉, 우리나라의 교육이념은 홍익인간으로 해방 후 대한민국의 교육이념으로 채택되고 있으며, 교육을 통해 모든 인간을 이롭게 한다는 이념을 바탕으로 한다. 또한 인간다운 삶을 영위하고, 민주국가 발전, 인류공영의 이상을 실현하는 데 목적을 두고 있다.

제2조 (교육이념)

우리나라의 교육은 홍익인간의 이념 아래 모든 국민으로 하여금 인격을 도야하고, 자주적 생활 능력과 민주 시민으로서 필요한 자질을 갖추게 함으로써 인간다운 삶을 영위하게 하고, 민주 국가의 발전과 인류 공영의 이상을 실현하는 데에 이바지하게 함을 목적으로 하고 있다.

이러한 교육 이념과 교육 목적을 바탕으로, 이 교육과정이 추구하는 인간상은 다음과 같다.

가. 전인적 성장을 바탕으로 자아정체성을 확립하고 자신의 진로와 삶을 개척하는 자주적인 사람
나. 기초 능력의 바탕 위에 다양한 발상과 도전으로 새로운 것을 창출하는 창의적인 사람
다. 문화적 소양과 다원적 가치에 대한 이해를 바탕으로 인류 문화를 향유하고 발전시키는 교양 있는 사람
라. 공동체 의식을 가지고 세계와 소통하는 민주 시민으로서 배려와 나눔을 실천하는 더불어 사는 사람

출처: 교육부(2015).

사회복지의 궁극적인 목적은 "한 사회를 구성하는 개개인이 소유한 자기 실현의 가능성을 극대화하고 실제 구현할 수 있도록 사회와 개인들에게 영향을 미칠 수 있는 구조, 제도, 실천 활동을 기획, 실천하여 개인과 사회의 만족과 행복감을 성취하고 향상시키는 것"이다(최명민 등, 2019). 이는 인간다운 삶을 영위하고, 전인적 성장을 지향한다는 점에서 교육의 목적과 일치한다. 교육과 사회복지는 어느 쪽이 상위라 할 수 없는 개념으로 상하위의 관계보다는 동일 목적을 지닌 별개의 영역이며, 분리될 수 없는 통합적 개념의 틀로 규정되어야 한다(안병영 · 김인희, 2009).

교육과 복지가 불가분의 관계를 가진 것은 역사적으로 18세기부터 19세기에 걸쳐 페스탈로치, 프뢰벨, 리플라이 등이 고아원을 설립하고 아동의 교육에 힘쓴 사회사업가이자 교육가였음에서도 볼 수 있다(성민선, 2009). 우리나라에서도 심훈의 『상록수』의 모델이었던 최용신(1909~1935)이 농촌에 학교를 설립하고 짧은 시간이었지만 사회사업을 공부하였던 것이나, 19세기~20세기 초반 아동복지의 핵심이 교육구호사업이었던 것도 마찬가지이다.

특히 사회복지제도는 자본주의 사회가 갖고 있는 필연적인 빈익빈 부익부의 사회적 불평등을 완화하기 위하여 발달한 제도이다. 자본주의의 폐단을 사회적 연대를 통해 차별 없이 모든 사람이 인간다운 삶을 영위할 수 있도록 사회보장 제도를 확충

시켰다. 사회복지가 산업화 과정에서 자선사업과 구제로 출발하여, 요람에서 무덤까지 전 생애 과정에서 발생하는 사회적 위험에 대해 인간다운 삶을 보장하기 위한 정책으로 확장될 때, 교육은 아동복지의 핵심적 영역이었다. 이상오(2000)는 교육평등은 사회적 평등에 접근할 수 있는 중요한 과정이며, 학교교육은 그 자체로 사회복지이기 때문에 기본적인 교육권 보장을 위하여 의무교육을 완수하도록 돕는 학교사회복지는 필수적인 요소라고 강조한다.

(2) 사회복지의 가치

사회복지의 핵심적 가치는 어떤 조건에 의해서도 인간이 지닌 존엄성이 무시되거나 차별적이어서는 안 되며, 사회적 위험에 대해 공동의 연대와 협력을 통해 문제를 해결해야 한다는 것이다. 인간의 존엄성, 클라이언트의 자기결정권, 평등과 기회 균등, 사회적 연대의 네 가지 핵심적인 가치는 사회복지사가 클라이언트와 관계를 맺고, 문제를 해결하는 실천의 기반이 된다. 이를 학교사회복지에 적용해 보면 학교사회복지의 가치는 다음과 같이 말할 수 있다.

〈학교사회복지의 가치〉

1. **인간의 존엄성** – 모든 학생은 빈곤, 장애, 성별, 종교, 인종 등 어떠한 이유로도 차별받지 않으며 한 인간으로의 존엄성과 가치를 존중받아야 한다.
2. **클라이언트의 자기결정권** – 모든 학생은 자신과 관련된 모든 의사결정과정에 참여하며, 학생의 자기결정권은 존중되어야 한다.
3. **평등과 기회 균등** – 모든 학생이 자신에게 필요한 교육을 언제나 어디서나 받을 수 있도록 교육권을 보장받으며, 공평한 교육기회를 제공받아야 한다.
4. **사회적 연대** – 모든 학생에게 발생할 수 있는 사회적 위험에 대하여 공동체의 협력과 연대를 통해 문제를 해결하여야 한다.

학교는 교사와 직원(교직원)으로 오랫동안 유지되어 왔지만, 복합적이고 다양한 원인에서 비롯되는 사회적 문제가 그대로 학교교육 현장에도 투영되면서 다학문적인 전문가의 도움을 필요로 하게 되었다. 학교는 전통적인 학습의 장에서 나아가,

학생들이 대부분의 시간을 보내는 생활 장소로 학생의 삶의 질과 직결되는 교육 복지의 장이다. 모든 학생의 삶의 질 보장을 위하여, 빈곤, 장애, 성별, 종교, 인종 등으로 차별받지 않고, 교육권을 보장하도록 국가와 사회가 함께 노력해야 할 것이며, 이러한 모든 과정에서 학생의 의견이 반영될 수 있도록 참여를 보장하고, 자기결정권이 존중되어야 한다.

2) 학교사회복지의 정의

학교는 학생들이 일상생활의 대부분을 보내며, 인생의 가장 중요한 시기를 보내는 사회환경이기 때문에, 지적 향상의 기능뿐만 아니라 학생들의 심리사회적 기능을 향상시켜 학생들의 삶의 질을 개선시키는 역할도 수행하여야 한다(김기환, 1997). 학교사회복지의 목표는 학생들의 삶의 질 향상을 위하여 본질적인 학교교육의 목적을 달성하도록 돕는 데 있다. 즉, 개인의 잠재력을 계발하고 향후 직업인과 민주시민으로 살아가는 데 필요한 지식과 기술을 습득하도록 돕는다.

Costin(1981)은 "학교사회복지는 학생 개개인의 지적 · 사회적 · 정서적 욕구와 문제해결에 학교가 관심을 갖도록 도와주며, 이를 통하여 모든 학생이 학교에서 공평한 교육 기회와 성취감을 제공받을 수 있도록 학교 현장에서 활동하는 전문적인 사회사업분야"로 학교사회복지를 정의하고 있다. 또한 Allen-Mears 등(1996)은 "학교사회복지는 학생들이 건전한 사회 기능을 이룰 수 있도록 준비시켜 주며, 학생 개인의 문제와 사회 환경이나 교육 환경의 변화에 즉시적으로 개입하여 학교가 자신의 역할과 기능을 극대화할 수 있도록 도와주는 활동"이라 정의하고 있다.

김기환(1997)은 학교사회복지는 "학교를 실천 장소로 하여, 학생-학교-가정-지역사회의 역기능적 상호작용에 의하여 발생하는 학생의 심리 · 사회적 문제를 예방하고 해결함을 물론, 모든 학생이 자신의 잠재력과 능력을 최대로 발휘할 수 있도록 최상의 교육 환경과 공평한 교육 기회를 제공, 궁극적으로는 교육의 본질적인 목적과 학생복지를 실현할 수 있도록 도와주는 교육 기능의 한 부분이며 사회사업실천의 전문분야"라고 정의하였다. 또한 주석진 등(2020)은 학교사회복지를 "학교에서 학생-학교-가정-지역사회의 연계를 통해 학생의 개인 환경적인 어려움들을 예방 및 해결하고, 모든 학생이 자신의 능력을 최대한 발휘할 수 있는 최상의 교육 환경과 공평한 교육 기회를 제공하도록 돕는 사회복지 전문 활동"으로 정의하고 있다.

이러한 정의 속에서 학교사회복지는 학교를 주된 실천 장소로 하는 사회복지실천의 전문 분야로, 학생 개인의 심리 · 사회적 문제해결의 미시적 접근부터 공평한 교육 기회의 보장이라는 거시적인 접근에 이르는 통합적인 실천방법론을 적용한다는 것을 알 수 있다. 그러므로 학교사회복지사는 '환경 속의 인간'이라는 관점을 통해, 지속적으로 학생들의 학업 성취, 사회적, 정서적, 행동적 능력을 향상시키기 위하여, 학교, 가정, 지역사회를 연계 · 조정하는 데 초점을 두며, 공평한 교육 기회를 보장하고, 학생들이 정신적으로, 육체적으로, 정서적으로 온전히 교실에 존재할 수 있도록 돕고, 모든 학생의 존엄성과 존중을 증진시키는 것을 추구한다(NASW, 2012:1).

오영재와 백경숙(2000)은 학교사회복지가 인간 존중의 가치 실현, 교육 기회 균등의 제도적 구현, 교육개혁 정책의 현장화 및 교육과정의 충실화 등 네 가지 교육적 의미를 갖는 전문적인 활동이라고 보았다. 이들은 다음과 같이 학교사회복지의 개념 모형을 제시하여 학교사회복지가 궁극적으로 학생의 문제해결과 교육 환경을 개선하는 데 도움이 되는 과정을 설명하였다.

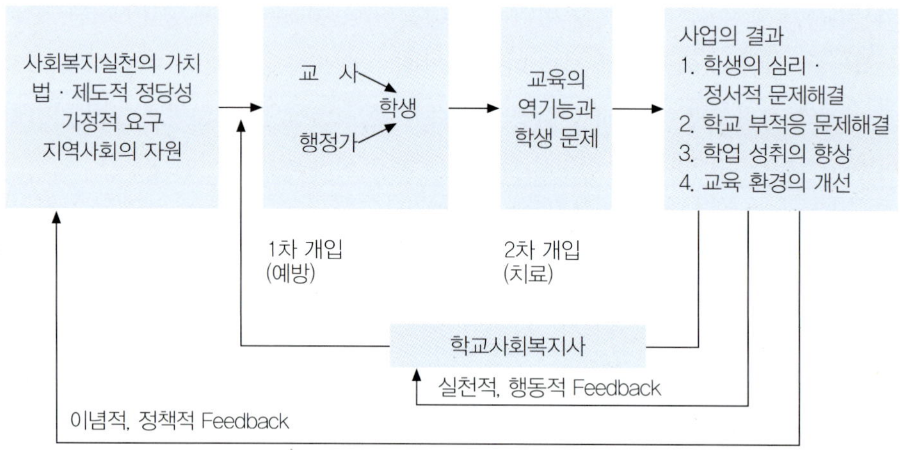

[그림 2-1] 학교사회복지의 개념 모형

출처: 오영재 · 백경숙(2000). p.49를 수정.

3) 학교사회복지와 교육복지

교육은 사회적 평등을 이루는 장치이며, 국가는 국민 개개인의 잠재력과 역량을 개발할 수 있도록 교육적 환경을 제공하고, 교육의 기회, 과정, 결과의 평등을 보장해야 할 책임이 있다(홍봉선, 2004). 해방과 전쟁후 절대 빈곤의 시대에서 70년대 고도의 경제성장을 이루기까지 우리나라의 교육복지란 전쟁으로 파괴된 학교 시설을 복구하고 부족한 학교를 증설하는 양적 확대에 치우쳐 있었다. 소외된 계층에 대한 교육 기회의 평등, 질적인 교육복지에 관심을 갖고 정책이 구체적으로 드러난 것은 1992년의 '대통령 교육정책자문회의'로, 다음과 같이 교육복지를 정의하였다.

> "교육복지란 교육 소외 · 결손집단에 대하여 교육 기회를 확충함과 동시에 예방 · 치료 · 보상 활동을 통하여 교육의 질적 평등을 보장하고, 정상적 학생집단에 대하여는 잠재능력을 최대한으로 계발할 수 있는 기회를 제공하고 전인교육이 가능토록 교육 여건을 계속적으로 개선해 주는 것을 말하며, 더 나아가 모든 국민의 교육적 욕구에 부응하여 평생교육 기회를 제공함으로써 모든 개인으로 하여금 교육적 욕구를 충족시키고 자아를 실현케 하며, 사회 전체가 학습하는 사회로 발전하는 과정과 그 결과를 말한다."
>
> – 교육정책자문회의(1992: 148)

교육정책자문회의(1992)는 이러한 교육복지 실현을 위하여, ① 장애자의 교육받을 권리 보장, ② 저소득층 자녀교육 문제에 대한 특별정책 배려, ③ 중도탈락자 등 교육 결손집단에 대한 대책, ④ 쾌적한 교육 환경의 조성, ⑤ 교육복지 실현을 위한 제도 확립을 위하여 교육복지법의 제정과 학교사회사업 요원의 배치를 제안하였다.

제안된 교육복지법은 교육 소외, 결손집단의 교육복지를 제도적으로 보장하기 위한 것으로, 당시의 「아동복지법, 「모자보건법」, 「생활보호법」, 「장애인복지법」 등의 교육관계 조항을 통합하는 것이다. 주요 내용은 교육복지 구현의 목표와 방향, 교육복지 대상별 지원방안, 민간복지단체 지원 육성, 교육복지기금 설치 등을 포함하고 있다. 또한, 시 · 군 · 도 교육청에 학교사회사업 요원을 배치하여, 학교 급식 및 보건 서비스, 소년소녀가장 및 빈곤 아동에 대한 물적 · 금전적 원조, 직업상담 및 진로지도, 중도탈락자 사후지도 등의 역할을 하도록 제안하였다.

비록 교육복지법은 아직까지 실현되지 못하고 있지만, 학교사회사업 요원에 대한 제안은 앞의 역사에서 살펴본 것과 같이, 이후 1995년의 국민복지기획단에서 다시 제기되어 실질적으로 구현될 수 있었다. 국민복지기획단은 『삶의 질』 세계화를 위한 국민복지의 기본 구상'을 통해, 보편적 사회복지 서비스 확충의 기본방향을 가족-이웃-지역사회-국가의 복지공동체 형성으로 보고, 아동복지의 영역에서 학교사회사업의 도입을 주장하였다(국민복지기획단, 1995). 즉, 기존 가족 내에서 보호받지 못하는 소년소녀가장, 시설아동, 입양아동, 학대받는 아동을 요보호아동으로 보고, 이미 발생한 요보호아동의 건전한 육성 및 사회 적응을 돕고 일반아동이 요보호아동으로 되는 것을 예방하기 위해서, 모든 아동이 가장 많은 시간을 보내는 학교에서의 상담을 중심으로 학교사회복지 실시를 제안하였다(국민복지기획단, 1995: 159). 이는 1996년 교육부의 학교사회복지 시범사업이 시작되는 결정적 계기가 되었다.

〈표 2-1〉 교육정책자문회의와 국민복지기획단의 학교사회복지 제도안 비교

	교육정책자문회의('92)	국민복지기획단('95)
목적	교육복지 실현을 위한 제도	아동복지 영역 중 요보호아동의 발생 예방과 사회적응을 위한 아동상담 차원
전문가 명칭	학교사회사업 요원	학교사회사업가
배치 형태	시 · 군 · 도 교육청	단위 학교
전문가 역할 및 서비스 내용	1. 학교 급식 및 보건 서비스 2. 소년소녀가장 및 빈곤 아동에 대한 물적 · 금전적 원조 3. 직업상담 및 진로지도 4. 중도탈락자 사후지도	1. 다양한 문제로 고민하는 학생들의 개별적 상담 2. 가정 및 시설 방문을 통한 전문적 개입 3. 지역사회 조직과의 연계를 통해 학생들을 위한 경제적 및 정서적 지원 4. 학생의 중도탈락 예방을 위한 가족, 교사 및 학생 간의 협의 및 관계 개선 5. 특수아동 및 치료를 위한 집단교육 및 상담 6. 약물남용 또는 비행, 가출 등의 문제 또는 치료를 위한 집단교육 및 상담 7. 학생 사회봉사제도의 올바른 정착 및 운영을 위한 프로그램 개발

출처: 진혜경(2005). p.31.

이태수 등(2004)은 "교육복지란 개인적, 가정적, 지역적, 사회 · 경제적 요인 등으로 인해 발생하는 각종 교육 소외 및 교육 불평등 현상들을 해소하고 전 국민이 높은 교육의 질적 수준을 누리도록 하여, 궁극적으로 국민의 삶의 질 향상과 사회통합을 기함은 물론 나아가 국가의 성장 동력을 강화하기 위해 펼치는 교육 현장에서의 다양한 노력들의 총체를 의미"하는 것으로 정의한다. 이를 위한 과제는 국민기초교육수준 보장, 교육 부적응 및 불평등 해소, 복지친화적 교육 환경 조성의 세 가지를 제시하며, 이를 위해 「교육복지법」의 제정과 학생복지를 담당하는 전문가(specialist)의 새로운 학교조직 구성원이 필요함을 제안하였다.

교육정책자문회의나 이태수 등(2004)의 정의에서 볼 때, 교육복지는 모든 국민을 대상으로 교육 평등을 추구한다는 점에서, 학생을 주요 대상으로 하는 학교사회복지보다 광범위하다. 그러나 이를 구현하기 위한 방안은 「교육복지법」의 제정과 핵심적인 요소로 학교와 학생을 돕는 전문가의 필요성을 제안한다. 학교사회복지는 교육복지 실현을 위한 구체적인 방안이라 할 수 있다(이상오, 2000).

2. 학교사회복지사의 역할과 직무

학교사회복지는 학생의 삶의 질 향상을 추구한다. 학교는 학생들의 중요한 생활공간이며, 한 사회의 주요한 가치와 지식을 습득하는 교육의 장(場)인 동시에, 자신의 잠재력을 깨닫고 자아실현을 위해 성장하고 발달하는 공간이다. 학교와 사회가 사회 · 경제적 성공을 추구하며 경쟁을 지나치게 강조한다면, 사회적 연대는 잊혀지고 소수의 성공 신화만을 부각시켜 취약계층의 문제를 개인의 노력 부족으로 치부하고 사회적으로 배제시키게 된다.

한 사람의 열 걸음보다 열 사람의 한 걸음으로 나아가야 한다는 언론인 성유보의 말은 언론인뿐만 아니라 우리 모두에게 해당된다. 교육의 본질적인 목적은 입시 경쟁을 통한 진학과 취업률이 아니고, 잠재력을 계발하고 자아실현을 도와 인류가 함께 잘 살아가도록 하는 데 있다. 학생들은 학교에서 실패를 경험하는 게 아니라 성장을 경험해야 하며, 평화로운 문제 해결의 방법을 배워야 한다.

학교사회복지는 교육의 본질적인 목적을 돕기 위하여 사회복지실천의 가치, 지식, 기술을 활용하는 전문분야로, 학교사회복지사의 직무와 역할은 시대에 따라서, 각 국가와 사회적 요구에 따라서 강조되는 부분이 다를 수 있다. 그러나 학생에게 최상의 서비스를 제공하기 위한 과정에서 수행하는 일들이며, 인간의 존엄성을 바탕으로 학생과 가족의 정보접근권, 참여권, 비밀보장, 자기결정권 등의 권리를 존중하고, 학생-학교-가정-지역사회가 함께 학생을 돕기 위해 나아가도록 돕는다는 점은 동일하다.

1) 학교사회복지사와 관련 인력의 역할

역할이란 "어떤 사회 체계 내에서 특정한 사회적 상태나 지위에 있는 사람의 기대되는 행동"을 말한다(Compton & Galaway, 1998). 부모라는 지위에 있는 사람에게 양육자, 보호자로서 행동하기를 기대하는 것처럼, 학교사회복지사가 수행할 것으로 기대되는 행동들이 학교사회복지사의 역할이라 할 수 있다. 역할은 특정한 상황의 특정 지위에서 자기 스스로가 가지는 기대와 다른 사람이 그 지위에 대하여 갖는 기대의 상호작용을 통하여 결정된다고 볼 수 있다(오인환 등, 1974).

따라서 학교사회복지사의 역할을 일률적으로 말하기 어려우며, 학교사회복지사가 소속된 학교 상황이나 사회 · 문화 또는 법률적인 기반, 학교에서 주어지는 업무, 학교사회복지사 자신의 역량에 따라 차이가 있게 된다. 학교사회복지의 제도적 근거를 장애아교육법에 둔 미국의 경우 학교사회복지사의 서비스는 장애아동을 위한 개별화된 서비스와 특수교육을 위한 사정과 관련된 역할이 크다. 반면에 장애인을 위한 공공복지가 매우 발달한 북유럽 국가의 경우에는 장애아동에 대한 개입보다는 높은 자살률에 따라 학생들의 심리정서적 개입이 더 중요하게 다루어진다.

같은 국가 내에서도 도시와 농어촌 학교는 지역사회 내에서 활용할 수 있는 자원의 양과 질에서 차이가 나기 때문에, 상대적으로 자원이 부족한 농어촌에 비해 도

시지역에서는 활발한 지역사회 자원을 활용하고 연계하는 역할이 크다. 그러나 농어촌 지역에서는 연계할 지역 자원의 부족으로 학교사회복지사 스스로 자원이 되어 프로그램을 개발하고 운영하여야 하는 직접적 서비스 제공자의 역할이 더 크게 요구된다고 할 수 있다.

(1) 학교사회복지사의 역할

한국 학교사회복지사협회에서는 대표적인 학교사회복지사의 역할로 9가지를 제시하고 있는데, 이를 토대로 의미상 구분이 필요한 것을 감안하면 〈표 2-2〉와 같이 임상전문가, 교육자, 중개자(연계자), 조정자, 중재자, 옹호자, 자원개발자, 공조자(협력자), 조사연구자, 정책제언가의 10가지로 제시할 수 있다.

〈표 2-2〉 학교사회복지사의 역할

역 할	내 용
임상전문가/상담가	학생을 위한 개별, 집단상담 및 치료적 개입
교육자	학습, 진로를 위한 정보의 제공 사회성 기술, 학습전략, 의사소통 훈련, 각종 예방을 위한 교육
중개자/연계자	학생과 가족에게 필요한 자원의 발굴, 연계
조정자	서비스의 중복, 누락을 조정하고, 서비스가 원활히 전달될 수 있도록 관련된 인력과 기관의 소통을 관리
중재자	학생과 환경 체계(또래, 교사, 가족 등) 사이에서 갈등을 중재
옹호자	학생과 가족의 인권을 보장하기 위한 옹호활동
자원개발자	학생과 가족, 학교에 필요한 지역사회 자원의 발굴 및 개발 촉진
공조자/협력자	교사를 비롯하여 다양한 전문가, 관련기관과의 협력, 공조
조사연구자	실태조사 및 효과성 연구를 통한 효과적 복지 서비스 제공
정책제언가	학생복지 증진을 위해 다양한 수준에서의 정책 감시, 제언에 참여

출처: 한국학교사회복지사협회(http://www.kassw.or.kr/)의 표를 수정.

임상전문가는 상담가 역할로 학생과 가족을 위한 개별 상담 또는 집단상담을 통한 심리정서적 지원을 하는 역할이다. 의사소통 기술을 활용하여 대면적 상황에서 지지, 조언, 행동수정, 정보제공 등을 통해 학생의 문제를 해결하며, 다양한 심리상담 모델을 절충적으로 사용한다.

교육자(교사)의 역할은 성교육, 학교폭력 예방교육, 장애인식 교육, 부모교육 등 학생, 학부모, 교직원 등을 대상으로 문제의 예방이나 해결을 위해 지식과 기술에 대한 교육을 실시하는 역할이다. 필요에 따라서 학교사회복지사는 지역사회 자원을 발굴하고(자원개발자), 이를 연계하여 전문적인 교육을 실시할 수 있다(연계자).

중개자 또는 연계자의 역할은 학생, 가족, 교직원 또는 학교 체계에 지역사회 기관의 서비스나 자원을 연결하는 것으로, 장학금, 안경 지원, 의료 지원, 문화 체험, 마을 학교 프로그램 연계 등 다양한 서비스 연계가 이루어진다.

협력자의 역할은 학생의 문제해결을 위하여 학교사회복지사가 함께 일하는 교사, 지역사회 전문가들과 상호 공조하는 것으로, 학생 지원팀 또는 협의체를 구성할 때 더욱 중요한 역할이다. 다학문적(multi-disciplinary) 협력 또는 학제 간(inter-disciplinary) 협력은 의사, 간호사, 변호사, 사회복지전담공무원, 교사, 청소년상담가 등 다양한 전문직과 함께하는 사례관리가 확대되면서 더욱 중요해지고 있다.

조정자 역할은 사례관리에서 복합적인 학생 문제에 대해 여러 기관에서 중복적인 서비스가 이루어지거나 누락이 생기는 경우 서비스의 조정과 관련된 기관들, 인력들 사이에 소통이 원활히 이루어지도록 돕는 역할을 말한다.

중재자의 역할은 학생 간 또는 학생-교사, 학생-가족, 교사-가족, 학교-지역사회 등 체계들 사이에 발생하는 갈등과 분쟁을 조정하는 역할을 말한다. 특히 학교폭력이 발생하는 경우 가해학생과 피해학생만이 아니라 학부모들 간, 또는 교사와 학부모 간에 갈등이 야기되는 경우가 있다. 학교사회복지사는 중립적인 위치에서 상호 이해와 소통을 증진시켜 갈등을 해결할 수 있도록 돕는다.

취약한 학생 집단이 처한 불이익에 대해서 학교사회복지사는 약자의 권리 보장을 위한 옹호자의 역할을 수행하는데, 법정에서 학생을 대변하거나 장애, 다문화, 가정폭력 피해 등의 어려움을 겪는 학생을 위한 캠페인 등의 활동을 진행한다. 또한 취약한 학생 집단의 문제에 대한 원인과 실태를 조사하고(조사연구자), 이를 정책 결정권자들이 정책에 반영할 수 있도록 보고서 작성과 정책 형성을 위해 노력한다(정책 제언가).

이상과 같은 10가지 역할 외에도, 학교사회복지사는 교사와 학부모에게 자문을 제공하고(자문가), 실습생과 수련생을 교육 · 훈련시키며(훈련가), 학교사회복지 프로그램을 개발하고 기획 · 운영하며(프로그램 개발자/기획자), 서비스 전달에 필요한 행정 업무를 수행하고(행정가), 서비스를 평가하고(평가자), 복지실의 인적, 물적 자원을 관리하며(관리자), 학생을 인솔하거나 돌보는(인솔자, 돌봄 제공자) 등 다양한 역할을 수행한다.

(2) 미국의 학생 서비스 팀의 전문가 역할

아직 우리나라에서는 학교 내에 다양한 전문직에 대한 명확한 역할 규정이 이루어지지 못하고 위클래스 전문상담사, 상담교사, 사회복지사들이 각 학교 상황 속에서 역할 혼란, 갈등, 중첩 등을 겪고 있다. 이는 전문직들이 공통적으로 대인 서비스를 지향하고 있으며, 심리정서적 문제를 다루고 있기 때문이기도 하지만, 학생을 지원하는 학교 내 전문 인력들의 자격과 역할에 대한 제도적 근거가 미약한 것도 원인이라 할 수 있다.

영국과 미국에서도 학교사회복지사의 역할은 학교 출석관리에서 청소년 비행 예방 등으로 개입이 확대되면서, 진단, 배치, 상담, 계획 등의 많은 영역에서 다른 전문가들과 역할이 중첩되었다(Guzzetta, 1972). 특히 미국의 공립학교 학생 서비스(Pupil Personnel Services) 팀은 학교상담가, 학교사회복지사, 학교심리사들로 구성되는데 이들이 수행하기를 바라는 기능이 상당히 중복되고 있는 것으로 나타났다(Shaw, 1967).

현재 이들의 역할은 〈표 2-3〉과 같이 구분되고 있으며, 학교상담사는 진로상담, 학교심리사는 특수교육 대상자 선별 진단검사와 위기 개입 등의 역할을 수행하며, 학교사회복지사는 문화적 다양성, 사회 정의, 지역사회 폭력 등의 문제에 개입하고 있다. 미국의 각 전문가단체에서 권고하는 배치 비율은 학교상담사의 경우는 250명당 1명, 학교심리사는 500-700명당 1명이며, 학교사회복지사는 250명당 1명으로 제안하고 있다(Bastian 등, 2019). 이들 전문 인력의 역할은 다음과 같다.

〈표 2-3〉 공립학교 학생 지원 인력의 역할

명칭	학교사회복지사 School Social Worker	학교상담사 School Counselors	학교심리사 School Psychologists
역할	• 학생의 정신건강 및 행동 문제를 가진 학생 지원 – 학업 및 행동 문제 지원 – 교사, 학부모, 행정가에 대한 자문 • 종종 지역사회 자원을 연계하고, 학생의 욕구를 옹호하며 가장 취약한 학생을 돕는 데 초점을 둔다. • 학교사회복지사는 문화적 다양성, 체계이론, 사회 정의, 위험 사정과 개입, 자문과 협력, 임상적 개입, 부적절한 건강 돌봄, 지역사회 폭력의 문제를 다룬다.	• 학생들의 사고방식과 행동 개선으로 학업, 진로, 사회적 · 정서적 목적 달성. • 초등학교는 대체로 학생들의 사회적 정서적 발달에 초점을 맞추고, • 중등학생에게는 대학 및 진로상담에 초점을 둔다. • 모든 학생을 대상으로 학업성취나 학교에 잘 참여하지 않는 학생을 돕는다.	• 특수교육, 정신건강 서비스의 적격 여부를 판단하기 위한 검사 • 학생, 교사, 행정가들과 함께 학생의 학습 환경을 최적화하기 위해 협력 • 장애학생, 정신건강의 문제가 있는 학생에 대한 서비스 제공과 학교 안전과 위기 개입 서비스 제공 • 학교심리사의 국가 규준은 모든 학생을 대상으로 하도록 되어 있으나, 가장 취약한 소집단에게 종종 초점을 둔다.
최소 자격	학부와 석사에서 자격을 허용	석사 학위, 각 주에서 추가로 상담사 자격 또는 면허 필요 인증 또는 면허	공인된 대학원에서 훈련 프로그램을 통해 취득한 자격
협회	SSWAA	ASCA	NASP

출처: Bastian 등, (2019). p.2-3의 내용을 토대로 작성.

(3) 교육복지우선지원사업 교육복지사(지역사회교육전문가)

교육복지우선지원사업은 2003년부터 저소득층 학생의 교육 기회 불평등 완화를 위하여 시작된 사업으로, 사업을 수행하는 전문 인력은 학교(교육복지사/지역사회교육전문가)와 교육청(교육복지사/프로젝트조정자)에 배치되는데, 지역사회 네트워크 경험이 있는 경력자로 사회복지사, 교사, 평생교육사, 청소년상담사 등의 자격을 소지하고 있어야 한다.

학교에 배치되는 교육복지사(지역사회교육전문가)는 교육복지 대상 학생의 사례관리, 개별상담, 집단 프로그램의 기획 운영, 학부모와 교사 대상의 교육 및 연수, 지역사회 자원개발 및 연계, 지역사회교육공동체 구축을 위한 네트워크 등의 서비스를 제공하고 있다. 1인 1개교 배치가 원칙이지만, 경우에 따라서는 거점학교와 협력학교를 지정하여 1명의 교육복지사가 2개 이상의 학교를 지원하는 경우도 있다.

또한 교육청이나 교육지원청에 배치되는 교육복지사(프로젝트조정자)는 관내 교육복지사업 학교들의 행정적 지원, 교육복지사 연수, 사업 평가 및 우수사례 발굴, 지역사회 네트워크를 통한 학교 지원 등의 직무를 수행한다. 시 · 도 교육청 자율에 따라 운영되고 있기 때문에 전문 인력의 명칭이 조금씩 상이하고, 프로젝트 조정자가 모든 시 · 도 교육청과 교육지원청마다 배치된 상태는 아니다.

(4) 위클래스(학교 상담실) 전문상담(교)사

2008년 교육부는 위(Wee) 프로젝트(학교안전종합시스템)를 시작하여, 1단계는 단위 학교에 위클래스(Wee Class)를, 2단계는 교육지원청에 위센터를 3단계는 시 · 도에 위스쿨을 둔다. 위클래스의 목적은 1차 안전망으로 전문상담(교)사를 단위 학교에 배치하여 모든 학생을 대상으로 학교폭력, 부적응 등의 예방, 회복, 발달적 차원의 학교 상담을 지원하고, 학생의 성장발달 촉진을 위한 상담 제공 및 학교적응력 강화, 학교-교육청-지역사회의 긴밀한 협력으로 위기 상황에 노출된 학생에 대한 종합적인 안전망을 구축 및 운영하는 데 있다(서울시교육청, 2020a).

위클래스의 전문상담사는 교원이 아닌 교육공무직이며, 전문상담교사, 청소년상담사, 상담심리사, 전문상담사, 임상심리사, 사회복지사 등의 자격을 필요로 한다. 반면에 전문상담교사는 정식 교원으로 교육청과 학교에 배치되는 인력이다. 위클래스 전문상담(교)사의 역할은 주로 상담 및 치유 지원, 학생, 학부모, 교원 대상의 교육 및 연수, 지역사회 연계, 사례회의, 상담 기록 및 관리 등을 담당하고 있다.

(5) 진로전담교사(진로진학상담교사)

진로전담교사는 2015년에 제정된 「진로교육법」 제9조에 따라 초 · 중등학교에서 학생의 진로교육을 전담하는 교사이다. 2015년부터 중학교에 자유학기제가 도입되면서, 중학생들이 중간시험, 기말시험의 부담에서 벗어나 학생 참여형 수업이나 다양한 체험활동을 하도록 하는데, 진로전담교사는 진로 탐색 등 진로활동을 돕는다. 자유학기제는 2016년에 전면적으로 시행되었고, 2018년부터는 2개 학기인 자유학년이 도입되었다.

진로전담교사는 진로진학상담교사로 불리며, 중등1급 정교사 자격증 소지자 중에 진로전담교사 자격을 취득하고 전담교사로 발령된 교사들이다. 중등학교에 배치되는 진로전담교사는 진로진학상담부장으로 학교 진로교육을 총괄한다. 또한, '진로와 직업' 과목 수업과 창의적체험활동 중 '진로활동'을 지도하고, 학생의 진로 설계와 교원, 학부모 대상의 진로교육 연수, 선취업 후진학 학생의 진로 설계, 커리어넷 등의 진로 관련 심리검사 활용 및 컨설팅, 지역사회 및 유관기관과의 네트워크를 관리하는 직무를 수행한다(서울시교육청, 2016). '선취업 후진학'이란 특성화고등학교 졸업 후 산업체에 취업하고 대학교 계약학과에 진학을 동시에 할 수 있거나, 취업 후 2년의 기간 후 대학교에 취업자 전형으로 진학할 수 있도록 하는 정책이다.

2020년 현재 교육복지우선지원사업은 총 3,348개교가 시행하고 있으나 인력배치는 1,534명으로, 이는 초등학교 16.5%, 중학교 21.5%, 고등학교 2.3%에 불과한 현실이다(한국학교사회복지사협회, 2020). 위클래스는 2019년 현재 초등학교에는 극히 일부(6.7%)에 설치되어 있고, 중학교(46.5%)와 고등학교(43.4%)의 경우에도 절반에 미치지 못한 상태이다(한국교육개발원, 2019). 반면에, 진로전담교사는 2020년까지 중고등학교에 100% 배치를 발표하여 대부분의 학교에 진로전담교사가 배치될 것으로 보인다. 학교사회복지사는 이들과 함께 근무할 경우 상호 간의 역할 조정을 통해 협력한다.

2) 학교사회복지 제공 서비스

학교사회복지실천을 통해 제공되는 서비스는 학교사회복지사의 역할이 상황과 맥락에 따라 다른 것처럼, 소속 학교와 지역사회 자원, 학교사회복지사 자신의 역량 등에 따라 다르다. 만일 학교 내에 진로전담교사와 위클래스 전문상담(교)사가 전문적인 역할을 충분히 수행하며, 상호 존중과 소통이 원활하여 협력이 매우 잘 이루어지고 있다면, 학교사회복지사는 진로상담이나 임상적 서비스보다는 지역사회 자원을 개발하고, 지역사회 연계에 더 많은 역할을 수행할 수 있을 것이다. 학교사회복지사는 다학문적인 협력을 통해 학생에게 더 효과적인 서비스가 제공될 수 있도록 팀 협력을 이끄는 지도력이 요구되며 이 일을 가장 잘 수행할 수 있는 전문가이다.

한국학교사회복지사협회에서는 〈표 2-4〉와 같이 공통적으로 제공되는 학교사회복지 서비스를 사례관리, 개별 개입, 집단 개입, 가정 개입, 지역사회 연계 및 기타의 6가지 영역으로 제시하고 있다.

〈표 2-4〉 학교사회복지 제공 서비스

영역	내용
1. 사례관리	복잡다양한 문제와 욕구를 가진 학생에게 여러 가지 지원 방법을 활용하고 학교 내외의 자원을 함께하여 효과적으로 문제를 해결하고 요구가 충족되도록 모든 서비스 과정을 운영하는 사회복지실천 전문 방법
2. 개별 개입	대면상담, 이메일이나 전화상담, 심리검사, 정보제공
3. 집단 개입	공통의 욕구나 문제를 가진 학생들을 집단으로 구성하여 프로그램을 제공하거나 학급단위 예방교육적인 집단 프로그램을 제공
4. 가족 개입	가정방문 및 학부모 면담을 통한 상담, 학교와 가정 간 연계 지원, 생활 지원을 위한 서비스 연계
5. 지역사회 연계	학생복지 증진을 위한 학교 밖 자원 개발 및 관계자 네트워크 구축 학교의 지역사회 봉사
6. 기타	실태조사, 욕구조사, 연구 및 자원봉사 활용 등

출처: 한국학교사회복지사협회(http://www.kassw.or.kr).

학생 사례관리는 학교사회복지사가 빈곤, 가정폭력 및 아동학대, 학교폭력, 장애 등 복합적인 문제로 인해 다양한 서비스 제공기관이 함께 관여하게 될 때 필수적으로 요청되는 서비스이다. 사례관리에 대해서는 6장에서 상세히 다루었다.

개별 개입은 학생의 심리정서적 어려움을 겪을 때, 전통적 임상 모델과 개별사회사업의 방법론을 적용하여 문제를 해결하는 것을 말한다. 주로 학생의 개인력, 가족력, 가계도와 생태도 등의 심리사회적 사정과 상담을 통해 학생 개인의 욕구 충족을 위한 서비스를 제공한다.

집단 개입은 동일한 욕구나 문제를 가진 학생들의 소집단 또는 학급이나 학교 전체와 같은 대집단을 대상으로 집단사회사업의 방법론을 적용하는 실천을 말한다. 학교폭력예방교육, 대인관계 기술 향상, 의사소통 증진, 학급응집력 강화, 자원봉사동아리활동 등 다양한 집단 프로그램이 운영되고 있으며, 학급 단위로 이루어지는 학교 시스템에 매우 적절한 서비스이다.

가족 개입은 가정방문과 학부모 면담 등으로 발견되는 가족의 문제나 빈곤 가정, 조손 가정, 장애아동 가정, 다문화 가정 등의 특별한 욕구에 대해 개입하는 것을 말한다. 가족 캠프나 부모교육 프로그램 등 가족 집단 개입, 관련 기관의 서비스를 연계하는 지역사회 연계, 복합적인 문제를 갖고 있는 가족에 대해 사례관리가 진행되는 경우도 있다.

지역사회 연계는 학생의 삶의 질과 관련되는 지역사회 자원을 발굴하고 학생과 가족의 문제해결과 욕구 충족을 위해 연결해 주는 서비스이다. 학생 자원봉사활동 기관과 학생의 연결, 전문적인 심리치료 기관, 경제적 지원을 위한 기업체, 가족 대상의 서비스 기관 등을 필요로 하는 학생과 가족에게 연계한다. 학교와 지역사회의 상황에 따라 연계활동은 지역사회 내의 학생의 복지 향상을 위해 지역사회 교육복지 안전망을 구축하는 보다 광범위한 서비스로 확대될 수 있다.

미국 NASW(1992)에서는 학교사회복지사의 적정한 배치 비율에 따라 제공할 수 있는 서비스 수준을 제시하고 있는데, 현재 우리나라의 경우는 1개교에 1명의 학교사회복지사가 대부분인 형태이지만 참고해 볼 수 있을 것이다. 이에 따르면 대규모 학교의 경우 1명의 학교사회복지사가 배치된다면 위기 상황에 대한 개입만 가능하고, 학교사회복지사가 여러 명이 있어서 1인당 학생 비율이 50명인 학교에서는 개별화된 서비스까지도 가능한 것을 보여준다.

〈표 2-5〉 학교사회복지사의 배치 비율에 따른 서비스 수준

학교사회복지사/학생 비율	집중 서비스 대상	효과적인 서비스 수준
1 : 2,000	특별히 없음	위기 개입, 사회적 발달 사정
1 : 1,500	빈곤 학생	위기 개입, 사회적 발달 사정, 교사 자문, 외부기관 의뢰
1 : 1,000	특수교육 대상	위기 개입, 사회적 발달 사정, 교사 자문, 외부기관 의뢰, 가정-학교-지역사회 연계, 직원(실습/수련) 훈련 학교사회복지 프로그램 계획과 평가
1 : 800	특수교육 대상과 빈곤 학생	위기 개입, 사회적 발달 사정, 교사 자문, 외부기관 의뢰, 가정-학교-지역사회 연계, 직원(실습/수련) 훈련 학교사회복지 프로그램 계획과 평가 교육 체계 사정과 프로그램 개발
1 : 500	특수교육 대상, 빈곤, 소수집단(이민자 등)	위기 개입, 사회적 발달 사정, 교사 자문, 외부기관 의뢰, 가정-학교-지역사회 연계, 직원(실습/수련) 훈련 학교사회복지 프로그램 계획과 평가 교육 체계 사정과 프로그램 개발 대집단(학급) 개입, 지속적인 개입
1 : 350	특수교육 대상자, 빈곤, 소수집단, 정부의 이슈 대상	위기 개입, 사회적 발달 사정, 교사 자문, 외부기관 의뢰, 가정-학교-지역사회 연계, 직원(실습/수련) 훈련 학교사회복지 프로그램 계획과 평가 교육 체계 사정과 프로그램 개발 대집단(학급) 개입, 지속적인 개입 지속적인 학부모 집단, 조사연구, 학제 간 팀 협력
1 : 50	특수교육 배치만	위기 개입, 사회적 발달 사정, 교사 자문, 외부기관 의뢰, 가정-학교-지역사회 연계, 직원(실습/수련) 훈련 학교사회복지 프로그램 계획과 평가 교육 체계 사정과 프로그램 개발 대집단(학급) 개입, 지속적인 개입 지속적인 학부모 집단, 조사연구, 학제 간 팀 협력 특수교육 이의신청 등 법률적 절차상의 관여 및 중재

출처: NASW(1992). p.18-19.

3) 학교사회복지사 직무 표준

(1) 학교사회복지사 직무

미국의 Costin(1969)은 최초 학교사회복지사가 수행하고 있는 직무를 조사하여 107개 직무에 대해 요인분석 결과 9가지 요인으로 분석하였다. 이후 Costin의 직무

조사에서 사용된 동일한 107개 문항으로 Allen-Mears(1977, 1994)와 유영준(1998), 노혜련과 김상곤(2006) 등의 직무분석이 이루어졌다. 각 연구에서 요인분석 결과와 수행빈도의 순위는 차이가 있는데, 일부를 제시하면 다음과 같다.

〈표 2-6〉 학교사회복지사 직무 요인분석 결과와 수행 순위

Costin(1969)	Allen-Mears(1994)	노혜련 · 김상곤(2006)
1. 학생과 부모에 대한 개별사회사업 2. 사례관리 업무 3. 학교사회복지에 대한 설명 4. 정서적 문제를 가진 학생에 대한 임상적 치료 5. 가족과 지역사회기관과의 연결 6. 교사를 대상으로 한 학생에 대한 설명 7. 학생과 부모에 대한 교육상담 8. 지도력과 정책결정 9. 교사에 대한 개인적 서비스	1. 행정적 그리고 전문적 직무 2. 가정-학교 연계 3. 학생에 대한 교육적 상담 4. 가족의 지역사회 자원 원활화와 옹호 5. 지도력과 정책 결정	1. 학생에 대한 사회복지 서비스 2. 교사와의 협력적 활동 3. 사례관리 4. 가정에 대한 사회복지 서비스 5. 전문적 활동 6. 가정-학교-지역사회 연계 7. 정책결정 및 행정

즉, 초기 Costin(1969)의 연구결과에서 가장 많이 수행하는 직무는 학생과 부모에 대한 개별사업과 사례관리로 나타난 반면에, 이후 Allen-Mears(1994)의 연구에서는 행정 · 전문적 직무 수행이 가장 많은 것으로 나타났다. 우리나라의 연구에서는 미국의 초기 연구와 유사한 형태로 학생에 대한 서비스 직무가 가장 많았다.

이 밖에도 우리나라에서 독특하게 수행하는 직무로 8가지 항목이 추가되었는데, 쉼터 제공자로서의 역할, 특별활동(동아리)지도 및 관리, 교내 이벤트(생일파티, 스승의 날 행사 등), 신입생 오리엔테이션, 봉사활동 지도, 사회봉사명령 학생 지도, 창의적 재량활동(현 창의적 체험활동)을 활용한 학급 개입, 교내 축제 기획 및 진행으로 나타났다(노혜련 · 김상곤, 2006).

(2) 학교사회복지사 서비스 표준

미국의 NASW는 다양한 전문적 서비스 영역에 대한 표준을 제시하고 있다. 학교

사회복지 서비스 표준은 학생들에게 최상의 서비스를 제공하고, 학생과 가족의 존엄성, 비밀보장, 의사결정에 참여 등의 권리를 옹호하고, 학교사회복지 서비스 개발과 지속적인 교육, 학교사회복지사가 성공적인 학교를 위한 정책 개발과 개선에 참여하도록 하기 위한 목적으로 만들어졌다(NASW, 2012).

NASW의 학교사회복지 서비스 표준은 ① 교육/학교 개혁, ② 사회 정의와 공평한 교육 기회 실현, ③ 다계층(학교, 집단, 개별의 최소 3단계)적 개입의 강조 등 3가지 원칙과 11개의 서비스 표준을 제시하고 있고 있으며, 주(state)에 따라 학교사회복지 서비스 표준을 별도로 제시하는 경우도 있다.

〈표 2-7〉 미국 학교사회복지 서비스 표준(Standards for School Social Work Services)

NASW(연방수준)	Indiana주	Connecticut주
1. 윤리와 가치	1. 학교사회복지실천의 기초	1. 학교사회복지실천의 기초
2. 자격	2. 협력	2. 교육과 학습의 체계 및 조직
3. 사정	3. 사정	3. 협력
4. 개입	4. 개입	4. 사정
5. 의사결정과 실천에 대한 평가	5. 예방	5. 개입
6. 기록	6. 전문적 발달	6. 전문적 발달
7. 업무관리		
8. 전문성 개발		
9. 문화적 감수성과 역량		
10. 타 전문직과의 협력 및 리더십		
11. 옹호와 사회정치적 행동		

출처: 주석진 등(2019). p.35.

서비스 표준은 학교사회복지 서비스가 증거에 입각한 서비스가 되어야 함을 강조하고 있으며(증거기반실천, EBP), 서비스 제공에 따른 일련의 과정(사정, 개입, 평가, 기록)에서 전문성을 확보하는 것과 특히 타 전문직과의 협력과 문화적 감수성에 대한 역량을 강조한다. 또한 학교사회복지사가 스스로의 전문성을 개발시키기 위해 노력하여 지속적으로 발전해 나가야 하는 것은 더 양질의 서비스를 제공하기 위한 전문가로서의 책임임을 명시한다.

(3) 학교사회복지사 직무표준

국가직무능력표준(National Competency Standards, NCS)은 직무수행에 요구되는 지식 · 기술 · 태도 등의 내용을 국가차원에서 체계화한 것이다(한국산업인력공단, 2015). 2004년 한국사회복지사협회가 사회복지사 직무표준을 개발하였지만, 2007년 국가직무능력표준에 따라 사회복지 서비스 영역으로 행정과 8개 서비스가 제시되었다. 2020년 현재 NCS에는 지역사회복지 개발, 사회복지조직운영, 공공복지, 사회복지 프로그램 운영, 일상생활 기능 지원, 사회복지면담, 사회복지 사례관리 등 17개 사회복지 세분류 중 7개가 개발되어 있다.

학교사회복지에서도 NCS에 기반하여 학교사회복지사 표준직무매뉴얼이 개발되었다. 주석진 등(2020)은 한국학교사회복지사협회 부설 교육복지연구소와 한국학교사회복지학회의 지원으로, 25명의 현장 전문가 포커스 그룹 인터뷰(FGI), 전국 학교 현장의 사회복지사 대상 설문조사를 통하여 학교사회복지사의 직무표준을 개발하였다. 여기에서 제시된 학교사회복지사의 직무 목적과 업무 범위는 다음과 같다.

직무 목적

: 학생–학교–가정–지역사회 연계를 통해 학생의 개인 · 환경적인 어려움들을 예방 및 해결하고, 모든 학생이 자신의 능력을 최대한 발휘할 수 있는 최상의 교육 환경과 공평한 교육 기회를 제공하기 위함

업무의 범위

- (학생 중심의 개입) 학생과 일대일의 대면관계를 기반으로 학생의 잠재된 역량과 강점을 발굴하고 강화시킴으로써 학생 개인의 문제를 해결하거나 예방하는 업무(정보제공, 개인상담 소집단활동 등)
- (체계 중심의 개입) 학생 변화를 위해 가정, 학급, 학교, 지역사회와 같은 다양한 체계의 변화를 이끌어내는 업무(가족 개입, 옹호, 학교체계 지원, 대집단활동, 학교 개입, 지역사회 개입 등)
- (사례관리) 복잡하고 다양한 문제를 가진 학생의 문제해결을 위해 지역사회 기관과 함께 학생과 환경체계에 개입하여 필요한 서비스를 개발, 연계 및 조정하는 업무
- (자기계발) 전문성 제고를 위한 활동과 자기관리에 관한 업무
- (업무 형성과 유지) 회의, 교내 · 외 사업운영체계 구축 등의 업무
- (인력관리 및 교육 훈련) 사업 기획, 홍보, 예산 · 환경 · 문서관리, 사업 평가 등의 업무

학교사회복지사 직무는 총 10개 직무와 31개의 능력단위로 구성되어 있으며, 학교사회복지사가 직무 수행에 필요한 능력의 수준에 따라 상, 중, 하로 구분하고 있다. 오랜 경력과 경험이 필요한 '상' 수준의 직무는 수련생(실습생) 교육 ·훈련과 학교체계 지원이며, '하' 수준의 직무는 접수, 초기면접, 홍보, 환경관리, 문서관리이다(주석진 등, 2020).

〈표 2-8〉 학교사회복지사의 직무와 능력단위

<table>
<tr><th>직 무</th><th>능력단위</th><th>직 무</th><th>능력단위</th></tr>
<tr><td rowspan="2">1. 접수 및 초기면접</td><td>1) 접수</td><td rowspan="2">5. 평가 및 종결</td><td></td></tr>
<tr><td>2) 초기면접</td><td>17) 의뢰</td></tr>
<tr><td rowspan="2">2. 사정 및 개입계획 수립</td><td>3) 사정</td><td>6. 사후관리</td><td>18) 사후관리</td></tr>
<tr><td>4) 개입계획 수립</td><td>7. 자기계발</td><td>19) 전문성 향상</td></tr>
<tr><td rowspan="9">3. 개입</td><td>5) 정보제공</td><td rowspan="2">8. 업무형성과 유지</td><td>20) 자기관리</td></tr>
<tr><td>6) 옹호</td><td>21) 업무 유지</td></tr>
<tr><td>7) 개인상담</td><td rowspan="3">9. 인력관리 및 교육훈련</td><td>22) 협력관계 유지</td></tr>
<tr><td>8) 학생에 대한 사례관리</td><td>23) 자원봉사자 관리</td></tr>
<tr><td>9) 집단활동</td><td>24) 수련생(실습생) 교육 훈련</td></tr>
<tr><td>10) 학교체계 지원</td><td rowspan="7">10. 사업운영</td><td>25) 사업기획</td></tr>
<tr><td>11) 학교 개입</td><td>26) 홍보</td></tr>
<tr><td>12) 가족 개입</td><td>27) 예산관리</td></tr>
<tr><td>13) 지역사회 개입</td><td>28) 환경관리</td></tr>
<tr><td>4. 점검</td><td>14) 점검</td><td>29) 문서관리</td></tr>
<tr><td rowspan="2">5. 평가 및 종결</td><td>15) 평가</td><td>30) 사업운영 및 행정</td></tr>
<tr><td>16) 종결</td><td>31) 사업평가</td></tr>
</table>

제3장

학교사회복지 관련 법률

우리가 걸어가면 길이 됩니다.

—Paulo Freire, 「We Make the Road by Walking」

1. 사회복지사업법

1) 사회복지사업 정의와 적용 법률

「사회복지사업법」은 1970년 제정된 법률로 사회복지사업에 관한 기본적인 사항을 규정한 법률이다. 사회복지를 필요로 하는 사람에 대하여 인간의 존엄성과 인간다운 생활을 할 권리를 보장하고, 사회복지의 전문성을 높이며, 사회복지사업의 공정 · 투명 · 적정을 도모하고, 지역사회복지의 체계를 구축하며, 사회복지 서비스의 질을 높여 사회복지의 증진에 이바지함을 목적으로 한다(법 제1조).

「사회복지사업법」에서는 사회복지 법인, 단체, 기관의 운영에 관한 내용과 사회복지사의 자격, 보수교육 등 전문성을 위한 내용을 규정하고 있다. 사회복지사들과 사회복지 법인, 기관, 단체는 「사회복지사업법」에 따라 모든 사람의 인간다운 삶을 위해 투명하고 공정한 사업을 진행하도록 노력해야 한다. 제정 당시 「사회복지사업법」은 「생활보호법」, 「아동복리법」, 「윤락행위 방지법」의 3개 법률에 적용되는 사업에 국한되었지만, 2020년 현재 27개의 법률에 적용되고 있다.

〈표 3-1〉 사회복지사업의 해당 법률

「국민기초생활 보장법」, 「아동복지법」, 「노인복지법」, 「장애인복지법」, 「한부모가족지원법」, 「영유아보육법」, 「성매매방지 및 피해자보호 등에 관한 법률」, 「정신건강증진 및 정신질환자 복지서비스 지원에 관한 법률」, 「성폭력방지 및 피해자보호 등에 관한 법률」, 「입양특례법」, 「일제하 일본군위안부 피해자에 대한 생활안정지원 및 기념사업 등에 관한 법률」, 「사회복지공동모금회법」, 「장애인 · 노인 · 임산부 등의 편의증진 보장에 관한 법률」, 「가정폭력방지 및 피해자보호 등에 관한 법률」, 「농어촌주민의 보건복지증진을 위한 특별법」, 「식품등 기부 활성화에 관한 법률」, 「의료급여법」, 「기초연금법」, 「긴급복지지원법」, 「다문화가족지원법」, 「장애인연금법」, 「장애인활동 지원에 관한 법률」, 「노숙인 등의 복지 및 자립지원에 관한 법률」, 「보호관찰 등에 관한 법률」, 「장애아동 복지지원법」, 「발달장애인 권리보장 및 지원에 관한 법률」, 「청소년복지 지원법」,

「사회복지사업법」에서 정의하는 사회복지사업은 위에 나열된 27개 법률에 따른 "보호, 선도, 복지에 관한 사업과 사회복지상담, 직업 지원, 무료숙박, 지역사회복지, 의료복지, 재가복지, 사회복지관 운영, 정신질환자 및 한센병력자의 사회복귀에 관한 사업 등 각종 복지사업과 이와 관련된 자원봉사활동 및 복지시설의 운영 또는 지원을 목적"으로 하는 사업을 말한다(제2조). 그런데 이 정의를 살펴보면, 학교사회복지가 제2조의 사회복지사업 내용에 포함되어 있지 않음을 알 수 있다.

제정 당시부터 아동복지는 사회사업법의 주요 영역이었지만, 청소년복지나 학교사회복지는 사회복지의 주요 분야 중 하나로 대학 수업에서나 현장에서 다루어져 왔음에도 「사회복지사업법」에 명시되지 못한 한계가 있었다. 그런 가운데 2016년 「사회복지사업법」의 개정으로, 「청소년복지지원법」은 청소년쉼터 종사자의 처우 개선과 청소년쉼터 기준을 사회복지시설 기준에 충족하도록 하기 위하여 제2조의 해당 법률에 추가될 수 있었다. 그러나 학교사회복지는 아직 특별법이 마련되어 있지 않아 여전히 포함되어 있지 않고 있다. 학계와 현장에서는 특별법이 제정되지 않은 상태라도, 「사회복지사업법」의 정의에 지역사회복지, 의료사회복지, 재가복지와 함께 학교사회복지를 추가할 것을 계속 요청하고 있다.

2) 학교사회복지사 관련 규정

(1) 학교사회복지사 자격

학교사회복지가 「사회복지사업법」의 제2조 정의에는 포함되지 않은 상태이나, 2018년 「사회복지사업법」의 개정으로 전문사회복지사의 하나로 명시되는 역사적 전환이 이루어졌다. 「사회복지사업법」의 개정 이유에 따르면, "전문사회복지사 제도를 도입하여 다양화 · 전문화되는 사회복지 욕구에 능동적으로 대응할 수 있도록" 하기 위한 것이다. 개정된 「사회복지사업법」에서 학교사회복지사의 내용이 포함된 조항은 사회복지사 자격과 관련된 법 제11조의 내용이다.

학교사회복지사 자격 규정

「사회복지사업법」 제11조(사회복지사 자격증의 발급 등)
① 보건복지부장관은 사회복지에 관한 전문지식과 기술을 가진 사람에게 사회복지사 자격증을 발급할 수 있다.
② 제1항에 따른 사회복지사의 등급은 1급 · 2급으로 하되, 정신건강 · 의료 · 학교 영역에 대해서는 영역별로 정신건강사회복지사 · 의료사회복지사 · 학교사회복지사의 자격을 부여할 수 있다.
③ 사회복지사 1급 자격은 국가시험에 합격한 사람에게 부여하고, 정신건강사회복지사 · 의료사회복지사 · 학교사회복지사의 자격은 1급 사회복지사의 자격이 있는 사람 중에서 보건복지부령으로 정하는 수련기관에서 수련을 받은 사람에게 부여한다.
④ 제2항에 따른 사회복지사의 등급별 · 영역별 자격기준 및 자격증의 발급절차 등은 대통령령으로 정한다.

이에 따라 학교사회복지사는 학교 영역에서 사회복지 욕구에 능동적으로 대응할 수 있는 전문사회복지사로 법령에 명시된 국가자격으로 전환되었다. 「사회복지사업법」의 개정에 이어, 2020년 「사회복지사업법」 시행령과 시행규칙이 개정되면서 학교사회복지사의 자격기준에 대한 세부적인 내용이 확정되었다.

(2) 수련과 보수교육

사회복지사업법 시행령 제4조의2에서는 학교사회복지사의 자격취득을 위한 조건으로 수련기관과 수련과정을 규정하였다. 학교사회복지사의 자격 취득을 위해서는 사회복지사 1급 자격을 취득한 후 보건복지부령으로 정하는 수련기관(초·중등학교)에서 1년 이상, 총 1,000시간 이상의 수련과정을 이수하여야 한다. 세부 수련과정 내용은 시행규칙 별표 1의2에 명시되었는데, 이론 150시간, 실습 830시간, 학술활동 20시간 이상으로 규정되어 있다. 수련지도자는 학교사회복지사 자격을 갖춘 후 5년 이상 학교사회복지 실무 경험이 있는 사람이 될 수 있다.

또한 규칙 시행 후 3년 동안, 즉 2023년 12월까지는 보건복지부장관이 인정하는 단체에서 발급한 영역별 사회복지사 자격증을 취득한 후 해당 영역에서 5년 이상 종사한 사람은 수련지도자로서의 요건을 갖춘 것으로 특례를 마련하였다(부칙 제2조). 그러므로 기존에 발급받은 학교사회복지사 자격을 갖춘 후 5년간의 실무 경력이 있는 사람은 2023년까지 수련지도자로 수련과정을 운영할 수 있다.

이와 함께 학교사회복지사는 「사회복지사업법」의 보수교육(법 제13조제2항)과 시행규칙 제5조를 준수하여야 한다. 즉, 학교사회복지를 실천하는 학교사회복지사는 연간 12시간 이상의 보수교육을 받아야 한다.

보수교육이 면제되는 사람은 군복무, 질병, 해외체류, 휴직 등으로 6개월 이상 자격과 관련된 업무에 종사하지 않거나, 학교에서 사회복지학 또는 사회사업학을 전공하고 있는 사람, 기타 불가피한 사유로 보건복지부 장관이 인정하는 경우에 해당하는 사람이다.

기존에 학교사회복지사 자격을 취득한 사람에 대해서는 규칙 시행 후 3년 이내에 보건복지부 장관이 정하여 실시하는 교육을 이수하면 영역별 사회복지사 수련과정을 이수한 것(규칙의 부칙 제3조)으로 경과규정도 마련되었다.

2. 교육 관련 법률

1) 교육기본법과 초 · 중등교육법

(1) 교육기본법

우리나라는 해방 후 일제강점기의 '조선교육령'을 폐기하고, 대한민국 정부가 수립되면서 1949년에 「교육법」을 제정 · 공포하였다. 법 제8조에서는 모든 국민이 6년의 초등교육을 받을 권리, 국가와 지방공공단체가 초등교육을 위한 학교를 설치하여야 하는 의무와 아동이 초등교육을 받게 할 보호자의 의무를 규정하였다. 그러나 의무교육이 갖고 있는 무상성에 대해서는 당시 초등 무상교육을 실시할 학교 시설, 교원, 그리고 재원이 부족하였기 때문에 이를 명시하지는 못하였다.

이후 1997년 기존의 「교육법」을 폐지하고 「교육기본법」이 제정되었다. 이는 교육에 관한 국민의 권리와 의무 및 국가와 지방자치단체의 책임을 정하고 교육제도와 그 운영에 관한 기본적 사항을 규정하는 법률이다. 「교육기본법」의 교육이념은 「교육법」 제정 당시 홍익인간 이념을 그대로 전승하였으며, 교육의 목적은 '인간다운 삶의 영위'가 추가되었다.

> **교육기본법(제2조) 〈교육이념〉**
> "교육은 홍익인간의 이념 아래 모든 국민으로 하여금 인격을 도야하고 자주적 생활능력과 민주시민으로서 필요한 자질을 갖추게 함으로써 인간다운 삶을 영위하게 하고 민주국가의 발전과 인류공영의 이상을 실현하는 데에 이바지하게 함을 목적으로 한다."

「교육기본법」에서는 학습권, 교육의 기회 균등, 교육의 자주성 보장, 정치적 중립, 국 · 공립학교의 종교적 중립을 규정하고 있다. 또한 6년의 초등교육과 3년의 중등교육을 의무교육기간으로 정하고, 학교교육과 사회교육 등 교육에 관한 기본적 사항을 명시하고 있다. 특별히 학교사회복지와 관련된 모든 국민의 학습권과 교육의 기회 균등에 관한 조항을 제시하면 다음과 같다.

〈표 3-2〉「교육기본법」 학교사회복지 관련 조항

제3조(학습권) 모든 국민은 평생에 걸쳐 학습하고, 능력과 적성에 따라 교육 받을 권리를 가진다. 제4조(교육의 기회균등) ① 모든 국민은 성별, 종교, 신념, 인종, 사회적 신분, 경제적 지위 또는 신체적 조건 등을 이유로 교육에서 차별을 받지 아니한다. ② 국가와 지방자치단체는 학습자가 평등하게 교육을 받을 수 있도록 지역 간의 교원 수급 등 교육 여건 격차를 최소화하는 시책을 마련하여 시행하여야 한다. 제8조 (의무교육) ① 의무교육은 6년의 초등교육과 3년의 중등교육으로 한다. ② 모든 국민은 제1항에 따른 의무교육을 받을 권리를 가진다. 제12조(학습자) ① 학생을 포함한 학습자의 기본적 인권은 학교교육 또는 사회교육의 과정에서 존중되고 보호된다. 제27조 (보건 및 복지의 증진) ①국가와 지방자치단체는 학생과 교직원의 건강 및 복지를 증진하기 위하여 필요한 시책을 수립 · 실시하여야 한다.

(2) 초 · 중등교육법

「초 · 중등교육법」은 「교육기본법」 제9조에 따라 초 · 중등교육에 관한 사항을 정한 법률로, 초등학교, 중학교 · 고등공민학교, 고등학교 · 고등기술학교, 특수학교, 각종 학교를 초 · 중등교육 학교로 규정하고 있다(제2조). 「초 · 중등교육법」은 이에 따른 이들 학교의 학교 설립, 지도 · 감독, 학교 평가, 학생 · 학교 · 교직원, 학교운영위원회, 교육비 지원 등의 내용을 포함하고 있다.

특히 제2장에서 의무교육에 대한 세부 사항을 명시하여, 모든 국민은 보호하는 자녀 또는 아동이 6세가 된 날이 속하는 해의 다음 해 3월 1일에 초등학교에 다니게 하도록 규정하였다. 현재 의무교육에 고등학교는 포함되지 않지만, 2019년 법 개정을 통해 고등학교의 교육에 필요한 입학금, 수업료, 학교운영지원비, 교과용 도서구

입비 등을 무상으로 하는 고등학교 무상교육의 규정(제10조의2)을 포함하였다.

학교사회복지와 밀접하게 관련된 내용으로는 학생의 자치활동 보장과 학생의 인권보장, 학생 징계에 관련된 사항을 규정한 것이다. 시행령 제31조에는 학생에 대한 징계를 ① 학교 내의 봉사, ② 사회봉사, ③ 특별교육 이수, ④ 1회 10일 이내, 연간 30일 이내의 출석 정지, ⑤ 퇴학처분 등으로 규정하고 있다.

위클래스와 교육복지우선지원사업의 근거가 되는 조항은 「초·중등교육법」 제28조 학습부진아 등에 대한 교육 조항이다. 관련된 구체적인 조항으로, 2010년 시행령 제54조가 개정되어 학습부진아 등에 대한 교육 및 시책에서, 교육취약학생 밀집 학교를 지원하는 조항이 추가되었다. 이에 따라 정상적인 학교생활이 어려운 학생이 밀집한 학교에 대하여 교육·복지·문화 프로그램 등을 지원하는 사업을 실시하도록 법령상 근거가 마련되었다. 시행령 제54조의 세부내용은 다음과 같다.

초·중등교육법 시행령

제54조(학습부진아 등에 대한 교육 및 시책)
① 법 제28조제1항에 따른 학습부진아 등(이하 "학습부진아등"이라 한다)에 대한 판별은 교육감이 정하는 기준에 따라 학교의 장이 한다.
② 학교의 장은 학습부진아등에 대하여 교육감이 정하는 수업일수의 범위에서 체험학습 등 필요한 교육을 실시하거나 교육감이 적합하다고 인정하는 교육기관 등에 위탁하여 교육을 실시할 수 있다.
③ 교육부장관 및 교육감은 다음 각 호의 지원사업을 실시하여야 한다.
1. 학습부진아등이 밀집한 학교에 대하여 교육·복지·문화 프로그램 등을 제공하는 사업
2. 학습부진아등에 대하여 진단·상담·치유·학습 지원 프로그램 등을 제공하는 사업
④ 제3항에 따른 지원사업 대상학교의 선정기준, 대상학생의 선정절차 등 지원사업에 관하여 필요한 세부사항은 교육감의 의견을 들어 교육부장관이 정하여 고시한다.

이와 함께 2011년 교육부 훈령으로 '교육복지우선지원사업 관리·운영에 관한 규정'이 제정되어, 사업 대상과 사업을 운영하기 위한 중앙교육복지연구지원센터, 시·도 교육복지센터, 지역교육복지센터 및 사업 전담인력의 배치와 보수 및 자격에 관한 내용이 명시되었다.

2) 장애아동교육 관련 법률

「장애인 등에 대한 특수교육법」은 2007년 제정되었으며, 이 법에 의해 기존의 특수교육진흥법은 폐지되었다. 이 법에서는 기존의 「특수교육진흥법」이 장애학생들에게 충분한 교육적 지원을 제공하지 못하는 현실을 개선하기 위하여 유치원 및 고등학교 과정의 의무교육을 도입하고, 장애의 조기발견체제 구축과 장애영아교육은 무상으로 하여 조기교육의 기회를 부여하였다.

또한 특수교육대상자에 대하여 가족 지원, 치료 지원, 보조인력 지원 등 관련 서비스의 제공을 의무화함으로써 장애인의 교육권을 실질적으로 보장하고자 하였다. 그러나 미국과 달리 우리나라의 특수교육 관련 서비스에는 학교사회복지 서비스를 명확히 규정하고 있지 않고, 가족상담 및 가족 지원, 치료 지원, 보조인력의 제공이라고만 되어 있다. 법에 명시된 전문 인력은 기숙사를 설치 · 운영하는 경우에 생활지도원, 간호사 또는 간호조무사만 기술되어 있다(제28조).

법 제15조에 의한 특수교육대상자는 「장애인복지법」의 장애 유형 구분과 달리 학습장애를 포함하여 다음과 같이 구분한다.

특수교육대상자

제15조 (특수교육대상자의 선정)

1. 시각장애
2. 청각장애
3. 지적장애
4. 지체장애
5. 정서 · 행동장애
6. 자폐성장애(이와 관련된 장애를 포함한다)
7. 의사소통장애
8. 학습장애
9. 건강장애
10. 발달지체
11. 그 밖에 대통령령으로 정하는 장애

이와 함께 기존의 장애아동의 복지가 보육을 제외하고는 대부분 저소득층 장애아동에 대한 선별적 복지로 이루어진 것에 대한 비판으로, 2011년 「장애아동 복지지원법」이 제정되었다. 이를 통해 장애아동을 위한 보편적 복지와 함께 장애아동의 가족이 적합한 양육 방법을 습득하고 가족의 역량을 키울 수 있는 가족 지원을 국가와 지방자치단체가 제공할 수 있도록 하였다. 또한 2014년 「발달장애인 권리보장 및 지원에 관한 법률」이 제정됨에 따라 지적장애와 자폐성 아동 등 발달장애 아동의 조기 진단 및 개입, 재활 및 발달 지원 등을 위한 발달장애인지원센터가 설치되고 발달장애 아동을 위한 서비스가 확충되었다.

3) 학교폭력예방 및 대책에 관한 법률

「학교폭력예방 및 대책에 관한 법률」은 학교폭력 문제가 심각한 사회 문제로 대두되면서, 이에 대한 예방과 대책을 담아 2004년에 제정되었다. 주요 내용은 정기적인 학교폭력 예방교육의 실시, 학교폭력의 신고의무화, 학교폭력의 예방 및 대책을 위한 전담기구의 설치와 이를 위한 국가의 재정적 지원을 담고 있다.

현재 법률에서 정의하는 학교폭력이란 "학교 내외에서 학생을 대상으로 발생한 상해, 폭행, 감금, 협박, 약취 · 유인, 명예훼손 · 모욕, 공갈, 강요 · 강제적인 심부름 및 성폭력, 따돌림, 사이버 따돌림, 정보통신망을 이용한 음란 · 폭력 정보 등에 의하여 신체 · 정신 또는 재산상의 피해를 수반하는 행위"를 말한다(제2조).

법에 따라 교육부장관은 5년마다 학교폭력 근절을 위한 기본계획을 수립하고, 국무총리와 대통령이 위촉한 전문가를 공동 위원장으로 하는 학교폭력대책위원회를 설치하여야 한다. 시 · 도에는 부시장이나 부지사를 위원장으로 시 · 도 학교폭력대책지역위원회를 설치하며, 교육지원청에는 학교폭력대책심의위원회를 설치하도록 하였다. 심의위원회는 학교폭력의 예방 및 대책, 피해학생의 보호, 가해학생에 대한 선도 및 징계, 피해 및 가해학생 간의 분쟁 조정 등을 심의한다. 또한 다른 교육지원청이나 교육청에 가해 · 피해학생이 소속되어 있는 경우 시 · 도 교육감이 협의하여 분쟁을 조정하도록 하고 있다.

학교폭력이 발생하면 학교 내 전담기구 또는 소속 교원이 피해 및 가해학생에 대한 심층 면담을 통해 사안을 조사하고, 경미한 학교폭력은 학교장이 자체해결할 수 있다. 이는 이전과 변화된 내용으로 단위 학교에서 다루기 어려운 분쟁조정을 교육지원청이나 교육청에서 하고 학교장은 경미한 사안만 해결하도록 하여 학교 부담을 조정한 것이다. 자체해결 요건은 법 제13조의2에 해당하는 것으로 다음과 같다.

자체해결 요건

제13조의 2 (학교의 장의 자체해결)
1. 2주 이상의 신체적 · 정신적 치료를 요하는 진단서를 발급받지 않은 경우
2. 재산상 피해가 없거나 즉각 복구된 경우
3. 학교폭력이 지속적이지 않은 경우
4. 학교폭력에 대한 신고, 진술, 치료 제공 등에 대한 보복행위가 아닌 경우

그러나 자체해결 요건이 되지 않는 사안이거나 피해학생이나 보호자가 심의위원회 개최를 요구하는 경우에는 교육지원청 내의 법정위원회인 학교폭력대책심의위원회가 개최되어 교육장이 피해 · 가해학생에 대한 조치를 결정하도록 하고 있다. 피해학생의 보호조치와 가해학생에 대한 조치는 다음과 같다.

〈표 3-3〉 학교폭력 피해학생과 가해학생에 대한 조치

피해학생의 보호조치(제16조)	가해학생에 대한 조치(제17조)
• 학내외 전문가에 의한 심리상담 및 조언 • 일시보호 • 치료 및 치료를 위한 요양 • 학급 교체 • 기타	• 피해학생에 대한 서면사과 • 피해학생 및 신고 · 고발 학생에 대한 접촉, 협박 및 보복행위의 금지 • 학교에서의 봉사 • 사회봉사 • 학내외 전문가에 의한 특별교육 이수 또는 심리치료 • 출석정지 • 학급 교체 • 전학 • 퇴학처분

현재 법 제14조에는 전문상담교사 배치에 대한 규정을 통해, 학교폭력에 관련된 피해학생 및 가해학생과의 상담과 교내 학교폭력 문제를 담당하는 전담기구 구성에 전문상담교사가 포함될 것을 명시하고 있다. 그러나 현재까지는 학교폭력과 관련하여 학교사회복지사가 많은 역할을 수행해 왔음에도 법률에는 명시되어 있지 않다.

최근 2020년 12월 법 개정으로 학교폭력대책심의위원회의 심의과정에서 학교폭력 당사자의 심리적 원인을 분석하여 적절한 조치를 결정하기 위하여 아동심리 관련 전문가 의견을 청취하도록 하는 조항이 추가되었다(제13조제4항). 또한 학교장은 학교폭력사건을 인지한 경우 피해학생의 반대의사 등 특별한 사정이 없으면 지체 없이 가해자(교사 포함)와 피해학생을 분리하도록 하였으며(제16조제1항), 피해 또는 가해학생이 장애학생인 경우에는 특수교육 전문가 또는 장애인 전문가의 의견을 청취할 수 있도록 하였다(제16조의2제2항).

3. 아동 · 청소년 및 가족 관련 법률

1) 아동복지 관련 법률

(1) 아동복지법

「아동복지법」은 18세 미만의 모든 아동을 대상으로 하는 포괄적인 복지법으로, 1961년 제정된 「아동복리법」을 1981년 전면 개정하였다. 주요 내용은 아동복지에 대한 국가와 지방자치단체의 책무, 아동정책기본계획 수립과 아동정책조정위원회 등 아동복지 정책의 수립과 시행, 아동보호 서비스 및 아동학대 예방, 취약계층 아동을 위한 통합 서비스 지원, 아동복지시설 규정 등을 다룬다.

1991년 우리나라가 UN아동권리협약을 비준한 이후, 2000년 「아동복지법」이 개정되면서 학대아동에 대한 보호 및 아동 안전에 대한 제도적 지원이 강화되었으며 최근 2019년 법 개정을 통해 아동권리보장원 설립 근거를 마련하고(제10조의2), 아동보호체계에 대한 전면적인 변경이 이루어졌다. 아동권리보장원은 기존의 중앙입

양원, 아동자립지원단, 드림스타트지원단, 실종아동전문기관, 중앙아동보호전문기관, 지역아동센터 중앙지원단, 중앙가정위탁지원센터, 디딤씨앗지원사업단을 통합한 것이다.

특히 아동학대로 인한 중상해, 사망 등 심각한 아동학대 사건이 지속적으로 발생함에 따라, 2020년 법 개정이 이루어져 아동학대에 관한 조치가 강화되었다. 시 · 도, 시 · 군 · 구에는 아동복지심의위원회를 설치하고 위원회 소속으로 사례결정위원회를 두어 요보호아동에 대한 보호와 퇴소 등의 내용을 심의하도록 하였다(제12조).

또한 아동학대 전담공무원을 두고 아동학대 조사체계를 공공 중심으로 개편하였다(제22조). 이와 함께 학생에 대한 아동학대 조기발견 체계 구축과 학대 피해학생 등이 안정적으로 학교에 적응할 수 있도록 지원하고, 보건복지부장관과 지방자치단체의 장과 교육부장관 또는 교육감이 아동학대의 조기발견과 신속한 보호조치를 위하여 정보를 공유할 수 있도록 하였다(제22조의2).

이밖에 원가정 보호원칙을 개선하여 아동학대가 강하게 의심되고, 피해아동에 대한 조사를 위해 필요한 경우 보호자로부터 피해아동을 즉시 분리할 수 있는 제도를 마련하였다(제15조). 시장 · 군수 · 구청장이 보호대상 아동의 가정 복귀 여부를 결정할 때 아동보호전문기관의 장, 아동을 상담 · 치료한 의사 등의 의견을 존중하도록 하며, 아동학대 행위자가 상담 · 교육 · 심리적 치료 등을 받지 않은 경우에는 원가정 복귀를 취소할 수 있도록 하였다.

(2) 아동학대범죄의 처벌 등에 관한 특례법

2014년에는 「아동학대범죄의 처벌 등에 관한 특례법」을 제정하여, 아동학대범죄에 대한 처벌을 최대 무기징역에 처할 수 있게 강화하고, 피해아동에 대한 보호절차와 아동학대 행위자에 대한 보호처분을 규정하였다. 또한, 2020년 법 개정을 통해 아동학대전담공무원이 아동학대 신고접수 및 조사를 수행하도록 규정하고, 피해아동의 보호명령 기간을 연장하여 성년에 도달할 때까지 보호할 수 있도록 하였다.

학생 대부분은 아동복지법의 대상이며, 학교의 장과 그 종사자는 「아동학대범죄의 처벌 등에 관한 특례법」 제10조에 의한 아동학대 신고의무자에 해당한다. 따라서 학교사회복지사는 아동학대를 발견하였을 때 이를 신고할 의무가 있다.

(3) 아동의 빈곤예방 및 지원 등에 관한 법률

「아동의 빈곤예방 및 지원 등에 관한 법률」은 2011년 제정된 법률로, 가족해체로 빈곤 상황에 놓이는 아동이 급격하게 증가하는 데 따라 경제적·사회적·문화적·정서적으로 빈곤 상태에 있는 아동을 위한 정책 수립을 위해 제정되었다. 이에 따라 국가 및 지방자치단체는 빈곤아동정책의 수행에 필요한 법적·제도적 장치를 마련하도록 하여, 보건복지부장관은 빈곤아동의 복지 · 교육 · 문화 등의 기본적인 욕구 등에 대한 실태조사와 5년마다 기본계획을 수립하고, 관계 중앙행정기관의 장, 시·도지사 및 시·도교육감은 시행계획을 각각 수립·시행하도록 하였다.

2) 청소년 관련 법률

청소년관련법이란 청소년 또는 청소년 육성 및 보호와 직 · 간접적으로 관계가 있는 법으로서 청소년을 직접 대상으로 하거나 청소년의 권리 · 의무에 관계된 조항을 포함하는 모든 법령과 규칙을 말하며, 약 250여 개가 있다(홍봉선 · 남미애, 2009). 이 중 학생과 가장 밀접한 법률로 「청소년 기본법」, 소년 보호 관련 법률, 「근로기준법」을 중심으로 살펴본다.

(1) 청소년 기본법과 청소년복지지원법

「청소년 기본법」은 1987년 제정된 「청소년육성법」을 폐지하고, 1991년 제정된 법률이다. 청소년의 권리 및 책임, 가정 · 사회 · 국가 · 지방자치단체의 청소년에 대한 책임을 정하고 청소년정책에 관한 기본적인 사항을 규정하고 있다. 1997년 제정된 「청소년보호법」과 2004년 제정된 「청소년활동진흥법」과 「청소년복지지원법」의 기본법으로 청소년 활동, 보호, 복지를 포괄한다. 「청소년 기본법」의 청소년은 9세 이상 24세 이하로 규정되지만, 「청소년 보호법」은 연 나이 19세 미만의 청소년을 대상으로 한다.

「청소년 기본법」에는 청소년시설, 청소년지도자, 청소년기본계획의 수립 등을 명시하고 있으며, 청소년특별회의, 청소년참여위원회 등 청소년의 참여 보장에 관한 내용을 포함하고 있다. 특히 2020년 「청소년 기본법」 개정으로, 장관을 위원장으로 각 부처 차관과 전문가로 구성되었던 청소년정책위원회에 청소년 위원이 참여할 수 있도록 하였다(제10조). 이는 국가 청소년정책의 최상위 기구에 청소년의 참여를 보장한 것으로 청소년 정책이 진일보한 것으로 평가받는다.

「청소년복지 지원법」에서는 위기청소년의 조기발견 및 보호를 위하여 지역사회 청소년통합지원체계의 구축(제9조)과 위기청소년 지원을 위한 상담 및 교육, 특별지원, 가출 예방, 이주배경 청소년 지원에 대한 내용을 포함하고 있다(제5장). 또한 비행 · 일탈을 저지른 청소년과 일상생활에 적응하지 못하여 학교 외부의 교육적 도움이 필요한 청소년에 대해 예방적 · 회복적 보호 지원을 실시할 수 있도록 하였다(제19조).

청소년복지시설은 가출청소년을 위한 청소년쉼터, 가정 · 학교 · 사회로 복귀하여 생활하기 어려운 청소년의 자립을 돕는 청소년자립지원관, 학습 · 정서 · 행동상의 장애를 가진 청소년을 위한 청소년치료재활센터, 소년보호로 감호위탁 처분을 받은 청소년을 위한 청소년회복지원시설로 규정하고 있다(제31조). 학교사회복지사는 청소년복지시설 청소년들의 학교생활 적응을 위해 시설의 사회복지사와 긴밀히 협력한다.

(2) 소년 보호 관련 법률

「소년법」은 19세 미만의 소년은 성인과 다르게 보호받아야 한다는 소년보호의 취지로 조선소년령(1942년 제정)을 대치하여 1958년 제정되었다. 범죄를 저질렀거나 저지를 우려가 있는 10~19세 미만의 소년에 대해, 형사사건에 대한 특별조치, 소년의 환경 조성과 품행 교정을 위한 보호처분의 내용을 포함하고 있다.

특히 14세 미만의 소년범은 형사사건이 아닌 보호처분을 하도록 하고 있으며, 2007년「소년법」의 개정으로 보호처분의 최저 연령은 기존의 12세에서 10세로 낮추었다. 형사처벌은 14세 이상의 소년범을 대상으로 최고 징역형이 부과되며 소년교도소에 수감된다. 이 경우 전과기록이 남는 데 비해, 10~14세 미만 소년범은 촉법소년으로 보호처분을 통해 가장 심각한 경우 소년원에 보호 조치된다. 소년원은 법무부 산하의 학교로 소년교도소와 달리 전과기록이 남지 않는다. 법 제32조에 명시된 보호처분의 종류는 10가지이며, 세부 내용은 다음과 같다.

〈표 3-4〉 보호처분의 종류

구분	보호처분의 종류	기간 또는 시간 제한	대상 연령
1	보호자 또는 보호자를 대신하여 소년을 보호할 수 있는 사람에게 감호 위탁	6개월 (6개월 연장 가능)	10세 이상
2	수강명령	100시간 이내	12세 이상
3	사회봉사명령	200시간 이내	14세 이상
4	보호관찰관의 단기 보호관찰	1년	10세 이상
5	보호관찰관의 장기 보호관찰	2년(1년 연장 가능)	10세 이상
6	「아동복지법」에 따른 아동복지시설이나 그 밖의 소년보호시설에 감호 위탁	6개월 (6개월 연장 가능)	10세 이상
7	병원, 요양소 또는「보호소년 등의 처우에 관한 법률」에 따른 소년의료보호시설에 위탁	6개월 (6개월 연장 가능)	10세 이상
8	1개월 이내의 소년원 송치	1개월 이내	10세 이상
9	단기 소년원 송치	6개월 이내	10세 이상
10	장기 소년원 송치	2년 이내	12세 이상

1958년 제정된「소년원법」은 2007년「보호소년 등의 처우에 관한 법률」로 개정되었으며, 소년원과 소년분류심사원의 조직, 기능 및 운영에 관하여 필요한 사항을 규정한 법률이다. 소년원은 교정교육, 초·중등교육(소년원학교), 직업능력개발훈련, 의료재활 등 보호소년의 성장가능성을 최대한 신장시켜 사회에 복귀할 수 있도록

하는 기관이다.

(3) 근로기준법

1953년 제정된 「근로기준법」은 헌법에 따라 근로조건의 기준을 정함으로써 근로자의 기본적 생활을 보장하고 향상시키며 균형 있는 국민경제의 발전을 꾀하는 것을 목적으로 제정되었다. 「근로기준법」에서 정한 근로조건은 최저기준으로, 성인이나 연소자나 상관없이 모든 근로자의 노동보호를 위한 일반법이다.

청소년과 관련된 규정으로는 노동부장관이 발급한 취직 인허증 소지자를 제외한 15세 미만의 근로자(중학교 재학 중인 경우 18세 미만) 사용 금지와 근로계약, 임금, 근로시간, 재해 보상 등의 내용을 담고 있다. 또한 18세 미만의 청소년을 도덕상 또는 보건상 유해하거나 위험한 사업에 사용하지 못하도록 하고, 청소년을 고용하는 경우 연령을 증명하는 증명서와 친권자 또는 후견인의 동의서를 사업장에 갖추고, 친권자와 후견인의 대리 근로계약을 금지하고 있다. 2018년 「근로기준법」 개정으로 2021년부터는 연소자의 1주간 근로시간 한도를 기존의 40시간에서 35시간으로 축소하였다.

3) 가족 지원 관련법

(1) 국민기초생활보장법

「국민기초생활보장법」은 생활이 어려운 자에게 필요한 급여를 행하여 이들의 최저생활을 보장하고 자활을 조성하는 것을 목적으로 1999년 제정된 법률이다. 빈곤선 이하의 저소득 국민에게 국가가 생계 · 교육 · 의료 · 주거 · 자활 등에 필요한 경비를 주어 최소한의 기초생활을 제도적으로 보장해 줄 목적으로 제정된 법으로, 헌법 제34조에 근거하여 1961년 제정된 「생활보호법」을 폐지하고 새로 제정되었다.

「국민기초생활보장법」에 의하여 생계급여 · 주거급여 · 의료급여 · 교육급여 · 해산급여 · 장제급여 및 자활급여 등이 제공되고 있다. 2015년 법 개정으로, 기존의 최저생계비 기준으로 일률적인 급여를 제공하였던 것에서, 상대적 빈곤선인 중위소득을 기준으로 급여에 따라 선정기준을 다르게 적용한다. 특히 학령기 아동을 위한 교육급여인 경우 중위소득 50% 이하로 급여 중 가장 많은 대상을 포괄할 수 있게 되었다.

(2) 한부모가족지원법

「한부모가족지원법」은 1989년 제정된 「모자복지법」에서 출발하며, 2007년에 「한부모가족지원법」으로 개정되었다. 한부모가족이 건강하고 문화적인 생활을 영위할 수 있도록 생활 안정과 복지 증진을 목적으로 한다. 법에서 규정하는 한부모 가정이란 18세 미만의 자녀를 둔 가정에서 부모의 한쪽이 사망 · 이혼 · 별거 · 유기, 정신이나 신체의 장애, 미혼모 등의 이유로 혼자서 자녀를 키우며 부모의 역할을 담당하는 한쪽의 부모와 자녀로 구성된 가정을 말한다. 또한, 부모의 사망이나 정신 및 신체적 장애 등을 이유로 조부 또는 조모와 함께 살고 있는 가정이 포함되며, 생계비, 아동교육비 등의 복지급여와 한부모가족 복지시설 규정 등의 내용을 포함하고 있다. 2011년 법 개정으로 청소년 한부모가 아동을 양육하는 경우 추가적인 복지급여를 지원하도록 하였다.

(3) 건강가정기본법

「건강가정기본법」은 다양한 가족 문제의 예방과 해결을 위해 2004년 제정되었다. 「건강가정기본법」은 건강한 가정생활의 영위와 가족의 유지 및 발전을 위한 국민의 권리 · 의무와 국가 및 지방자치단체 등의 책임을 명백히 하고, 가정 문제의 적절한 해결방안을 강구하며 가족구성원의 복지증진에 이바지할 수 있는 지원정책을 강화함으로써 건강가정 구현에 기여하는 것을 목적으로 한다.

「건강가정기본법」에 의한 건강가정지원센터에서는 가사 · 육아 · 산후조리 및 간병 등을 위한 가정봉사원 제도, 건강가정 교육과 가정 문제 예방과 치료를 위한 프로그램 개발 등을 실시하고 있다. 또한 이혼 전 상담 등 이혼조정의 규정에 따라,

2005년부터 이혼숙려제도가 실시되고 있다.

(4) 다문화가족지원법

「다문화가족지원법」은 최근 국제결혼 증가 등 다문화 사회로의 빠른 진입과 함께 다문화 가족 구성원이 안정적인 가족생활을 영위할 수 있도록 2008년 제정되었다. 다문화 가족의 삶의 질 향상과 사회통합에 이바지함을 목적으로 하며, 사회의 편견과 차별을 극복하고 가족 구성원 간의 갈등 해소와 사회적응을 돕기 위한 내용을 포함하였다.

국가와 지방자치단체의 다문화 이해교육과 홍보, 사회적응교육과 직업교육 · 훈련 지원, 가족상담, 부부교육, 법률상담, 결혼이민자 임신 · 출산 지원, 아동 교육 지원, 결혼이민자 의사소통을 위한 다국어 서비스 제공, 다문화가족지원센터 등의 내용을 포함하고 있다. 2014년부터 정부는 다문화가족지원센터와 건강가정지원센터의 통합을 추진하고 있어서 지역에 따라 통합된 곳도 있고 분리하여 운영하는 곳도 있다.

4. 학교사회복지 제도화를 위한 노력

학교사회복지사는 「사회복지사업법」에 전문 자격으로 명시되는 성과가 있었지만, 아직까지 학교사회복지를 직접적으로 명시한 법률은 부재한 상황이다. 학교사회복지사의 국가 자격 전환은 향후 학교사회복지 제도화를 촉진시키는 계기가 될 것이다.

그동안 학교사회복지 제도화를 위해, 한국사회복지사협회, 한국학교사회복지학회, 한국학교사회복지사협회를 중심으로 학교사회복지제도화 추진위원회를 구성하고 법안 초안 작성을 돕는 등 많은 노력이 이루어져 왔다. 2005년 장향숙 의원 이래로 학교사회복지 법안은 꾸준히 준비되어 왔고 계속 진행되고 있다. 그동안 추진되 법안은 〈표 3-5〉와 같다.

학교사회복지 법제화를 위한 노력은 크게 특별법이자 단독법으로 '학교사회복지법' 또는 '교육복지법'을 제정하는 것과 기존의 법률을 개정하는 것으로 구분된다. 기존 법률의 개정은 「사회복지사업법」, 「학교폭력예방 및 대책에 관한 법률」, 「초 · 중등교육법」이 논의되었다.

〈표 3-5〉 학교사회복지 근거 법안 추진 현황

구 분	연도, 대표 국회의원	결 과
'학교사회복지법' 제정안	2005년 장향숙	발의되지 못함
	2010년 이주영	임기만료 폐기
	2012년 김세연	임기만료 폐기
「사회복지사업법」 개정안	2013년 김용익	임기만료 폐기
	2015년 최동익 2020년 강선우	대안반영 폐기 위원회 회부(2021.1.4)
'교육복지법' 제정안	2006년 이인영	임기만료 폐기
	2008년 권영진	임기만료 폐기
「학교폭력예방 및 대책에 관한 법률」 개정안	2012년 박성호	임기만료 폐기
	2012년 서영교	임기만료 폐기
「초· 중등교육법」	2020년 강선우	위원회 회부(2021.1.4)

출처: 이종익 · 최웅 · 서동미(2018). p.42 재구성.

가장 최근에 강선우 등 15명의 국회의원이 학교사회복지제도화를 위해 「사회복지사업법」 개정안과 「초·중등교육법」 개정안을 2020년 12월 31일에 발의하였다. 내용은 2019년 「사회복지사업법」 제11조의 개정으로 학교사회복지사 국가자격 부여에 대한 규정에도 불구하고 이들에 대한 법적 지위나 배치 등에 대한 근거 규정이 부재한 것을 보완하는 것이다. 즉, 「사회복지사업법」 제2조(정의)에서 사회복지사업의 정의에 학교사회복지를 포함하며, 각 목 중에 「초·중등교육법」을 추가하고, 이에 대한 세부 내용을 「사회복지사업법」 하위 조항을 신설하여 규정하는 것이다. 강선우 의원이 제안한 「사회복지사업법」 개정안은 다음과 같다.

〈표 3-6〉 「사회복지사업법」 개정안(강선우 의원 등 16인)

제2조(정의) 이 법에서 사용하는 용어의 뜻은 다음과 같다.
1. "사회복지사업"이란 이란 다음 각 목의 법률에 따른 보호 · 선도(善導) 또는 복지에 관한 사업과 사회복지상담, 직업지원, 무료 숙박, 지역사회복지, 의료복지, 재가복지(在家福祉), 사회복지관 운영, **학교사회복지**, 정신질환자 및 한센병력자의 사회복귀에 관한 사업 등 각종 복지사업과 이와 관련된 자원봉사활동 및 복지시설의 운영 또는 지원을 목적으로 하는 사업을 말한다.
허. 초 · 중등교육법 (신설)
2. "지역사회복지"란 주민의 복지증진과 삶의 질 향상을 위하여 지역사회 차원에서 전개하는 사회복지를 말한다.
2의2. "학교사회복지"란 「초 · 중등교육법」 제2조에 따른 학교(이하 "학교"라 한다) 및 같은 법 제61조에 따라 운영하는 학교에서 교수 및 학습의 과정에 장애요인이 되는 문제를 해결하고 모든 학생들의 학습에 대한 잠재능력을 최대화시키기 위하여 가정 · 학교 · 지역사회의 상호작용을 촉진시키는 사회복지를 말한다. (신설)
2의3. "학교사회복지사"란 사회복지사로서 학교 및 학교사회복지 관계 기관에서 학교사회복지 업무에 종사하는 사람을 말한다. (신설)

이와 함께 강선우 의원 등이 발의한 「초 · 중등교육법」 일부개정 법률안은 교직원 규정에 학교사회복지사의 배치에 대한 규정을 신설하는 것이다. 현재 「초 · 중등교육법」에는 학교에는 교원과 행정직원 등 직원을 둘 수 있다(제2절 제19조에서 제22조). 신설되는 조항에는 이에 학교사회복지사의 배치를 추가하는 것으로 내용은 다음과 같다.

〈표 3-7〉「초 · 중등교육법」 개정안(강선우 의원 등 15인)

제22조의2(학교사회복지사의 배치 등) ① 학교 또는 시 · 도 교육행정기관에 학교사회복지사(「사회복지사업법」 제11조에 따라 학교사회복지사의 자격을 가진 자를 말한다. 이하 같다)를 둔다. ② 제1항에 따른 학교사회복지사의 배치 기준 등에 필요한 사항은 대통령령으로 정한다. (신설)

지금까지 많은 학교사회복지 법제화를 위한 노력이 계속되어 왔다. 여러 의원들이 발의하였고 임기만료로 폐기되기를 반복하였지만, 학교사회복지가 제도화되기까지 이러한 노력은 멈추지 않을 것이다. 한국학교사회복지학회와 한국학교사회복지사협회 및 현장을 지키는 많은 사회복지사들이 서로 지지하고 격려하며 제도화 추진을 위해 함께 노력하고 있다.

2

학교사회복지실천 토대

2부에서는 학교사회복지 실천 토대로 학교사회복지 실천이론과 실천 모델을 다룬다. 제4장에서는 학교사회복지의 이론적 토대로 체계적 관점, 강점관점, 인권관점을 중심으로 체계이론과 생태체계이론 등 주요 사회복지실천이론을 포함하였다. 제5장에서는 학교사회복지의 실천 모델로 미국의 다양한 통합적 서비스 모델을 포함하였으며, 우리나라의 교육복지사업 모델을 다룬다.

제4장

학교사회복지실천의 이론적 토대

넌 네가 믿는 것보다 더 용감하고, 보기보다 강하고, 네 생각보다 훨씬 똑똑해.

– A. A. Milne, '곰돌이 푸'

1. 체계적 관점

1) 학교조직체계

(1) 체계이론

학교는 교육 목적을 달성하기 위한 공식적인 기관이다. 목적지향적이고, 이를 위한 구조와 절차, 정책을 갖고 있으며, 다양한 사람들로 구성된 사회체계이다(Owens & Neals, 1999). 학교 조직을 바라보는 관점은 다양하지만, 학교 내에서 혹은 학교와 연계하여 사회복지 서비스를 전달하는 경우에 학교의 복잡하고 특수한 조직적 맥락을 이해하기 위해 체계이론은 매우 유용하다.

체계이론은 생물 유기체를 통해 시작되었지만, 이를 경제, 사회, 문화, 기술 등 다양한 분야에 적용시키면서, 오스트리아 생물학자인 Bertlanffy(1968)에 의해 일반체계이론으로 확립되었다. 그는 개방체계에 주목하여 전통적인 고전 과학은 폐쇄체계에 대해 설명할 수 있지만, 살아 있는 개방체계에는 적용되지 않는다고 보고 이를 설명할 수 있는 일반체계이론을 제시하였다. 전체가 부분의 합 이상이라는 비합산성(non-summativity), 체계가 안정된 평형상태를 유지하고자 하는 항상성(homeostasis), 다중종결성(multifinality)와 동귀결성(equifinality) 등은 이러한 개방체계의 특성이다. 개방체계는 외부로부터 자원의 투입과 체계 내 작동 후 적절한 산출을 내며, 환류를 통해 더 생산적이고 효과적이며 기능적이다.

체계이론에 의하면, 모든 체계는 상부체계와 하부체계로 구성되며(holon), 항상성을 유지하려는 속성을 갖고 있다. 하부체계의 기능에 문제가 발생하면 이는 상호의존적인 다른 체계에 영향을 주고, 결과적으로 체계 전체에 영향을 미친다.

특히 사회체계는 생존을 위하여 적응(Adatation), 목적 달성(Goal–attainment), 통합(Integration), 유형 유지(Latency)의 4가지 기능(AGIL)을 필요로 한다(Parsons, 1951). 국가 내에서 경제(적응), 정치(목적 달성), 종교(통합), 학교(유형 유지)는 이러한 기능을 수행하는 대표적인 예라 할 수 있다.

이와 같이 체계이론은 학교 조직체계의 상부체계(교육청, 교육부)와 하부체계(교사, 학생, 업무분장 부서 등)로 구성되어 있으며, 각 체계는 지향하는 목적과 기능, 역할을 갖고 있음을 통찰하도록 돕는다. 또한 어느 한 부분의 변화는 다른 체계와 조직 전체에 영향을 미치는 상호의존적 관계를 이해하게 해준다. 체계이론에 의하면, 학교가 기능적인 체계로 되기 위해서 폐쇄체계가 아니라 환경과 상호작용하며 인적 · 물적 자원의 순환이 가능하고 의사소통이 원활한 개방적 체계로 되어야 한다.

(2) 학교조직체계의 특성

학교체계는 사회로부터 지식, 가치, 목적과 재정을 투입받아, 학교교육 과정을 통해 사회에 유능한 인간을 산출하는 조직체계이다. 단위 학교의 상부체계는 시 · 군 · 구의 지역교육지원청(교육장), 시 · 도의 광역교육청(교육감), 교육부(장관)의 행정체계로 조직된다. 일반적으로 초등학교와 중학교는 지역교육지원청이 관할하고, 고등학교는 광역교육청이 관할한다. 또한 학교체계는 그 사회의 문화와 제도에 영향을 받으며, 「교육기본법」, 「초 · 중등교육법」 등의 법률적 지배를 받는다.

학교체계는 다양한 하위체계로 구성된다. 윤종건(1999)은 이러한 하위체계를 구조체계, 인사체계, 기술체계, 업무체계로 구분하였다. 구조체계는 학년, 학급의 구조를, 인사체계는 교사, 직원 등 다양한 인력을, 기술체계는 교육과정, 교실 등에서 이루어지는 기술을, 마지막으로 업무체계는 교수학습, 방과 후 활동 등의 업무분장 체계로 보았다. 상호의존적인 하위체계들은 역동적인 과정을 통해 학교교육 목적

달성을 위해 기능한다. 매년 수립되는 학교교육계획서는 이러한 학교조직체계와 교사들의 업무분장 및 세부 교육과정 내용을 담고 있다.

또한 학교체계는 전문적 관료제, 이완결합체계, 순치조직 등의 특성을 갖고 있다(성민선 등, 2004). 전문적 관료제란 전문적 조직의 특성과 관료제의 속성을 모두 갖고 있는 것을 말한다. 학교가 갖는 전문적 조직의 특성은 전문적인 자격을 소지한 교사에 의해 수업이 이루어지고, 전문적 능력에 기초하여 채용, 승진이 이루어지는 것이며, 관료제적 속성은 행정체계가 서열화되어 있고, 학교 업무분장과 교육과정 운영, 행정 절차, 기안 결재 및 학생 생활지도 등 모든 행위가 공식적으로 명문화된 규정에 따라 이루어지는 것을 말한다. 이와 같은 전문적 관료제의 속성을 가지면서도 각 학급에서 이루어지는 수업과 생활지도에서 교사는 상당한 자율성을 갖고 있으며, 각 학급과 업무부서는 관련은 되지만 독립성을 유지하는 이완결합체계의 특성을 갖는다. 그리고 대부분의 평준화지역에서 학생과 학교는 서로 자유로이 선택하거나 통제할 수 없기 때문에 순치조직에 해당된다.

(3) 학교조직체계와 학교사회복지사

Goren(1981)은 학교에 처음 들어가는 학교사회복지사를 '이상한 나라의 엘리스'에 비유한다. 학교조직체계의 속성은 사회복지사에게는 다소 낯설고 '이상한' 곳으로 보일 수 있다. 그러나 대부분 교사들은 사회복지사에 대해 복지관이나 전담공무원의 이미지만 갖고 있어서, 학교사회복지사의 역할에 대해 잘 모르기 때문에, '무지'에서 나오는 행동이지 학교사회복지사를 '무시'하는 것은 아니다(진혜경, 2005).

Goren은 앨리스가 이상한 나라에서 변화해 나가는 것처럼, 학교사회복지사는 효과적으로 자신의 전문성을 발휘하기 위해서 학교체계를 파악하는 것이 필수적으로 요구된다고 말한다. 그러므로 학교사회복지사는 학교의 정치적 구조와 특성을 이해하고, 학교체계에서 스스로의 존재를 인식시키기 위하여 노력하여야 한다(Dupper, 2003). 학교사회복지사는 자신이 하는 일을 알리고, 학교사회복지실천의 필요성을 이해시키기 위하여 노력할 필요가 있다. 성공적인 경험은 교사와 학교, 지역사회에서 학교사회복지사의 입지를 강화시키고, 더 효과적인 서비스를 제공할 수 있도록 돕는다(윤철수, 2004). Lee(1983)는 학교체계의 정치적 환경 안에서 특별히 학교사회복지사가 더 많은 비공식적 권력을 획득할 수 있도록 다음과 같이 제안한다.

〈표 4-1〉 학교체계의 정치적 환경 안에서 학교사회복지사의 생존 전략

- 아무도 학교사회복지사가 하는 일을 대신 홍보해 주지 않을 것이다. 학교사회복지사는 자신의 일을 소리 없이 하기보다는 지속적으로 자신이 하는 일을 홍보하여야 한다.
- 학교사회복지사는 학교에 왜 자신이 필요한지, 구체적으로 어떤 기여를 하는지, 왜 다른 전문가가 대신할 수 없는지, 왜 더 많은 학교사회복지사가 필요한지를 설득력 있게 주장한다.
- 정보는 힘이다. 학교사회복지사는 지역사회 자원에 대한 정보를 알고 교육 지원에 활용한다.
- 갈등은 피할 수 없다. 학교사회복지사는 갈등을 중재하고 문제를 해결하는 데 주도적 역할을 수행한다.
- 학교사회복지사는 서비스 욕구와 부재를 확인하고 이를 해결하는 데 필요한 전문성을 발휘하여 자신의 존재를 부각시킨다.
- 학교 내외의 권력가, 예를 들어, 지역사회의 영향력 있는 인사나 교육위원회, 의회 의원이나 대표와 관계를 수립하고 필요시 이들에게 도움을 청한다.
- 학교사회복지사는 쉬운 성공을 통해 신뢰감을 주고, 이후 더 크고 중요한 이슈를 위해 투쟁한다.
- 학교사회복지사는 객관적인 통계자료나 조사결과를 통해 교육적 이슈를 지지하거나 논박할 수 있도록 준비되어야 한다.
- 학교사회복지사는 자신의 개입에 따른 교육적 성과, 예를 들어, 학업 성취, 출석률, 행동 변화에 대해 지속적으로 가시화한다.

출처: Lee(1983). p.302-307을 수정.

2) 생태체계이론

생태체계이론은 유기체의 상부체계와 하부체계의 상호의존적인 관계를 설명하는 체계이론의 관점과 체계와 환경의 상호적응 과정을 설명하는 생태학적 관점을 통합한 이론이다. Bronfenbrenner(1979)에 의한 생태체계이론은 인간과 다양한 수준의 체계와의 상호작용을 이해할 수 있도록 돕는다.

미시체계는 학생과 직접적으로 대면하여 1:1의 상호관계를 맺는 가족, 학교, 또래친구, 교회, 병원 등을 말한다. 미시체계의 상호작용은 학생에게 가장 큰 영향을 미친다.

중간체계는 미시체계들과의 상호 관계를 말하는데, 예를 들어, 부모와 자녀의 친구들 사이의 상호작용, 부모와 학교 교사와의 상호작용, 사회복지사와 교사와의 상호작용 등을 말한다. 부모가 자녀의 친구들에 대해 부정적이거나 긍정적인 태도를 보이는 것이 학생에게 영향을 미치는 것처럼 중간체계의 영향력도 중요하다.

반면 외체계나 거시체계는 직접적으로 학생과 1:1의 면대면 접촉은 없지만, 간접적으로 영향을 미치는 체계이다. 외체계의 예로 교육위원회나 부모의 직장을 들고 있는데, 학생이 직접 이들을 만나지는 않지만 교육위원회의 교육정책 결정은 학생에게 영향을 미치며, 부모의 직장때문에 학생은 부모와 접촉하는 시간이 줄거나 혹은 스트레스를 받은 부모와 긍정적인 관계를 맺는 데 어려움이 있을 수 있다.

거시체계는 외체계보다 더 광범위한 국가나 사회 전반의 문화, 관습, 법 등으로, 사회 전반에 영향을 미치기 때문에 학생에게도 영향력을 갖는다.

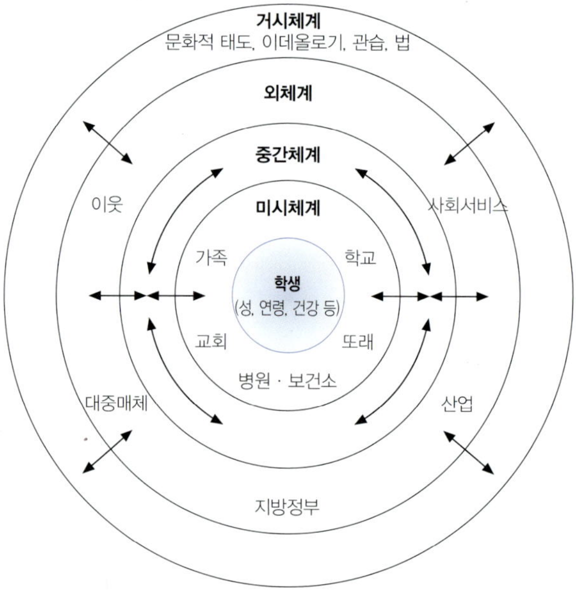

[그림 4-1] Bronfenbrenner의 생태체계 모형

"환경 속의 인간"을 강조하는 생태체계이론은 학교사회복지에서는 가장 중요한 실천 이론의 토대가 된다. 생태체계이론은 학생을 둘러싸고 있는 환경체계와의 상

호작용 속에서 부적합이 이루어지는 과정을 환경의 요구에 따른 스트레스, 학생이 갖고 있는 대처능력, 활용할 수 있는 자원으로 설명한다.

학생은 학교체계에 속한 일원으로 교사, 또래, 선후배 등 다양한 사람들과 사회적 관계를 맺는 동시에, 가족 체계의 영향을 받고, 나아가 지역사회와 국가의 제도와 정책, 문화의 영향을 받는다. 그러므로 학생이 갖는 어려움은 학생만이 아니라 또래, 교사, 가정, 학교 등 학생에게 스트레스를 주고 있는 환경체계, 양쪽 모두의 변화를 요구한다. 인간과 환경의 이중적 초점을 갖고, 생태체계적으로 학교사회복지사는 학생의 대처능력을 향상시키고 학생과 환경체계가 상호작용하는 공동 영역에서 개입을 한다.

Monkman(1982)은 이러한 과정을 [그림 4-2]와 같이 설명하고 있다. 즉, 학생 개인의 대처행동에는 생존, 교제, 성장과 성취를 위한 대처행동이 있으며, 이러한 대처 능력은 전 생애를 통해 발달한다고 보았다. 또한 학생은 생태체계적 관점에서 학교에서의 사회적 체계, 가족체계, 지역사회체계의 일원으로 이들로부터 영향을 받는다. 학생에게 영향을 미치는 환경체계는 공식적 · 비공식적 자원, 역할과 과업에 대한 기대, 법과 정책들로, 이러한 환경체계는 학교, 가족, 지역사회와 모두 관련되어 있다. 이러한 요소들은 자원으로도 작용하지만, 과도한 역할이나 과업을 기대하여 스트레스원으로 작용할 수 있으며, 법과 정책에 의해 통제받는다.

환경의 요구와 개인의 대처행동의 상호작용이 부적합하게 될 때 학생은 학교생활에 어려움을 겪는다. 학교사회복지실천은 이들의 상호작용에 개입하며, 개인의 대처행동을 향상시키고, 공식적 · 비공식적 자원을 개발하고 연계하며, 과도한 기대를 완화시키고, 보다 적절한 정책과 제도를 개선시키기 위해 노력한다. 학교사회복지사 개인도 사회복지실천과 관련된 제도와 정책에 영향을 받으며, 전문적 지식, 기술, 가치 및 개인적 성향과 자질에 따라 개입하게 된다.

이와 같은 생태체계적 관점은 학생 개인과 학생을 둘러싼 환경체계와의 상호작용에 대한 이해뿐만 아니라 학교사회복지사 역시 중요한 요소임을 보여준다. 생태체계적 관점은 심리학이 갖고 있는 인간 내면의 역동성과 사회학이 갖고 있는 사회 구조의 영향력을 통찰하게 하는 동시에 대인 서비스가 갖고 있는 중요성, 즉 인간을 대상으로 인간에 의해 이루어지는 상호작용의 역동성을 이해할 수 있게 한다. 학교사회복지사는 중요한 대인 서비스 과정의 핵심 인력으로 학생과 환경체계에 효과적으로 대응하기 위해 끊임없이 전문적 실천을 개발하기 위하여 노력할 필요가 있다.

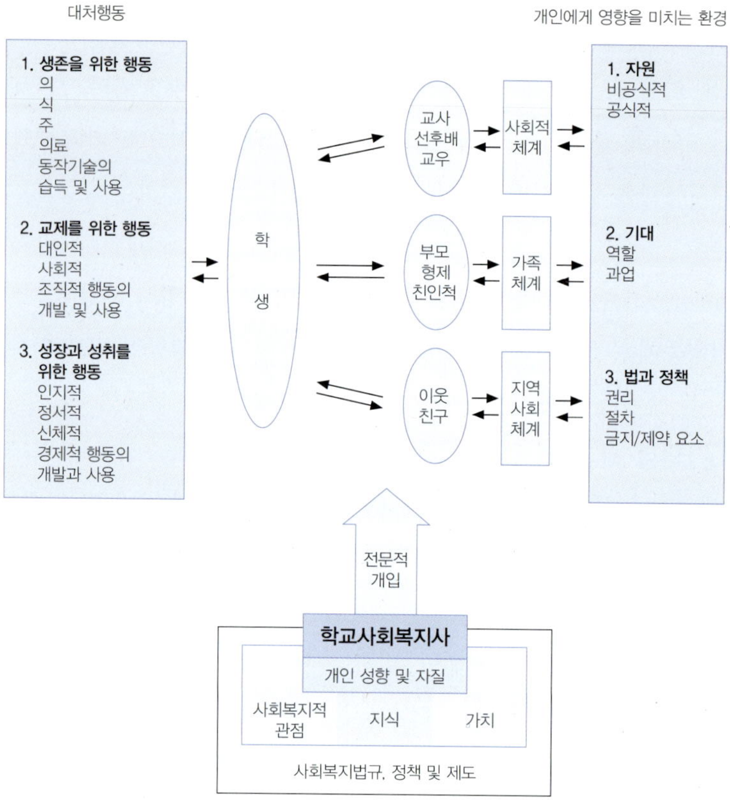

[그림 4-2] 생태체계적 관점에서의 학교사회복지 모형

출처: Monkman(1982). p.139.

2. 강점관점

1) 강점관점

학교사회복지실천에서 강점관점은 생태체계이론과 함께 주요한 실천의 기반으로 다루어진다. 강점관점은 Weick 등(1989), Saleebey(1992), Snyder(2002) 등에 의해 확산되었는데, 진단주의나 클라이언트의 결핍, 문제에 초점을 두는 병리적 관점을 비판하고, 클라이언트의 열망, 성장가능성, 변화, 잠재력 등의 강점에 초점을 둔다. 관점은 실천 전반에 영향을 미치며 관점의 전환 또는 패러다임의 전환은 사회복지사에게 익숙했던 관습이나 태도, 시각에 도전하며 변화해 나가는 것이기 때문에 강점관점으로의 변화는 쉬운 일이 아니다(Blundo, 2001).

이분법적 사고는 좋은 것과 나쁜 것, 안정과 불안정, 친구와 적 등 양극단의 대치 구조로 상황을 인식하고, 사회복지실천도 이런 구조에서 변화시켜야 할 삶의 부정적 측면에 초점을 두고 이의 변화를 위해 노력을 기울여 왔다(Weick 등, 1989). 그러나 정상과 비정상, 적응과 부적응, 기능적인 것과 역기능적인 것 등의 이분법적인 구조로 파악하기엔 삶의 모습은 매우 다양하다. 현대 사회는 과거 계몽주의적 사고 방식보다는 포스트모던주의적 사고와 다양성, 다문화적 관점을 지향하고 있다. 그러므로 강점관점에서는 모든 인간은 정신적, 정서적, 사회적 능력과 기능, 자원 등 강점을 갖고 있으나 아직 이를 이용하지 않을 뿐이며, 클라이언트는 강점을 통해 변화에 대한 희망과 확신을 갖게 된다고 본다(Weick 등, 1989; Saleebey, 2012).

학교에서 학교적응과 부적응, 모범생과 문제아, 공부 잘하는 아이와 못하는 아이, 정상 가정과 결손 가정 등으로 구분하는 것은 학생의 단편만을 부각하여 종합적인 이해를 하기 어려운 선입견을 준다. 이는 학생에게 낙인감을 주고, 학생을 무기력하게 만들 수 있으며, 그 학생이 갖고 있는 다른 많은 강점을 스스로와 주변사람이 인식하지 못하고 지나쳐 버리게 만든다. 교사가 긍정적인 기대감을 가질 때 학생은 자신감을 갖고 학업 성취와 태도가 향상된다는 '피크말리온 효과(Pygmalion effect)'가 있다(Rosenthal & Jacobson, 1968). 학교사회복지사가 학생에게 갖는 관점의 차이가 실천과 학생의 변화에 영향을 미칠 수 있기 때문에, 이분법적인 사고 방식으로 부정적 문제에 초점을 두고 이를 변화시키려 하기보다는 강점을 강화하는 데 집중하도록 실천방향을 전환하는 것이 필요하다. 강점관점의 한 워크숍에서는 다음과 같은 예를 들었다.

"99번 가출한 학생이 학교사회복지사에게 의뢰되어, 지금 당신 문 밖에 서 있습니다. 어떤 기분이 듭니까? 내가 상담한다고 이 학생이 달라질 수 있을까? 두려워질 수 있습니다. 그러나 이렇게 생각해 보세요. 이 학생은 99번 돌아온 학생입니다."

강점관점에서는 학생의 결핍된 문제를 찾아내려고 많은 시간을 들이기보다는 학생과 가족, 학생을 둘러싼 환경이 가진 강점과 자원을 찾는 것이 현재의 문제와 더불어 삶의 전반에 변화를 가져올 수 있다고 본다. 전통적인 문제 중심의 병리적 관점에서 사회복지사는 위계적인 권력을 가진 전문가이며, 클라이언트는 질병을 가진 환자로 무기력하게 만들 수 있는 위험이 있다. 또한 병리적 관점은 사정, 개입, 평가에서 클라이언트를 소외시키지만, 강점관점은 클라이언트가 중심이 되는 사회복지실천을 지향한다. 클라이언트는 강점과 회복력을 갖고 있으며 변화의 주체이고, 자신의 문제에 대한 전문가로, 사회복지사는 클라이언트가 강점을 통해 삶에서 구성되고 있는 실체를 볼 수 있도록 한다(Blundo, 2006).

세상이 변화하는 것처럼 인간 자신도 변화할 수 있으며, 그 잠재력으로 작은 변화가 현재와 미래를 변화시킬 수 있다. 강점관점에서 사회복지사는 현재나 미래를 바꾸는 작은 변화의 기회를 제공하며, 이는 삶의 전반을 변화시킬 수 있는 가능성을 제공한다(Saleebey, 2012). 즉, 사회복지사가 학생이나 부모의 빈곤, 인종차별, 두려움, 위험 환경, 실패나 괴로움을 사라지게 할 수는 없지만, 학생의 강점과 잠재력에 초점을 두는 작은 변화는 학생에게 자신과 주변 세상에 대한 자신감을 갖게 하며 더 희망적인 현재와 미래에 대한 가능성을 가져오게 할 수 있다.

이와 같이 강점관점은 심각하고 역기능적인 상황에서도 클라이언트와 그 상황에 대해 긍정적이고 건설적인 요소를 기대하는 태도를 갖게 한다. 클라이언트의 강점을 인식하는 것은 동기부여를 증가시키고, 희망과 자신감을 높이며, 새로운 가능성과 자원을 개발하는 데 영향을 미친다. 이는 다른 인본주의 접근과 마찬가지로 모든 인간은 성장하고 변화할 능력을 가지고 있고, 클라이언트는 문제를 가지고 있는 측면과 실제 해결을 할 수 있는 능력과 지식을 함께 갖고 있다는 데서 출발한다.

2) 강점 기반의 실천

(1) 강점관점의 6가지 원칙

강점관점은 사례관리, 임파워먼트 모델, 해결중심 모델, 동기강화 모델 등에 영향을 주었다. 이러한 강점 기반의 사회복지실천으로 Saleebey(2012)는 6가지 원칙을 제시하였다. ① 모든 개인, 집단, 가족, 지역사회는 강점들을 갖고 있다. ② 트라우마, 학대, 질병, 고난은 해가 되겠지만, 또한 도전과 기회를 가져올 수 있다. ③ 개인, 집단, 지역사회의 열망을 일으키고, 성장시키며, 변화시킬 수 있는 가능성은 무한하다. ④ 우리는 클라이언트와 함께 협력할 때 가장 잘 원조할 수 있다. ⑤ 모든 환경은 자원들로 가득하다. ⑥ 보살핌과 돌봄은 가족, 이웃, 지역사회, 문화 속에서 활발한 사회적 관계, 희망에 바탕을 두며, 이는 시민의 삶의 질에 영향을 미치는 사회 정책 등의 맥락에 따라 좌우된다.

이를 학교사회복지에 적용해 본다면, 강점 기반의 학교사회복지실천 원칙은 다음과 같이 생각해 볼 수 있다. ① 모든 학생, 학급, 학교, 가족, 지역사회는 강점을 갖고 있으며, 자원들로 가득하고, 성장과 변화가능성이 무한하다. ② 빈곤, 학대, 학교폭력, 질병, 고난 등은 해가 되겠지만, 또한 학생, 가족, 학교, 지역사회가 변화할 수 있는 도전과 기회가 될 수 있다. ③ 학교사회복지사는 학생과 협력할 때 가장 잘 원조할 수 있다. ④ 학교사회복지사, 또래 친구, 가족 및 지역사회의 사회적 관계에 따른 희망적인 보살핌이 기본적으로 요구되며, 이는 학교와 교육정책의 맥락에 따라 영향을 받는다.

(2) 임파워먼트 모델

임파워먼트(empowerment)는 강점관점을 잘 나타내는 실천적 개념으로, 개인 내부의 힘을 통한 심리적 측면뿐 아니라, 대인관계나 정치사회적 힘을 발휘하고 그들의 생활 환경을 개선하기 위한 행동을 취하게 되는 것을 의미한다(Shera & Wells, 1999). 임파워먼트 모델은 역량강화 또는 권한부여 모델이라고도 하는데, 권력이 상대적으로 약한 집단이 통제력과 영향을 가질 수 있도록 개인, 집단, 지역사회의 다양한 차원에 개입한다. 주로 빈곤층, 장애인, 여성, 노인 등 취약 집단을 위한 효과적인 실천 모델이며, 특히 성인 중심의 사회에서 아동·청소년이면서 복합적으로 성적 지향, 성별, 인종 등으로 인해 차별을 받는 학생 집단에게 유용하게 적용될 수 있다.

임파워먼트 모델에서 사회복지사는 클라이언트와 동등한 파트너십을 바탕으로, 클라이언트의 말할 수 있는 권리와 이를 경청할 의무를 옹호하는 데 앞장선다. Freire(1970)의 의식화, 프랙시스(praxis), 집단화의 개념은 임파워먼트 모델에 잘 적용된다. 취약 집단이 자신의 상황을 더 잘 이해하기 위한 의식화, 사회복지사와 클라이언트가 서로 대화하며, 실천을 통해 배우고 배움을 통해 실천하는 프랙시스, 그리고 집단화를 통해 영향력을 갖도록 원조한다. 이는 개인차원의 접근보다 같은 욕구나 경험, 억압을 겪는 집단에게 유용하다. 집단 구성원들이 지식과 정보의 힘을 깨닫고 이를 통해 불리한 상황을 변화시킬 수 있도록 서로 돕는다.

학교와 지역사회 환경에서 학생들이 변화의 주체가 될 수 있도록, 학교사회복지사는 학생들이 참여하고 주도할 수 있는 프로그램의 모임을 조직하는 역할이 필요하다(김영란 등, 2007). 학교사회복지사는 강점관점의 임파워먼트 모델을 적용하여, 소수 학생의 입장이 잘 배려되지 않는 학교정책을 변화시키고 이들 집단이 갖는 어려움을 돕기 위하여 옹호 역할을 수행한다. 임파워먼트 모델에서 옹호는 주요하지만, 잘못된 옹호활동이 오히려 이들을 더 무기력하게 할 수 있기 때문에(Ife, 2012), 전문가 주도로 가지 않도록 민감성을 가질 필요가 있다. 클라이언트가 주도하고 학교사회복지사는 이들을 돕는 위치에서 문제를 해결하도록 하는 접근이 중요하다.

(3) 해결중심 모델

강점관점은 해결중심 모델과도 관련성이 높다. 해결중심 모델은 1970년대 초에 Steve de Shazer와 김인수 부부에 의해서 개발되었는데, 근본적으로 모든 사람은 자신의 문제를 해결할 수 있는 능력을 갖고 있다는 인간의 잠재력에 대한 신뢰를 중심 철학으로 한다. 해결중심 모델은 ① 문제를 해결했던 과거의 성공과 문제가 없던 예외 경험, ② 존재하고 있는 기술과 긍정적인 개인 능력들, ③ 바라는 미래의 세 가지 영역을 중심으로 대화를 진행하면서 문제보다는 해결에 초점을 둔다(De Jong & Berg, 2002).

Sue Young(2009)은 학생 개입에서 그동안 문제 중심으로 치우친 관점을 해결중심으로 바꾸는 패러다임의 전환으로 '해결중심 학교 만들기'를 제시하였다. 그녀는 단 한 번의 대화에도 크게 도움을 받았거나 도움을 준 때의 대화의 특징은, 원하는 미래를 이야기하고, 성공한 경험을 알아보고, 이미 있는 강점을 인정하고, 효과적이었던 것을 더 하도록 하는 대화라고 강조한다. 그러므로 학교폭력의 예를 든다면, 폭력 문제에 관해 자세히 묻기보다는, 학교에서 지내는 것이 어떻게 달라졌으면 하는지, 그렇게 되면 무엇이 달라질 수 있는지를 구체적으로 질문하는 것이 더 중요하다. "학교에서 당신을 힘들게 하는 사람이 아무도 없다면, 어떻게 지내고 있을까요? 그때 당신은 지금과 어떻게 다르게 하고 있을까요?"라고 질문하는 것이다. 즉, 원하지 않는 것보다 원하는 것에 관심을 집중하는 것이 더 효과적이라고 말한다.

그녀는 문제가 있어야 해결 방법도 있을 수 있기 때문에, 결국 해결중심도 문제에 초점을 둔 실천이라고 보는 것은 매우 큰 오해라고 주장한다. 해결중심 개입은 문제가 있는 학교에서, 문제가 있는 학생에게, 문제에 대응하기 위한 것에 초점을 두는 것이 아니라, 모든 학교에서 모든 학생들의 잠재력을 극대화할 수 있도록 하는 학교를 만드는 것이다.

이와 같이 해결중심 모델은 과거의 문제 원인을 밝히는 데 초점을 두었던 병리적 관점의 장기적인 개입을 비판하고, 해결에 초점을 맞춘 구체적인 목표 설정과 단기 개입을 강조한다. 또한 전문가가 문제를 진단하고 해결책을 제시하는 것보다, 오히려 그 문제를 오랫동안 다루어 왔던 클라이언트야말로 자신의 문제와 그 해결책을 알고 있는 전문가라고 본다. 문제에 압도되어 있는 클라이언트가 기적질문을 통해 문제가 해결된 상황을 상상하고, 예외 질문을 통해 예외 상황과 유사한 상황을 반복적으로 할 수 있도록 함으로써 문제를 해결하는 데로 더 나아갈 수 있도록 한다.

이러한 해결중심 모델은 개인, 가족, 집단, 조직과 기관, 학교 등 중요한 인간관계가 이루어지고 있는 모든 상황에 적용할 수 있다(De Jong 등, 2002). Franklin 등(2018)은 강점기반 해결중심 접근을 통해 미국의 한 고등학교 학생들의 출석률과 졸업률을 크게 향상시킨 사례를 보고하고 있다. 또한 학교폭력에서도 해결중심 모델을 적용하였을 때 긍정적인 효과를 가져오는 것으로 보고되고 있다(Young & Holdorf, 2003; Young, 2009).

(4) 회복탄력성 모델

회복탄력성(resilience)은 레질리언스, 적응유연성, 탄력성 등으로 부르며, 아동청소년의 개인적 측면과 학교적응 모두에 적용될 수 있다. Emma Werner는 1950년대 하와이의 Kauai섬에서 태어난 아동에 대한 30년간의 종단연구에서, 고 위험군 아동의 36%에 해당하는 아동이 심각한 문제 없이 건강하게 성장한 것을 통해 회복탄력성의 개념을 밝혀냈다(Werner & Smith, 1982).

회복탄력성이란 좌절감을 극복하고 회복하는 능력을 말하며, 역경이나 어려움의 상황에서도 기능 수행을 다시 회복하며, 시련을 겪기보다 더 성장하게 되는 성향을 일컫는 개념이다(김주환, 2019). 이 모델에 의하면, 위험에 처한 개별 학생들을 부정적으로 이끄는 위험요인이 있지만, 위험한 상황에도 불구하고 부정적인 경로에 빠지지 않게 하는 보호요인의 기능을 보여준다(Compas, Hinden & Gerhardt, 1995).

Henderson과 Milstein(2003)은 학교를 좋은 근로자를 양성하는 곳으로만 생각하는 '공장 모델'은 학생의 회복탄력성에 장애가 되며, 학생들도 이에 영향을 받는다고 하였다. 이들은 회복탄력성을 필요로 하는 학생들에게 환경 속의 위험요인을 완화하고, 회복탄력성을 증진시키기 위한 개입을 다음과 같이 제시하였다. 즉, 친사회적 유대 증가, 분명하고 일관된 경계 설정, 생활기술 가르치기를 통해 위험요인을 완화시키고, 의미있는 참여 기회 제공, 높은 기대 설정, 보살핌과 지지를 제공하여 환경 속의 탄력성을 증진시킨다.

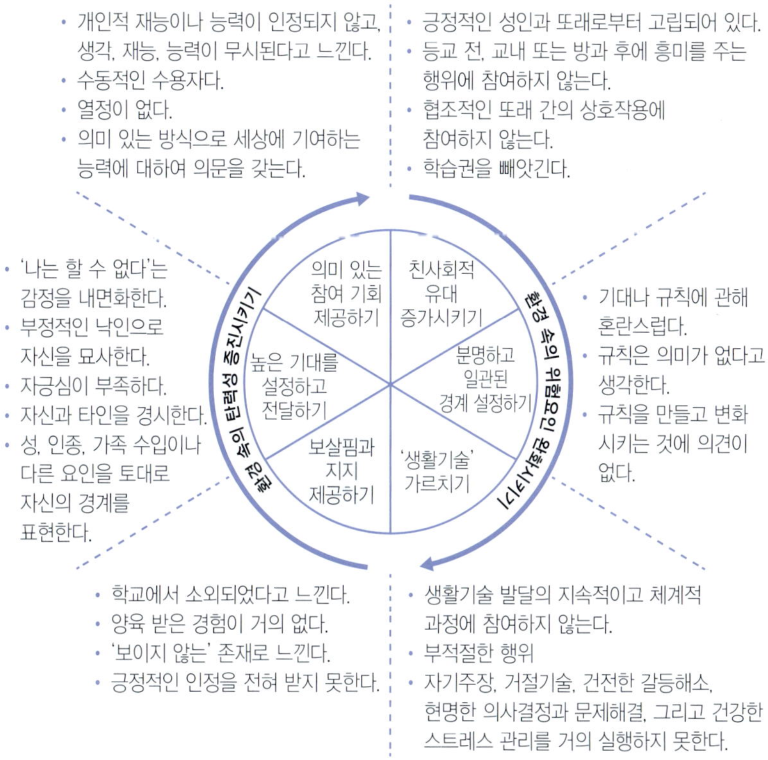

[그림 4-3] 회복탄력성 증진이 필요한 학생에 대한 개입

출처: Henderson & Milstein(2003). 장승옥 역(2008). p.41.

(5) 동기강화 면담

동기강화 면담은 강점기반 실천(SBP)과 목적지향, 철학 등에서 밀접한 관련이 있다. 동기강화 면담은 비자발적 클라이언트의 저항을 효율적으로 다루기 위한 상담으로 Rogers의 인본주의와 클라이언트 중심 상담에 뿌리를 두고 있다. 중독 문제를 가진 클라이언트의 상당수가 비협조적이고 문제에 대한 부인, 치료에 대한 저항으로 치료에 실패하는 것에 대한 대안적 접근으로 출발하였다(Miler, 1983).

동기강화 면담은 변화를 원하면서도 동시에 원하지 않는 클라이언트의 양가감정을 탐색하고, 변화를 위한 동기를 이끌어내고 강화하는 의사소통 방식이라고 할 수 있다. 동기강화 면담은 클라이언트 중심의 개입으로, 수용적이고 공감적인 분위기 속에서 클라이언트에게 내재되어 있는 변화 동기와 클라이언트의 자율성과 능력을 촉진시킨다(Miller & Rollnick, 2002).

교사가 의뢰하는 학생의 경우처럼, 학교사회복지사는 학교 현장에서 비자발적인 학생들을 자주 만나게 된다. 동기강화 면담은 클라이언트 자신의 변화 동기와 변화의 결심을 강화하기 위한 협력적이고 목표지향적인 대화를 기초로 한다. 기본적으로 관계 형성하기, 초점 맞추기, 변화가능성 이끌어내기, 계획하기의 4가지 과정을 거치지만, 이는 순차적이기보다는 서로 중복되고 교차하면서 순환적이다(김영화, 2020). 관계 형성하기는 학생과 학교사회복지사가 상호 신뢰관계를 구축하는 단계이며, 초점 맞추기는 학생의 변화 욕구에 초점을 맞추는 것을 말한다. 변화가능성 이끌어내기는 학생이 표현하는 변화에 대한 바람이나 필요에 집중하여 학생의 내면의 동기를 이끌어내는 것을 말한다. 계획하기는 구체적인 변화의 방법을 학생이 결정하도록 돕는 단계이다.

주요 기술로는 '공감 표현하기', 원하는 것과 실제 행동 사이의 차이를 확인하는 '불일치감 만들기', 저항에 맞서는 '저항과 함께 구르기', '자기효능감 지지해주기' 등의 원리를 적용한다. 개방적 질문, 인정하기, 반영하기, 요약하기 등의 의사소통 기술을 활용하여, 변화 단계에 맞게 변화하고자 하는 동기와 양가감정을 확인하고 변화에 대한 저항을 줄여 행동 변화를 결심하게 한다(Corcoran, 2016).

동기강화 면담은 알코올과 약물 중독을 위해 개발되었지만, 국내에서도 학생 개인 또는 집단 프로그램을 통해 흡연(신은선 · 김수진, 2016), 인터넷 중독이나 SNS 중독(신성만 등, 2015; 김성애 · 이동형, 2017) 등에서 효과가 높은 것으로 보고되고 있다.

3. 인권관점

1) 인권

사회복지실천에서 인간의 존엄성과 자기결정, 비밀보장 등은 언제나 중요한 가치로 다루어졌지만, 아동·청소년의 인권에 대한 초점이 강조된 것은 비교적 최근의 일이다. 특히, 1991년 우리나라가 남북한 유엔 동시 가입과 함께 비준한 유엔아동권리협약으로 아동·청소년 인권에 대한 인식이 확산되고 관련 법률이 개정되었다. 국가인권위는 2006년 정부에 '평등 및 차별금지에 관한 법률(평등법)'의 입법을 권고하였고, 2020년 정혜영 의원은 차별금지법안을 대표발의하였다. 차별금지법은 성적지향, 고용 형태, 성별, 출신 국가, 장애 등을 이유로 차별하는 것을 금지하며, 차별의 개념은 직접 차별, 간접 차별, 괴롭힘, 성희롱 등이 포함되어 있다.

학생과 관련하여 2010년 경기도에서는 학생인권조례가 제정되었으며, 이후 광주, 서울, 전북, 충남에서 학생인권조례가 제정되어 학생의 차별금지와 인권보장에 대한 제도가 확충되고 있다. 학교사회복지는 모든 학생이 안전한 학교에서 행복한 삶을 영위할 수 있도록 인권 기반의 실천을 한다.

그러나 학생 인권의 확대가 교권의 추락을 가져온다는 주장, 가정이라는 사적 공간에 대한 공적 개입의 반발, 역차별 논쟁, 난민에 대한 혐오와 여성 혐오, 차별금지법과 낙태법 등 다양한 영역에서 긴장과 갈등 또한 나타나고 있다. 인권의 역사를 볼 때, 평화롭게 인권이 보장된 것은 일부 Owen과 같은 선한 기업주나 몇몇 의식 있는 정책결정권자의 지도력이었고, 대부분 사회적 갈등과 희생 속에서 얻어졌기 때문에, 우리 사회는 이제 본격적으로 인권의 발전 과정 속에 들어섰다고 볼 수 있다.

사회복지실천에서도 투표권으로 대표되는 참정권이나 자유권과 같은 1세대 인권은 법률가나 정치가의 영역으로 여겨졌고, 사회권과 같은 2세대 인권이 사회복지의 영역으로 받아들여져 왔다. 또한 환경권과 같은 3세대 인권에 대해서는 아직까지 크게 사회복지실천의 영역으로 인식하지 못한 한계점이 있다. Jim Ife는 사실 인권의 속성은 어느 한 인권이 다른 인권보다 우위에 놓일 수 없으며, 한 국가에서 보장되는 인권이 다른 나라에서는 무시되어도 되는 인권일 수 없는 보편성과 불가분성을 갖고 있기 때문에, 보편적인 인권을 추구해야 한다고 하였다(Ife, 2012). 내가 누릴 수 있는 인권은 다른 사람들도 동일하게 누릴 권리가 보장되어야 한다는 점에서, 성인, 남성, 한민족, 비장애인이 누릴 수 있는 동등한 권리를 아동 · 청소년, 여성, 이민족, 장애인 등에게도 보장하는 인권관점이 사회복지실천의 주요한 토대가 된다.

클라이언트가 의사결정 과정에서 참여와 주도권을 갖도록 하는 것은 매우 중요한 과제이다. 학생, 특히 성소수자, 여성, 이민족, 장애의 복합적인 취약성을 갖고 있는 학생들의 인권 보장은 학교사회복지실천의 주된 영역이 된다. 그러므로 다수결의 의사결정에서 소수 취약한 학생들의 권리가 침해되지 않도록 말할 권리를 보장하고, 주도력을 갖고 스스로의 목소리를 낼 수 있는 제도적 변화를 위한 노력이 필요하다.

Ife(2012)는 인권 실천을 위하여 사회복지실천의 모든 단계, 즉 욕구사정, 개입, 평가 등의 일련의 과정에서 전문가주의, 폭력적인 언어 사용, 또 다른 억압의 사용에 유의할 것을 주장한다. '누가 욕구를 사정하는가'와 같은 질문은 이제까지의 전문가 중심의 자료 수집과 사정이 아니라, 클라이언트 중심의 인권과 권리 옹호로 나아가야 하며, 옹호가 또 다른 억압이 되지 않도록 경계한다. 학교사회복지실천에서 프로그램 기획이 전문가 중심으로 기획되고 운영되거나 프로그램의 목적과 수단이 전도되지 않도록, 즉 프로그램을 위한 프로그램이 되지 않도록 주의를 기울일 필요가 있다. 인권 기반의 학교사회복지실천은 '누가 필요로 하는 실천인가'에 대한 질문, 개입의 모든 과정에서 학생의 인권, 즉 의사결정의 참여, 자기결정권, 비밀보장 등을 철저히 준수하고 있는가에 대해 끊임없이 성찰할 필요가 있다.

2) 문화적 다양성

문화적 다양성은 인권관점에서 매우 중요한 주제이다. 세계화 시대에는 다양한 인종, 문화적 배경의 사람들이 빠른 속도로 이동하면서 전례 없는 접촉으로 문화가 혼재되어 있다. 또한 인터넷의 발달로 물리적인 이동 없이도 수많은 문화를 접하게 된다. 우리나라도 예외 없이 빠른 속도로 다문화 사회로 들어서고 있다. 2018년 다문화 가구원은 100만 명을 넘었고(통계청, 2019), 2020년 현재 초·중·고에 재학중인 다문화 가정의 학생 수는 13만 7천여 명에 달한다(교육부, 2020). 전체 학생 대비 비율로 보면 2.5%에 해당하지만(여성가족부, 2020), 일부 농촌 지역에서 다문화 학생의 비율은 40%를 넘기도 하고 전남의 한 지역아동센터는 다문화 가정 아동이 100%이다.

다문화 사회에서 종교, 인종, 성적 취향, 출신 국가, 난민 등 다양한 영역에서 기존의 전통적인 관념의 변화를 필요로 하고 있다. 이주민과 타문화에 대한 방식은 동화주의와 문화적 다양성의 방식이 혼재하고 있는데, 동화주의에서는 이주민이나 타문화를 기존의 한국 사회의 방식에 맞추려 시도하고, 문화적 다양성에서는 다양한 문화 자체의 풍부함을 강조하여 그대로 인정한다. 과거에는 주로 동화주의에 입각하여 결혼이주여성과 그 자녀들이 한국에 빠르게 정착하도록 돕는 데 집중하였다. 그러나 최근의 경향은 다문화 가정 아동들이 이중언어를 구사하고, 부모의 나라 문화에 자부심을 갖게 하는 문화적 다양성을 강조한다.

문화적 다양성은 인권과 배치될 수 없는데, 예를 들어, 여아의 할례나 명예 살인은 존중되어야 할 문화양식이라고 말할 수 없다(Ife, 2012). 이는 이슬람 문화권조차 인권의 측면에서 금기된 문화이며, 인권을 침해하는 문화는 문화적 다양성으로 수용되어야 하는 것이 아니라 인권을 위해 변화가 필수적으로 요구되는 문화이기 때문이다. 이러한 측면에서 인권은 어느 국가, 어느 문화권에 있는 아동·청소년이라도 존엄하다는 인간의 보편적인 권리라는 속성을 갖는다.

이와 같이 문화적 다양성은 인권관점이 강한 바탕이 된다. 한국인에게 자신의 종교의 자유와 문화를 고수할 수 있는 권리가 보장되어 있다면, 외국인도 그러한 권리가 보장되어야 한다. 단일민족이라는 정체성을 통해 식민지시대를 이겨낼 응집력을 가질 수 있는 긍정적인 요소가 있었지만, 민족주의는 내집단과 외집단을 분리시키고 배타적인 태도를 가져오는 폐단이 있다. 한민족으로 혈통 중심과 단일민족의 문화를 강조한다면, 다문화 사회에서 수많은 학생들은 이방인으로 학교에서 배제되고 학교폭력의 대상이 되며 정체성 혼란을 갖게 될 것이다.

그러므로 학교사회복지사는 다문화 가정의 학생을 포용하는 학교 문화를 만들고, 학생, 교사 및 학교사회복지사 자신의 문화적 감수성을 향상시키기 위하여 노력할 필요가 있다. 현재 학생에게 적용 가능한 다문화 감수성 증진 프로그램 등 다양한 프로그램들이 개발되어 있으며, 학교 현장에서 이를 활용해 볼 수 있다. 다문화 감수성은 다양한 문화적 환경에서 타인과 조화롭게 관계를 맺고 소통할 수 있는 가치, 행동 역량으로 구성된다(이향규 등, 2013). 이와 같이 문화다양성은 배제보다는 포용으로, 자신이 누릴 수 있는 권리는 타인에게도 똑같이 적용되어야 한다는 인식, 민족주의를 넘어 세계 시민주의를 지향한다.

제5장

학교사회복지실천 모델

행동하지 않는 양심은 악의 편입니다.

–김대중

방문교사로부터 시작한 학교사회복지사의 실천은 초기 Richmond(1917, 1922)의 개별사회사업(casework)의 방법론을 그대로 적용하였다. Sigmund Freud의 정신분석과 이에 영향을 받은 정신역동 모델이 개별사회사업에 전반적인 주요 실천 방법이 되었을 때, 학교사회복지실천도 마찬가지로 임상적인 개별사회사업이 중심이었다. 그러나 1930년대의 대공황 시기나 1960년대 미국 사회의 전환기에는 초기의 학교–가정–지역사회를 연계하는 것에 초점을 두기도 하였다.

1970년대 사회복지실천에서 생태체계적 관점과 통합적인 실천 방법이 주요 관심이 되었을 때, 학교사회복지실천에서도 실천 모델을 정립하기 위한 노력이 이루어졌다. Alderson(1972)은 학교사회복지실천 모델들을 전통적 임상 모델, 학교 변화 모델, 지역사회 학교 모델, 학교상호작용 모델의 4가지로 정리하여 제시하였다. 또한, Costin(1975)도 학교–지역사회–학생 관계 모델을 제시하였으며, 이들의 모델은 학교사회복지실천의 핵심이 되었다.

이외에도 가족센터, 지역사회의 자원 개발과 연계를 통한 CIS, CTC 모델들이 확산되었으며, 특히 영국의 EEZ와 프랑스 ZEP은 우리나라의 교육복지사업의 모델에 영향을 주었다. 또한 1970년대 미국의 정신장애인의 탈시설화와 지역사회 보호로 사례관리가 등장하면서 학교에서의 학생 사례관리도 중요한 실천 모델로 자리를 잡게 되었다. 본 장에서는 미국의 다양한 실천 모델을 기술하며, 사례관리는 제6장에서 다루었다.

1. Alderson과 Costin의 실천 모델

1) Alderson의 모델

Alderson(1972)은 전통적 임상 모델, 학교 변화 모델, 사회적 상호작용 모델, 지역사회 학교 모델을 제시하였다. 그는 실천 현장에서 하나의 모델이 모든 측면에 적용되는 것이 아니며, 특별한 상황에서 결합하여 적용될 수 있다고 제안하였다.

(1) 전통적 임상 모델(Tradition Clinical Model)

전통적 임상 모델은 학교사회복지실천 현장에서 가장 잘 알려져 있고, 가장 많이 활용되는 모델이다. 주요 초점은 학교에서 자신의 잠재력을 달성하는 데 장애가 되는 사회적 · 정서적 어려움들을 파악하는 데 있다. 이러한 문제들을 정신분석이론과 자아심리학, 개별사회사업의 이론과 방법론을 통해 인식하며, 정서적 · 심리적 어려움은 근본적으로 부모–자녀 관계와 가족 관계에서 기인한다고 본다.

전통적 임상 모델은 학교체계가 아동의 문제에 역기능적이지 않으며 온화하다고 보기 때문에 비교적 학교에서 광범위하게 사용될 수 있었다. 학교가 속한 지역사회도 갈등이나 변화가 적은 중산층 지역으로, 학교사회복지사들은 출석에 어려움을 겪는 학생의 가정방문과 학생과 부모 면담 등의 활동을 수행하였다. 주로 개별사회사업 방법론을 통해 학생과 부모를 돕고, 이와 관련하여 학교체계 내에서 협력 활동과 자문 활동을 수행한다. 전통적 임상 모델에서 학교사회복지사의 주요 활동을 정리하면 다음과 같다.

① 학교에서 아동이 갖고 있는 어려움에 대한 개별사회사업
② 교사와 다른 학교 인력들과 전문적 관계 형성(interprofessional relationships)
③ 부모에 대한 개별사회사업 서비스
④ 지역사회 기관과의 활동
⑤ 지역사회에 프로그램 설명

전통적 임상 모델은 학생과 가족을 위한 미시적 서비스에 초점을 두며, 이는 학교사회복지사의 가장 기본적 역할이다. 학교사회복지사는 가정방문, 학생과 가족 상담, 부모–자녀 관계 개선 또는 가족 관계 개선을 위한 개별적, 집단적 개입을 계획하고 실행한다. 주로 학생의 자아존중감, 자기효능감, 대인관계 기술의 향상과 역량강화, 효율적인 부모교육 프로그램(PET) 등 학생과 부모 대상의 개입이 학교사회복지사 또는 지역사회 기관과 연계하여 지원된다.

(2) 학교 변화 모델(School Change Model)

학교 변화 모델은 제도적 변화 모델이라고도 하며, 학생의 사회적, 교육적 기능을 향상시키는 데 장애가 되거나 오히려 이를 야기시키는, 역기능적인 학교 규범이나 상황에 초점을 두고 이를 변화시키는 데 목적을 둔다. 이 모델에서 클라이언트 체계는 학교 자체이며, 학생, 교사, 행정가 등 학교 내의 모든 사람은 잠재적인 개입의 표적이 된다.

일탈이론의 개념이 적용되어, 학생의 문제는 학생에 대한 낙인으로 학생들이 학교 내에서 생산적인 역할 수행에 어려움을 겪는 것이라 본다. 학교 교사들이 문제아로 낙인을 주는 말은 학생의 학교생활을 어렵게 하고, 낙인은 향후 그의 생활 전반을 따라다니게 된다. 또한 학교의 수단과 목적이 전치되어, 학생의 교육보다 행동을 관리하는 것이 주된 목적이 되어버린 경우도 해당된다. 그러므로 이 모델은 기본적으로 학생의 문제나 비행은 학생 개인의 특성과 학교 상황들 모두에서 기인한다고 본다.

이에 따라 학교사회복지사는 옹호의 역할, 학생에 대한 직접적인 실천, 교사, 행정가, 부모, 기관들에 대한 집단 사회사업 자문, 중재, 협상을 수행한다. 경직된 교육체계의 변화는 학교사회복지사의 주된 과업이 되어야 하며, 학교사회복지사는 다음과 같은 활동을 수행하게 된다.

① 중요한 학교 문제에 대해 학생들이 명확히 보고 진단하도록 도움
② 개별적 또는 내부 문제해결 집단을 통한 옴부즈맨의 역할을 지원. 학생들은 이를 고충 처리 절차의 하나로 사용할 수 있어야 함
③ 교사, 학생, 행정가들이 우려사항들을 말할 수 있고 갈등을 해결할 수 있도록 각각의 비공식적 집단 형성
④ 변화 매개자, 학생, 교사, 행정가로 구성된 문제해결 팀을 구성

전통적 임상 모델은 정신병리학적 관점에서 학생 문제의 원인을 보았지만, 학교 변화 모델은 학교 자체를 표적체계로 본다. 학교사회복지사는 옹호자 역할과 옴부즈맨 요소를 수행하면서, 위험을 감수해야 하는 부담을 갖게 된다. 이 모델에서 효과적인 협상은 핵심적인 실천이며, 조직 행동이론과 기술을 사용한다. 그러나 다른 한편으로는 학생에게 영향을 주는 체계를 학교체계에 국한함으로써 가족이나 지역사회 요인들의 영향을 고려하지 않는 한계가 있다.

우리나라에서 학교사회복지사들은 학교 변화 모델을 통해 학생 생활지도 등의 학생 문제에 대해 변화 매개자로 활동하고, 문제 학생으로 낙인 찍혔던 학생들의 옹호자로 활동하였으며, 사과와 용서의 날(Apple Day) 등 처벌 중심의 학교 규정과 문화를 변화시키기 위해 활동하였다. 최근 학생인권조례 등의 제정과 함께 옴부즈맨 제도 등 학교교육에서도 많은 변화가 나타나는데, 학교사회복지사는 학생의 인권 증진을 위해 더 큰 역할을 담당하게 될 것이다.

(3) 지역사회 학교 모델(Community School Model)

지역사회 학교 모델은 지속적인 청소년 비행, 중퇴율, 실업 등, 취약집단 학생 문제에 대해 지역사회에서 관심과 우려가 증가하는 것에 따른 실천적 접근이다. 이 모델은 주로 지역사회가 학교의 교육 목적과 규범에서 벗어나 있고, 학교를 불신하거나 이해가 부족하여 발생하는 지역사회와 학교 간의 갈등에 초점을 둔다.

빈곤, 불이익, 박탈 등 사회적 환경에서 오는 어려움은 학교 내의 학생과 사람들에게 영향을 미친다. 그러므로 학교사회복지사는 빈곤의 희생자인 학생들을 돕도록

학교 프로그램을 개발하는 한편, 학생의 학습과 사회적 기능이 영향을 받지 않도록 지역사회 환경을 변화시키고, 지역사회가 학교에 대한 이해와 지지를 증진시키도록 개입한다. 학교 교직원들은 빈곤지역의 문화적 어려움이나 그 결과를 완전히 이해하지 못하며, 학생과 부모에 대해 효과적으로 일할 수 있는 특별한 지식과 기술을 필요로 한다.

학교와 지역사회의 갈등 위기 팀에 대한 접근은 학교나 지역사회 어느 하나로 제한될 수 없다. 이 모델에서 학교사회복지사는 다학제 간 팀의 한 구성원으로 학생, 교사, 행정가를 대표하여 중재자, 가능케 하는 자, 옹호자, 조직가, 개발사의 역할을 수행한다. 학교사회복지사는 학교와 지역사회의 관계에서 이중적인 정체성을 유지해야만 이 역할을 효과적으로 수행할 수 있으며, 중재와 옹호에 대한 고도의 기술을 갖추어야 한다.

우리나라는 구도심(원도심)의 공동화 현상과 슬럼화 되고 있는 재개발지역 등 낙후된 지역사회에서 범죄와 안전 위협이 문제가 되고 있다. 임대아파트 학생들의 통학로를 막고, 장애를 가진 자녀들의 학교 설립을 위해 무릎을 꿇은 학부모들과 이를 반대하는 지역사회의 갈등도 나타났다. 학교에 소속된 학교사회복지사가 지역사회 내에서 갈등을 중재하고, 불이익을 받는 학생들을 옹호하며, 학교와 지역사회를 위한 중재자 역할을 하는 것은 결코 쉽지 않은 일이지만, 지역사회의 다양한 전문직과 함께 협력하면서 적용될 수 있는 모델이다.

(4) 사회적 상호작용 모델(Social Interaction Model)

상호작용이란 의사소통을 통해 개인이나 집단 사이에서 상호 영향을 주고받는 행동이라 할 수 있다. 사회적 상호작용 모델은 사회적 상호작용이 일어나는 영역에 주의를 기울이며, 특정한 방법론을 강조하지 않고 사회 문제와 사회적 과정에서 모든 참여자들의 행동과 태도에 따른 사회적 상호작용에서의 과업을 강조한다.

이 모델은 중재 모델에서 비롯되었는데, 학생의 문제는 학생과 사회체계, 학생과 학교체계 모두에게 책임이 있다고 본다. 학교사회복지사는 학교, 가정, 지역사회,

교사와 학생 사이의 연계자로서, 다양한 체계들 사이의 중재자로 역할을 수행한다. 사회복지사는 다양한 클라이언트 체계에 대한 지식과 개인들, 가족, 소집단과 이웃 집단과 효과적으로 관계를 맺어야 하며, 사회적 상호작용 모델의 관계 접근은 자연스럽게 표적체계와 상호작용하며 관여와 개입을 할 수 있도록 한다.

이 모델은 다른 모델보다는 옹호를 덜 강조하며, 체계들 사이의 의사소통과 상호교류를 증진하고 장애를 제거하며, 체계들 사이의 공통점을 찾고 이들 체계들의 기능을 증진시키도록 돕는다. 사회적 상호작용 모델에서 학교사회복지사는 다음의 5가지 주요 과업을 수행한다.

① 공통 기반 탐색
② 장애물을 찾고 이에 도전
③ 자료를 형성 – 클라이언트가 사용할 수 없었던 생각, 사실, 개념들을 형성
④ 비전의 제공
⑤ 상황의 요구나 한계 발견

이 모델은 다양한 학생과 학생들을 둘러싼 환경체계들 사이의 상호작용에서 문제가 발생한 원인을 소통의 부족으로 본다는 점에서 광범위하게 활용 가능하다. 우리나라에서 대부분의 현장에서 학교사회복지사들은 학생 또래 간 갈등, 학생과 교사 관계, 교사와 학부모 관계, 학교와 지역사회 등 다양한 상호작용 영역에서 갈등을 중재하고 공동의 목표와 해결을 위한 노력을 모색한다.

〈표 5-1〉 Alderson의 학교사회복지실천 모델

	전통적 임상 모델	학교 변화 모델	지역사회 학교 모델	사회적 상호작용 모델
대상	• 사회-정서적 어려움을 가진 학생	• 학교 환경(특히 학교 규범과 상황들)	• 학교를 잘못 이해하고 불신하는 가난하고 취약한 지역사회	• 상호작용(사람들과 사회 간의 상호성과 상호의존성) • 사회적 문제
목표	• 학교 관련 사회-정서적 어려움을 가진 학생이 효과적인 기능을 할 수 있도록 함	• 역기능적인 학교 규범과 상황 변화	• 지역사회의 이해와 지지 발달 • 빈곤의 피해학생을 원조하는 학교 프로그램 개발 • 박탈 상태 경감	• 상호원조체계의 개발 촉진 • 상호작용의 장애를 제거
표적체계	• 학생 클라이언트와 그 부모	• 학교 전체	• 지역사회와 학교	• 표적체계와 다른 체계들 사이의 상호작용 영역
문제의 근원을 보는 관점	• 주로 가족, 특히 부모-자녀 문제로부터 기인한 아동의 정서적 또는 정신적 어려움	• 역기능적인 학교 규범과 상황들	• 빈곤과 기타 사회적 조건; 학교 교직원의 문화적 차이와 빈곤의 영향에 대한 이해 부족	• 상생할 수 없음 • 즉, 학생과 다양한 체계는 충분한 소통과 상호 원조할 수 있는 사회적 기능의 어려움에 처함
워커의 과업과 활동	• 개별사회사업-주로 학생과 부모 • 집단사회사업-집단, 가족 • 기능 연계	• 역기능적인 학교 규범과 상황 파악 • 학생 대상 직접적 실천(특히 집단사회사업) • 교사, 행정가에 대한 개별적 집단적 자문	• 지역사회 활동에 직접 참여 • 지역사회가 문제 제기, 이슈화, 재구조화를 가능케 함 • 지역사회와 학교 서로를 이해할 수 있도록 원조 • 학교 프로그램에 지역사회 참여 격려	• 공통점의 파악과 강조 • 상호부응하는 목표 설정 • 소통 증진과 원조 • 상호 원조체계 구축 • 개별, 집단, 지역사회를 위한 직접적 실천
워커의 주요 역할	• 지지적인 협력, 자문을 가능케 함	• 옹호, 협상, 자문, 중재	• 중재, 옹호, 아웃리치	• 중재, 자문, 가능케 함(enabling)
개념과 이론적 기초	• 정신분석적, 자아심리학 · 개별사회사업 이론과 방법론	• 사회과학이론(특히 일탈이론) • 조직이론	• 지역사회-학교 개념 • 의사소통 이론	• 체계이론 • 사회과학이론 • 의사소통이론
주요 이론가	• F. Pools, Sikkenma, Nebo, Wille	• Vinter, Sarri, Schafer, Wittes	• Deshler, Hourihan, Walton, Reeves & Shannon	• Schwartz, Shulman, Gitterman, Spitzer & Welsh

출처: Alderson(1972). p.47-48, Allen-Mears(2007) p.47.

2) Costin의 실천 모델

Costin(1975)은 일리노이대학교 제인 아담스 사회사업대학원의 3년간 시행을 토대로 공립학교 대상의 학교사회복지실천 모델을 제안하였는데, 여기서는 이를 요약하여 설명한다. Costin의 실천 모델은 학교-지역사회-학생 관계에 초점을 두며, 국내에서는 학교-지역사회-학생 관계 모델(school-community-pupil relations model)이라고 알려져 있다.

이 모델은 미국의 공립학교에서 무단결석, 중퇴, 학업성취 저하, 교사 파업 등 지속적으로 제기된 문제들과 교육혁신에 대한 요구에서 비롯되었다. 미국에서 사립학교에 비해 공립학교의 열악한 상황이 학생에게 부정적으로 영향을 미치고 학생의 평등한 교육기회를 심각하게 저해한다는 인식에서, 전통적인 학교사회복지실천, 즉 임상적 개별사회사업실천이 아닌 새로운 모델의 필요에 따라 제안된 모델이다.

전통적인 학교사회복지실천은 학생의 학교적응을 위해 학생의 행동, 성격 또는 학생과 부모의 개인적 상황을 변화시키는 데 주력하였으며, 학생과 가족의 사회적, 정서적 특성이 학생 문제의 원인이 된다고 보았다. 교사들이 의뢰하는 학생들도 의기소침, 분노, 학교 공포증, 친구가 없음, 불행감 또는 방해 행동과 같은 문제들로 전형적인 정서적 문제를 다루는 것이었다.

그러나 학교-지역사회-학생 관계 모델은 주요 관심을 학교와 지역사회, 학생과 학교체계 상호작용 관계의 결핍과 스트레스에 둔다. 이론적으로는 사회학습이론과 체계이론에 바탕으로 두고, 아동 · 청소년기 동안 가정과 학교, 지역사회에서 학습한 경험들은 이후 삶의 행동 양상을 형성하고 유지시키는 데 중요하기 때문에 이를 위한 기회를 증진시키는 데 학교와 지역사회가 노력해야 한다고 본다.

이 모델은 사정, 서비스 계획의 개발, 학생 지원을 위한 다학문적인 팀의 개발 등을 제안하고 있다. 사정은 학생의 교육기회에 영향을 미치는 학교, 지역사회 환경과 학생 특성들이 어떻게 상호작용하는지를 조사하고 평가하는 것이다. 먼저 학교의 욕구를 사정하며, 학교가 부모에게 기대하는 것 등을 명확히 이해하도록 한다. 지역사회의 인구집단, 권력구조, 교육위원회, 아동 · 청소년을 위한 지역사회 자원, 십대를 위한 직업 기회, 방과 후 돌봄 등 지역사회에 대한 지식도 요구된다. 또한 임신한 여학생, 중도탈락 등 학생의 욕구와 문제 상황을 파악하도록 한다.

서비스 계획을 개발하고 실행하면서 다학문적인 팀 협력이 요구된다. 학교사회복지사는 학생 개인의 특성을 변화시키기 위한 개별사회사업보다는 새로운 프로그램 개발을 지원하고, 학교 정책, 관행과 관련하여 교직원과 상담 및 협력하며, 학생들과 가족을 위한 서비스 제공을 위해 지역사회 기관과 함께 일한다. 다학문적인 팀은 각 전문성에 따라 기관 연계나 서비스 개입에서 각각의 전문 기술을 활용하여 문제를 해결하는 데 도움을 준다. 팀은 학교 관리자가 이끌 수도 있고 학교사회복지사나 다른 전문직이 이끌 수도 있다. 학교-지역사회-학생 접근에서 팀은 위계적인 권력이 아니라 상호 자문하고 돕는 수평적 관계이고 개방적인 의사소통을 바탕으로 협력한다.

이 모델을 효과적으로 수행하기 위해서 학교사회복지사는 사회체계로 공립학교를 이해하고 공교육과 관련된 사회복지에 대한 포괄적인 관점을 가져야 한다. 즉, 교육 정책을 형성하는 학교-지역사회의 정치, 학교-지역사회 권력구조들의 영향, 학교 재정 문제와 정책 이슈, 학교 하위 문화의 부정적 측면, 학생 관련 전문직들의 전통적인 역할에서 야기되는 문제들, 학교 교육위원회 권위의 본성과 한계, 교육 평등에 영향을 미치는 사회적 · 법적 이슈들에 대한 지식이 필요하다. 이와 함께 학교사회복지사는 프로그램 기획자, 프로포절 작성, 프로그램 평가에 대한 준비가 되어 있어야 할 것이다.

Costin의 모델은 Alderson(1972)의 사회적 상호작용 모델과 마찬가지로 다양한 상황에 적용 가능하다. 학교가 개방체계로 지역사회의 다양한 기관과 함께 학생과 가족을 돕는다는 점에서 다음 절에서 설명하는 통합 서비스 모델과도 유사성을 갖고 있다.

2. 미국의 통합 서비스 모델

1) 가족센터 모델

가족센터 모델은 가족을 건강하고, 더 좋은 교육으로 자립 자조를 할 수 있게 돕는 모델이다. 연방기금과 주 정부의 지원 등으로 가족센터를 두어 가족에게 원스톱 쇼핑(one-stop shopping)으로 다양한 지역사회 통합 서비스를 제공하는 것이 특징이다(Kordesh & Constable, 1999).

가족센터는 미국 전역에 널리 퍼져 있는데, 일례로 펜실베이니아의 경우 주 정부 예산으로 운영되는 32개소 중 12개는 학교에 있고 20개소는 지역사회에 위치하고 있다(http://www.cor.pa.gov). 특히 초등학교는 매우 적절한 장소인데, 이는 대부분의 지역사회에서 초등학교가 접근성이 좋은 곳에 위치하고 있고, 취약한 가정의 아동과 부모가 낙인감 없이 서비스를 제공받을 수 있기 때문이다.

가족센터는 대부분 그 지역에 있던 비영리기관이 운영하고 있지만, 의사결정은 부모, 서비스 제공자, 행정가들이 공유한다. 가족센터는 부모나 보호자가 아동 발달을 이해할 수 있도록 부모교육, 건강보험과 관련 서비스 지원, 직업교육 및 훈련 정보 접근, 영유아 돌봄, 예방접종, 헤드스타트 조기 개입 서비스 등을 지원한다. 또한, 부모 지지 집단, 장애아동 선별 검사, 아동학대 예방 프로그램, 장난감 대여 도서관, 방과 후 활동, 성인 문맹교육 등 서비스를 지원한다.

가족센터 모델은 우리나라의 경우 건강가정지원센터나 드림스타트 센터, 다문화가족지원센터의 기능을 통합한 모델로 보인다. 초등학교가 대부분 모든 지역에 골고루 배치되어 있기 때문에, 이러한 서비스가 통합되어 학교를 기반으로 제공될 수 있다면 한 자리에서 모든 것을 해결하는 원스톱(one-stop shopping)의 장점을 유용하게 활용할 수 있을 것으로 여겨진다.

2) CTC와 CIS 모델

(1) CTC 모델

CTC(Community That Care) 모델과 CIS 모델(Community in Schools)은 제10장의 지역사회 연계협력에서도 다루고 있는 지역사회와 학교 연계 실천 모델이다. CTC 모델은 미국 워싱턴대학교의 David Hawkins와 Richard Catalano에 의해 개발되어 EU국가 등으로 확대된 모델로, 학교를 기반으로 지역사회에서 발생하는 다양한 청소년 문제를 해결하고 예방하는 포괄적인 통합 서비스 모델이다. 학교는 심각한 건강 문제나 사회적 문제 또는 실패의 위험을 지닌 많은 학생에게 접근하기에 용이하기 때문에 지역사회의 다양한 기관들과 파트너십을 통해 청소년 문제를 효율적으로 다룰 수 있는 최적의 장소라고 본다.

CTC는 두 가지 체계를 운용하는데, 핵심지도자들(key leaders)과 지역사회정책위원회이다. 핵심지도자들은 교육장, 시장, 주요한 기관의 기관장, 사업가, 재단 등으로 구성되는 핵심지도자들의 집단이다. 지역사회정책위원회는 시민, 학부모, 기관의 전문가, 지역사회 활동가들, 교장들, 교사들, 그리고 종종 청소년 등을 대표하는 사람들로 구성된다. 이들은 정기적인 모임을 통해 지역사회의 위험과 자원을 사정하고, 그 결과에 대응하게 될 예방 전략들을 고안한다. 아동 · 청소년 시기의 유해한 행동(중퇴, 십대 임신, 소년 비행, 약물남용, 폭력 등)을 조기에 예방할 수 있도록 학교, 가족, 지역사회, 개인의 특성을 고려하여, 지역사회에서 가장 심각한 위험요인을 3~5가지 선택하고 이에 대한 전략과 학교 기반의 조기 예방 서비스를 제공한다.

(2) CIS 모델

CIS(Communities in Schools) 모델은 학교 안에 지역사회의 자원이 들어올 수 있도록 하는 서비스 네트워크의 중개(Brokered service networks) 모델이다. 1960년 뉴욕 빈민가에서 고등학교를 중퇴한 학생들의 거리학교(Street Academy)를 민간 기업의 지원을 통해 운영하였는데(강희경, 1999), 이를 기초로 Milliken이 1970년대 미국 뉴욕에서 공립학교 아동의 변화를 돕는 비영리기관인 CIS를 창설하였다.

CIS는 지역단위에서 교육청과 협약 및 기업, 공기관, 민간기관의 인적, 물적 자원을 학교 안으로 유입시키는 형태이다. 2020년 현재 미국 전역의 2,500개 학교에서 162만 명의 학생들에게 128개의 인증된 CIS조직과 4만여 명의 지역사회 자원봉사자들이 활동하고 있으며, 영국, 캐나다 등으로 확산되어 많은 도시에서 이행되고 있다.

CIS의 미션은 지역사회의 지지와 격려를 통해 학생들이 학교에 머물고, 성공적인 삶을 살 수 있도록 하는 데 있으며, 책무성, 통합, 협력, 평등, 수월성의 5가지 가치와 다양성, 평등, 포용의 3가지 신념을 바탕으로 한다. 지역사회 자원을 발굴하고 이를 학교와 연계하는 서비스 조정과 중개는 현장의 코디네이터가 학교 교직원과 자원봉사자들과 함께 팀을 이루어 이행한다.

주요 서비스 이용자는 위기 학생들로, 빈곤, 역기능적 가족, 아동학대와 가정폭력, 알코올 중독 등의 문제를 갖고 있는 학생들이며, 가정환경과 사회환경 및 비행행동으로 학교생활에 부적응하는 학생들이다. CIS의 프로그램 참여는 학교사회복지사, 상담사, 학교 간호사, 교사, 지역사회 기관 등 다양한 의뢰 경로로 이루어진다. CIS는 지역 본부를 중심으로 지역 내 초중고교를 클러스터로 묶어 행정체계와 서비스 운영을 위한 회의를 진행하며 프로그램을 실행하고, 주 본부에서는 프로그램의 모니터링과 평가 등을 지원한다.

현재 우리나라에서도 삼성복지재단, 어린이재단, 다음커뮤니케이션 등 아동 · 청소년을 지원하는 많은 민간재단과 기관들이 있다. CIS는 연방정부, 주 정부의 기금과 적십자 등 재단을 포함한 다양한 지역 내 기업과 민간 기관의 자원을 학교로 중개하는 기관이다. CIS 모델은 지역사회에서 중복적으로 이루어지거나 단편적으로 이루어진 서비스를 학교와 학생의 욕구에 맞추어 학교를 기반으로 제공하며 업무의 효율성과 투명한 집행과 보고를 강조한다. 이러한 운영이 학교 교사에게 부담을 주는 것이 아니라 학교 내 학교사회복지사, CIS 코디네이터, 교사 등이 협력적으로 운영되는 모형으로 우리나라에서 충분히 시험해 볼 수 있는 모델이라 할 수 있다.

3) 포괄적 서비스 학교 모델

Dryfoos(1994)는 포괄적 서비스 학교(Full-service school) 모델을 제안하였는데, 이는 학생과 가족을 대상으로 하는 서비스를 네트워크를 통해 학교에서 제공하는 모델이다. 즉, 아동, 청소년과 그 가족이 필요로 하는 모든 다른 서비스들을 통합하여 학교에서 이루어지도록 하는 학교 기반의 실천 모델이다.

포괄적 서비스 학교의 교육적 임무는 학교가 책임을 갖고, 지역사회 기관은 학교 보건, 정신건강, 고용 서비스, 아동보호, 사례관리, 레크리에이션, 문화적 행사, 복지, 지역사회 정책 등을 학교에 제공한다. 마치 학교에 인보관(settlement house)을 두는 것처럼 포괄적인 통합 서비스를 제공하게 되는 모델이다. Dryfoos는 이상적인 포괄적 서비스 학교의 모델을 다음과 같이 제시하고 있다.

〈표 5-2〉 포괄적 서비스 학교(Full Service School) 모델

학교가 제공하는 교육	지역사회 기관이나 학교가 제공하는 서비스	지역사회 기관이 제공하는 지지적 서비스
효과적인 기본 기술 개별화된 지도 팀 티칭 협동 학습 학교 기반 관리 건강한 학교 환경 대안적 진로 부모 참여 효과적인 훈련	포괄적인 건강교육 건강 증진 사회기술 훈련 직업 세계 준비(인생 계획)	건강 스크리닝 서비스 치과 서비스 가족 계획 개별 상담 약물남용 치료 정신건강 서비스 영양/체중 관리 추후관리와 의뢰 기초 서비스: 주거, 음식, 의복 레크리에이션, 스포츠, 문화 멘토링 가족 복지 서비스 부모교육, 문해교육 아동 돌봄 고용훈련/직업 사례관리 위기 개입 지역사회 정치화

출처: Dryfoos(1995). p.152.

학교와 지역사회의 경계를 변화시켜, 학교가 지역사회의 포괄적인 서비스센터 역할을 하는 것은 혁신적인 일이다. 학교의 정체성을 지역사회로 확대하는 가운데, 학교사회복지사들은 개혁을 이끄는 지도력을 통해 새로운 학교 기반의 협력을 구축하고, 정책의 일반적인 관점을 확대시키며, 대인 서비스 정책 변화를 점검하는 역할을 하게 된다.

현재 우리나라의 경우 수도권과 비수도권, 도시와 농촌, 시와 읍, 그리고 면사무소 소재지와 그 외 지역이 가진 인적, 물적 자원의 격차는 매우 큰 현실이다. 대도시에서는 유사한 서비스를 제공하는 다양한 기관들이 좁은 지역에 많기 때문에 서비스의 중복에 따른 조정과 협의가 매우 중요한 과제가 된다. 반면에 도서 벽지에서는 서비스를 제공하는 기관 자체가 극히 적고 접근성이 떨어지는 문제에 직면해 있다. 그러므로 특히 서비스 자원이 부재한 농어촌 지역에서는 학교를 기반으로 통합적인 서비스를 제공할 수 있는 포괄적 서비스 학교 모델이 적절할 수 있을 것이다.

3. 교육복지우선지원사업 모델

앞서 모델은 주로 미국의 모델을 설명하였는데, 우리나라에서도 아동 · 청소년과 가족을 대상으로 심리정서, 교육, 문화체험, 건강 등의 포괄적 서비스를 다양한 기관에서 제공하고 있다. 위스타트 센터, 드림스타트 센터, 건강가정지원센터, 다함께돌봄센터, 정신건강복지센터, 지역아동센터, 청소년방과후아카데미, 청소년상담복지센터, 위센터 등 아동 · 청소년의 사례관리와 관련된 많은 기관이 존재한다.

이 중에서도 특히 학교를 기반으로 교육, 문화, 복지의 통합적 서비스를 지역사회와 연계하여 제공하고 있는 교육복지우선지원사업 모델을 살펴본다. 교육복지우선지원사업은 학교사회복지의 이론과 개입 방법을 활용한 실천 모델로, 현재 가장 많은 사회복지사가 활동하고 있는 사업 모델이다.

1) 사업 목적과 대상

(1) 사업 정의와 목적

교육복지 서비스는 2003년 대도시 빈곤지역의 학교와 지역사회 기관의 협력을 바탕으로 저소득층 학생들의 교육기회 평등을 위한 '교육복지투자우선지역지원사업'으로 시작하였다. 초기 서울과 부산의 빈곤지역을 중심으로 실시되었는데, 2010년 「초 · 중등교육법」 시행령의 개정으로 지역단위가 아닌 저소득층 밀집 학교가 대상이 되었다.

현재 이 사업의 정의와 목적은 시 · 도별로 조금씩 차이가 있는데, 김선숙 등(2019)이 시도별 교육복지우선지원사업 매뉴얼을 분석한 결과, 대체로 학교가 중심이 되어 지역공동체를 구축하고 개별 학생에 대한 맞춤형 사업을 통해 통합적으로 지원하는 것을 교육복지우선지원사업의 목적으로 하고 있었다.

교육복지우선지원사업의 정의

- 교육복지사업의 일환으로 시행되는 선별적 서비스
- 교육 취약계층 학생에 대한 교육적 성장을 지원하여 교육 격차를 해소하기 위한 사업. 즉 교육 취약 학생들이 직면한 교육기회, 교육과정, 교육결과에서의 격차를 줄이고 교육적 성장을 도모하기 위해 학교와 지역사회의 교육공동체를 구축하고 학생에게 필요한 다각적인 맞춤형 지원을 제공하는 사업

교육복지우선지원사업의 목적

- 교육 취약 학생을 위하여 학교가 중심이 되는 지역교육공동체를 통해 학생 중심의 맞춤형 사업을 통합적으로 지원하는 것을 그 목적으로 함.

출처: 김선숙 등(2019).

(2) 사업 대상

2011년 제정된 '교육복지우선지원사업 관리운영에 관한 규정'은 지원사업 대상학교의 선정 기준, 대상학교의 선정 절차 등 지원사업에 관한 필요사항을 명시하고 있다. 규정에 의한 교육복지우선지원사업의 대상 학생은 다음과 같다.

제3조(사업대상학생)

① 사업대상학생은 다음 각 호의 하나에 해당하는 자로서 종합적인 교육 지원이 필요하다고 사업학교의 장이 인정하는 자로 한다.

1. 「국민기초생활 보장법」 제12조에 따른 교육급여 수급권자
2. 「국민기초생활 보장법」 제2조제10호에 따른 차상위계층의 자녀
3. 「한부모가족지원법」 제5조에 따른 보호대상자인 한부모가족의 자녀
4. 「북한이탈주민의 보호 및 정착지원에 관한 법률」 제2조제2호에 따른 보호대상자의 자녀
5. 「다문화가족지원법」 제2조제1호에 따른 다문화가족의 자녀
6. 「장애인 등에 대한 특수교육법」 제15조에 따른 특수교육대상자
7. 기타 교육상 지원이 필요하여 교육감이 정하는 사람의 자녀

② 사업학교의 장은 제1항의 규정에 따라 사업대상 학생을 정함에 있어서 필요한 경우 사전검사 등 필요한 진단을 실시할 수 있다.

그러나 예방교육처럼 모든 학생이 대상이 되는 경우가 있기 때문에 실질적인 사업의 대상은 프로그램에 따라 전체학생, 우선지원학생, 집중지원학생으로 구분된다.

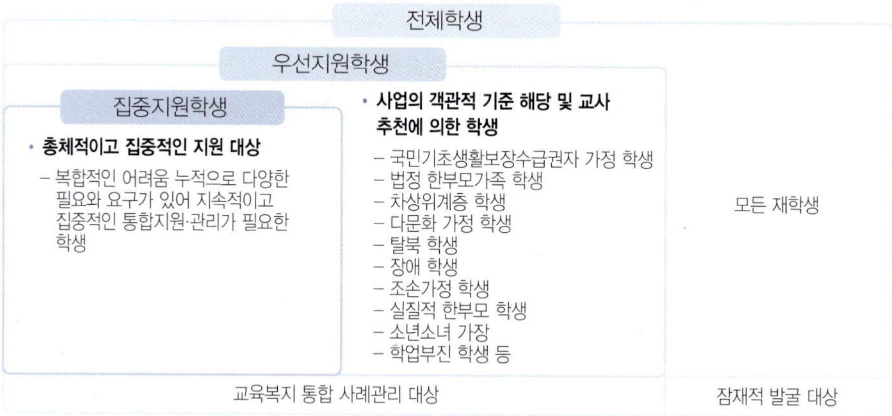

[그림 5-1] 교육복지우선지원사업 대상 학생

출처: 김선숙 등(2019). p.43.

2) 주요 서비스 내용

교육복지 서비스는 교육, 문화, 복지의 포괄적 서비스를 지역사회 자원을 연계하여 저소득층 학생과 위기 학생에게 제공하는 것으로, 대부분 교육복지 대상 학생의

사례관리, 개별 및 집단 프로그램의 개발과 운영, 가정방문 및 가족 개입, 지역사회의 자원 발굴 및 연계를 통해 학생을 돕는다. 학생의 학교적응력 강화를 위한 프로그램을 교육과정과 연계하여 제공한다.

지역사회 자원의 개발과 연계는 교육복지 서비스의 핵심 내용으로, 이를 통해 장학금, 심리정서적 서비스, 조식 지원, 문화체험 지원 등으로 교육복지 대상 아동을 지원한다. 서울시교육청(2020)의 경우 이를 위한 '용기 프로젝트'에서 굿네이버스, 서울지방변호사회, 한국장학재단, 적십자사 등을 통해 한 해 10억 원 이상이 지원되고 있다. 교육복지 서비스의 추진 과제에 따른 사업의 세부 내용에 대한 사례로 부산광역시교육청의 사례는 다음과 같다.

〈표 5-3〉 교육복지우선지원사업 추진 목표별 사업 영역(부산광역시교육청)

추진과제	세부내용
학교적응력 강화	• 학생 핵심역량 중심 교육과정 연계 프로그램 운영 – 학습동기부여 프로그램 – 진로지도 및 직업교육 프로그램 – 문화체험 및 캠프 – 동아리활동(학습, 도서, 문 · 예 · 체) • 자원봉사활동
학생 사례관리 강화	• 통합 사례관리(중점학교) : 사례관리 연간계획 수립 – 개별상담 – 가정방문 – 교내 · 외 사례관리 회의(팀 구성) • 사례관리를 통한 학생 맞춤 지원(위기개입비 등)
가족기능(역량) 강화	• 가족 관계 증진을 위한 가족 봉사활동/문화체험/캠프 • 부모 및 자녀양육 상담 지원
지역 네트워크 활성화	• 통합 사례회의 및 네트워크 구축 • 지역사회 자원을 활용한 연계사업
사업운영의 효율화	• 교사 및 학부모 대상 사업 관련 연수, 사업 홍보 • 교육복지위원회 등 관련 조직 운영 • 교육복지사 역량 강화를 위한 연수

출처: 김선숙 등(2009). p.46.

3) 운영 체계

(1) 사업 전담 인력

사업을 수행하는 전담 인력은 학교와 교육청에 배치되고 있다. 학교에 배치되는 교육복지사(지역사회교육전문가)는 주로 학생, 학부모, 교사를 지원하고, 교육(지원)청에 배치되는 프로젝트조정자는 지역사회 자원 발굴과 관내 사업학교 간 연계 협력을 지원한다. '교육복지우선지원사업 관리 운영 규정' 제12조에 따른 전담 인력의 역할은 다음과 같다.

> **제12조(사업 전담 인력의 배치 · 활용)**
>
> ① 사업학교와 교육지원청 및 시 · 도교육청은 사업의 효과적인 운영을 위하여 사업 전담 인력을 배치하여 활용할 수 있다.
> ② 사업학교에 배치된 사업 전담 인력은 다음 각 호의 업무를 수행한다.
> 1. 사업 대상 학생의 학교생활 적응 지원
> 2. 사업 대상 학생을 위한 문제의 원인과 해결에 관한 교육
> 3. 사업 대상 학생 지원을 위한 지역사회 자원의 연계 · 활용
> 4. 사업과 관련한 학부모 및 교사에 대한 지원 등
>
> ③ 교육지원청 및 시 · 도교육청에 배치된 사업 전담 인력은 다음 각 호의 업무를 수행한다.
> 1. 사업학교와 지역사회의 요구를 파악하고 이를 교육지원청 및 시 · 도 교육청의 사업계획에 반영
> 2. 사업이 필요한 학교의 발굴과 지원
> 3. 지역사회 교육복지 자원의 발굴과 활용
> 4. 사업학교 간 연계 · 협력 지원 등

초기에는 학교에 배치되는 인력은 지역사회교육전문가로, 교육청에 배치되는 인력은 프로젝트조정자(Project Cordinator, PC)로 명명하였으나 최근에는 교육복지사와 혼용하여 사용하고 있다. 사업 전담 인력은 사회복지사, 상담사, 청소년지도사, 교사 등의 자격을 갖추고 지역사회에서 네트워크 경험이 있는 인력으로 선발된다.

(2) 운영 및 지원체계

교육복지우선지원사업은 사업학교를 관할하는 교육지원청과 시 · 도교육청, 교육부의 전달체계를 갖고 있으며, 중앙교육복지연구지원센터가 전국단위의 교육복지

우선지원사업을 지원하고, 중장기 계획수립과 연구 조사 및 사업에 대한 전반적인 평가계획을 수립한다.

또한 사업 추진 체계는 교육, 문화, 복지의 전문가와 실무자들로 구성된 협의회와 기관장, 교육청 담당자, 전문가 등으로 구성되어 사업 운영을 지원하는 운영위원회가 사업의 효율적인 운영을 돕고 있다. 전반적인 사업 전달체계도는 다음과 같다.

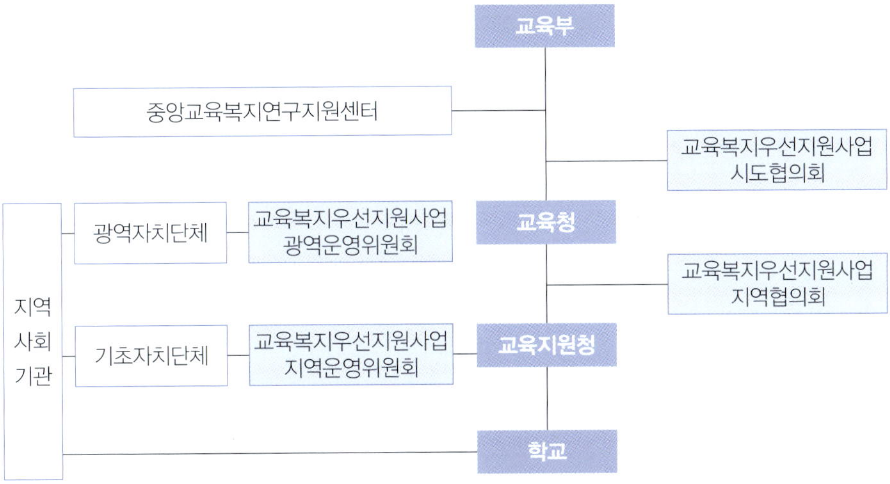

[그림 5-2] 교육복지우선지원사업 전달체계

구체적인 전달체계의 기능과 역할을 서울시교육청(2020)의 사례로 살펴볼 필요가 있다. 이는 서울이 지방에 비해 인적, 물적 자원이 풍부한 환경에서 좀 더 통합 서비스 모델에 가깝게 운영되고 있으며, 서비스를 포괄하는 영역이 넓기 때문이다. 즉, 서울시교육청은 법적으로 규정하고 있는 초등학교와 중학교 외에 유치원과 고등학교에서도 사업을 운영하고 있다. 또한 저소득층 학생 수가 규정에 못 미치지만 사례관리가 필요한 학생들을 지역단위로 묶어 서비스를 제공하기 위해 지역교육복지센터를 자치구를 중심으로 운영하고 있다.

지역교육복지공동체는 지역단위에서 교육 취약 학생을 발굴하고 이를 지원하며, 위기 학생 사례회의, 멘토링, 학부모 상담, 지역단위의 공동 사업을 기획하고 추진한다. 이의 중심 기관으로 지역교육복지센터가 지역사회기반형 교육복지 협력사업을 진행하여, 학교와 마을이 함께하는 교육복지 안전망을 구축한다. 서울시교육청의 추진체계는 [그림 5-3]과 같다.

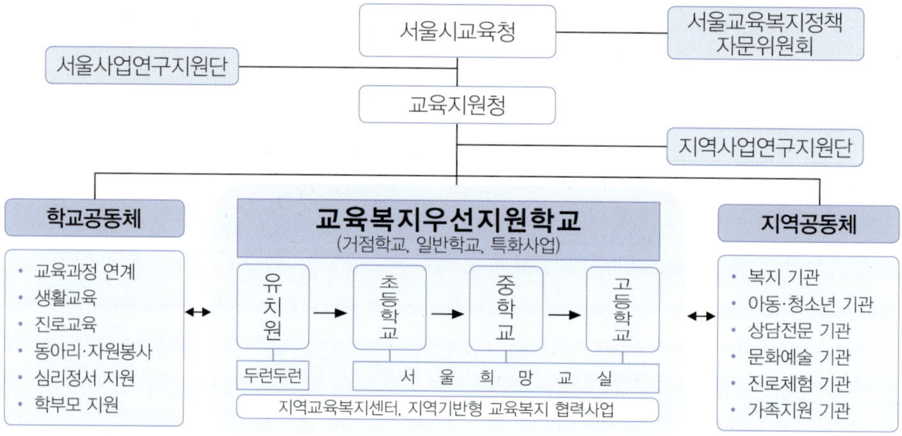

[그림 5-3] 서울시교육청 교육복지우선지원사업 추진체계(서울시교육청, 2020)

교육복지 서비스 모델은 기존의 학습의 교육기능만 요구되었던 학교를 지역사회 자원 연계를 통한 통합적인 복지 기관으로 위상을 바꾸는 계기가 되었다. 또한 지역사회와 학교가 지역 교육복지 공동체를 구축하고 교육 안전망을 구축하는 실천 경험이 축적되어 온 모델이다. 이 모델이 교육부의 일회성 시범사업과 달리 법 개정과 조례 제정 등을 통해 안착될 수 있었던 것은 사업을 주관하는 전문 인력이 학교와 교육청에 배치되어 연계자, 네트워크 관리자, 프로그램 개발자 등의 역할을 성공적으로 수행하였기 때문이다. 아직은 저소득층에 국한된 선별적 복지라는 한계가 있지만, 앞으로 지역사회의 아동 · 청소년 문제해결과 지역 내 모든 아동 · 청소년의 삶의 질 향상을 위한 학교 기반의 서비스 모델로 발전해 나가야 할 것이다.

3

학교사회복지실천

3부에서는 학교사회복지실천으로 학생, 교사, 학교, 학부모 및 지역사회에 대한 개입에 대하여 학습한다. 제6장에서는 학교사회복지의 전반적인 실천 과정과 사례관리, 윤리적 실천을 포함한다. 제7장에서는 학생의 심리정서적 문제해결과 행동 문제에 대한 개별 개입과 집단 개입을 다룬다. 제8장에서는 교육과정 연계와 교사자문 및 팀 협력을 다루며, 제9장에서는 학교체계에 대한 개입으로 학교 안전과 위기 개입을, 제10장에서는 가족과 지역사회 연계 협력을 포함한다.

제6장

학교사회복지실천

갈 만큼 갔다고 생각하는 곳에서 얼마나 더 갈 수 있는지 아무도 모르고
참을 만큼 참았다고 생각하는 곳에서 얼마나 더 참을 수 있는지 누구도 모른다.

– 김구

1. 학교사회복지실천 과정

〈학교사회복지사 이야기1〉

홍길동 학교사회복지사는 한 해 동안 개입했던 보고서들을 검토해 본다. 이제 새로운 학년을 맞이하게 될 터인데, 학교사회복지실 연간 계획을 수립하려고 지난 학년말에 교장선생님과 각 부장교사들이 함께 평가회의에서 논의했던 자료들을 참고해 본다.

우리 학교는 장애를 가진 학생들과 탈북 가정 학생들이 학교 생활에서 많은 어려움을 겪고 있다. 학년말 평가회의에서 학교사회복지사가 개입하여 이들이 학교생활을 잘 보내고 졸업하는 것에 대한 좋은 평가도 있었고, 지역사회 자원을 연계한 몇 가지 교육 프로그램에 대해서도 긍정적이었다. 그러나 홍길동은 장애를 가진 학생과 탈북 가정 학생들에게 개별 상담만이 아니라 좀 더 학교 분위기가 포용적으로 변하고 지지적인 체계가 많아야 한다고 생각한다. 또한 자기 자신은 장애학생이나 탈북민에 대한 편견이나 선입견은 없는지 되돌아본다.

홍길동은 달력에 위클래스 전문상담사와 복지부장교사와 함께하는 실무회의가 이번주에 있음을 확인하고, 세부 계획을 수립하기 전에 팀에서 논의를 해보기로 마음먹는다. 그리고 장애인복지관과 탈북민 지원단체에서 일하고 있는 친구들과 편안하게 이야기를 해보기로 한다.

학교사회복지는 학생들의 학교적응과 사회적 기능을 향상시키기 위하여 지역사회의 자원을 연계하여 학생과 그 가족들의 문제해결을 돕는 전문적인 원조활동이다(Hare, 1995). 학교사회복지실천은 궁극적으로는 학교 교육목적 달성을 목적으로 생태체계적 관점에서 학생, 교사, 학교, 가정, 지역사회 등 다양한 체계에 개입하며, 개별상담, 집단 프로그램, 자원 개발과 연계 등의 활동을 통해 이루어진다.

김연옥 · 이상균(1998)은 학교사회복지실천 단계를 진입 전 단계, 탐색 단계, 적응 단계, 협력 및 정착 단계의 4단계로 설명하였는데, 당시 시범사업으로 학교사회복지에 대한 이해가 부족한 학교체계 내에서 학교사회복지사가 학교 내에 정착하기까지의 과정으로 기술한 점이 특징이다. 윤철수 등(2006)은 준비 및 사정 단계, 실행 단계, 평가 및 종결 단계의 3단계로 제시하는데, 본 장에서는 이를 기반으로 준비 단계, 사정 및 계획 단계, 서비스 실행 단계, 평가 단계의 4단계로 학교사회복지실천 과정을 살펴본다.

1) 준비 단계

(1) 학교사회복지사 자신에 대한 사정

준비 단계에서는 본격적인 학교사회복지 서비스 계획 수립에 앞서서, 학교사회복지사 자신에 대한 사정과 교직원과의 관계 형성 및 학교 내 협력체계 구성이 주요 과업이다.

Harris 등(2008)은 문화적, 윤리적, 인종적 다양성에 대한 자신의 가치와 신념, 태도와 기대, 지식과 실천 역량의 세 가지 차원에서 학교사회복지사 자신에 대한 사정이 필요하다고 하였다. 아동권리협약 비준 이래로 학생 인권에 대한 인식이 확대되고, 우리 사회가 결혼이주여성, 북한 이탈 주민, 이주 노동자, 난민 등의 증가로 빠르게 다문화 사회로 변화하고 있지만, 이들에 대한 차별과 혐오 또한 존재하고 있는 현실이다. 학교사회복지사 역시 개인적인 가치가 사회복지의 가치와 상충되거나, 학교교육 가치와 상충되는 환경에 놓일 수 있다.

학교사회복지사의 자기 사정은 이러한 자신의 가치와 신념, 태도와 지식을 전문적 실천 역량의 차원에서 점검하고 클라이언트에게 최선의 서비스를 제공할 수 있는 준비라 할 수 있다. 학교사회복지사가 다문화 사회에서 있는 그대로의 클라이언트를 수용하고 비심판적 태도를 갖는 것은 클라이언트와 관계를 형성하는 데 절대적으로 필요한 요소이다(Biestek, 1961).

(2) 관계 형성

준비 단계에는 학교사회복지 서비스 계획 수립을 위하여 학생, 학부모, 교직원, 지역사회와의 관계 형성이 포함된다. 관계 기반의 실천은 자신과 타인을 이해하고 상호 관계를 형성하는 데 도움이 된다. 부담 없이 학교사회복지실을 방문할 수 있도록 학교사회복지실의 분위기를 조성하고, 학생, 학부모, 교사, 지역사회기관의 담당자 등 만나게 되는 모든 사람에게 인사와 밝은 표정 등 언어적, 비언어적으로 환대하는 태도는 관계 형성의 기반이 된다.

Dupper(2003)는 학교의 정치적 환경에 대해 언급하면서, 20:60:20의 상황을 설명하고 어떻게 학교사회복지사가 교사에게 접근을 해야 하는지를 제안하였다. 학교 조직 체계 내에는 20%의 변화 중개자와 20%의 방해자, 60%의 방관적인 태도를 보이는 교직원이 존재한다. 학교사회복지사는 20%의 방해자에게 에너지를 쏟고 실망하고 분노하기보다는, 20%의 변화 중개자와 협력적 관계를 통해 학생 문제해결의 성과를 이루며, 이 성공 경험을 통해 60%의 방관자를 변화 중개자로 바꾸는 노력을 하도록 제안한다. 준비 단계에서의 관계 형성은 이에 대한 기초라 할 수 있다.

(3) 협력체계 구성

교직원과의 관계 형성이 개인적인 차원에서 이루어진다면, 협력체계 구성은 교육청이나 상위체계에서 안내된 지침에 따라 조직체계적인 차원에서 공식적으로 이루어진다. 대부분 학교 내에 학교사회복지 사업운영협의회를 학교 관리자, 부장교사, 학교사회복지 담당 교사 및 학교사회복지사로 구성하는데, 학교사회복지 서비스의 계획 수립, 예산 집행 관리, 평가의 전반적인 학교사회복지 사업을 관리한다. 또한, 각 사업별로 실무자들을 중심으로 실무 협의회를 구성하기도 한다. 이와 같은 공식적 협력체계 외에도 학교사회복지사는 비공식적 모임에 참여하며 협력체계를 확산시켜 나간다.

2) 사정 및 계획 단계

사정 및 계획 단계는 학교사회복지실천을 실행하기에 앞서 자료수집, 분석, 목표 설정 및 학교사회복지 서비스 계획 수립이 이루어지는 전 과정을 말한다. 개별 학생과 학부모 대상으로 서비스를 제공하는 경우, 사정 단계에서 주요 표적 문제, 목표 설정, 서비스 계획, 비밀보장이나 서비스 철회에 대한 고지 등을 정리하여 계약을 체결한다.

학교사회복지 서비스는 학생과 가족, 학교체계 및 지역사회체계를 대상으로 미시적 수준에서 거시적 수준에 이르는 실천 영역을 포괄한다. 그러므로 사정 단계에서는 해당 학교의 표적 문제와 관련된 정보와 학생과 환경체계를 이해할 수 있는 자료수집과 분석을 통해 이루어진다.

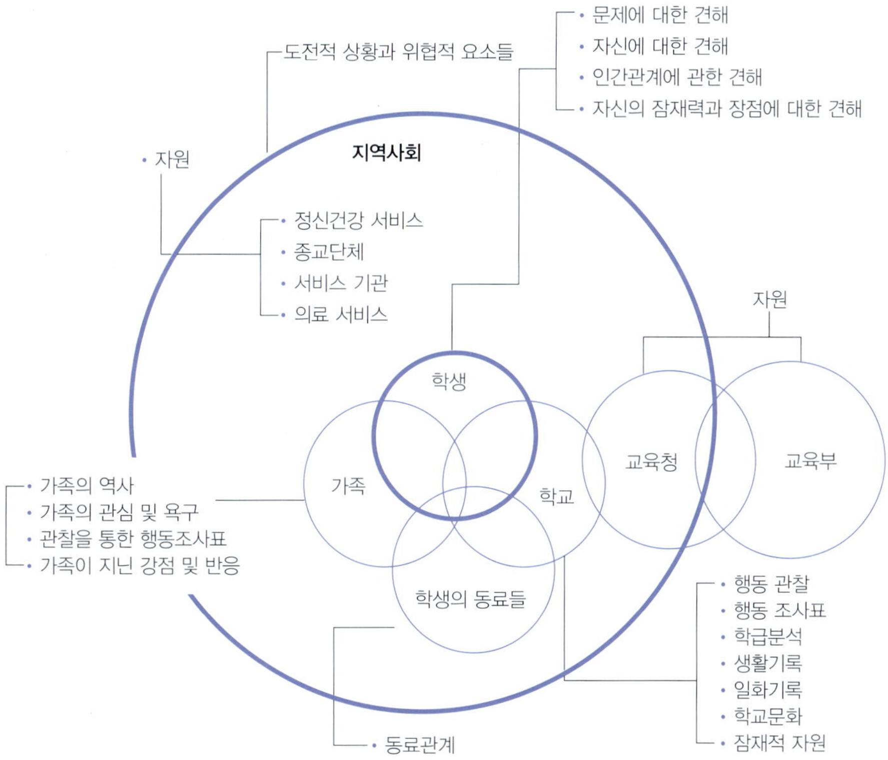

[그림 6-1] 학교사회복지의 사정 내역 및 분야

출처: 홍금자 · 이경준(1998). p.74.

(1) 자료 수집과 분석

사회복지실천에서 사정은 생태체계적인 관점에서 클라이언트의 문제해결을 증진시키기 위한 요인과 이에 장애가 되는 요인을 이해하기 위한 과학적이고 체계적인 과정이다. 관찰, 설문조사, 인터뷰, 초점 집단 인터뷰 등의 다양한 방법을 통해 자료를 수집하고, 수집된 자료에 대한 분석을 통해 클라이언트와 환경체계의 상호작용, 환경의 요구와 클라이언트의 대처능력과 활용 가능한 자원과 장애물을 이해하게 된다. 학교사회복지사들은 학생의 사회적, 정서적, 행동적 그리고 교육 성과를 개선하기 위한 목적으로 개인, 가족, 체계/조직(즉, 교실, 학교, 동네, 시 · 군 · 구, 시 · 도)에 대해 사정을 수행한다(NASW, 2012). 우리나라 학교에서 사정에 필요한 자료 수집을 개인 수준, 학교 수준, 지역사회 수준에서 학생, 학부모, 교사체계를 중심으로 목록화하면 다음과 같다.

〈표 6-1〉 학교사회복지 대상체계 및 개입 수준별 사정 목록

	개인 수준	학교 수준	지역사회 수준
학생	• 심리, 정서, 행동적, 경제적, 신체적 욕구 • 대인관계(또래, 가족, 교사 등) • 학교생활(학업 수행, 수업태도, 무단결석, 학교생활 만족 등) • 진로(진학, 취업 등)	• 중도탈락률 • 징계율 • 학교폭력 발생률 • 폭력집단 • 보호관찰 대상 학생 • 장애학생, 빈곤학생, 다문화 가정 등 특별한 욕구가 있는 학생 수	• 지역 내 소년 범죄율 • 아동성범죄 • 심리 · 정서 · 행동 문제 해결을 위한 지역사회 관련 기관 • 경제적 원조가 가능한 기관 • 장애, 다문화, 난민, 이주민 등 특별한 욕구와 관련된 기관 • 지역사회 위험요인과 보호요인
학부모	• 심리, 정서, 행동적, 경제적, 신체적 욕구 • 대인관계(부모-자녀 관계, 부모-교사 관계, 부모-부모 관계 등)	• 교내 학부모 조직 (녹색어머니회, 학부모회 등) • 학부모 학교교육 참여도 • 학부모의 학교 기대	• 지역사회 학부모 직업 • 지역사회 주거 환경 • 지역사회 학부모 동호회(맘카페 등) • 건강가정(다문화 가족)지원센터 등 지역사회 가족 지원 기관
교사	• 심리, 정서, 행동적, 경제적, 신체적 욕구 • 대인관계(교사-학생 관계, 교사-교사 관계 등) • 교육과정운영(자원연계 욕구 등) • 교사교육/연수 프로그램 욕구	• 학교 조직체계(업무 분장, 부서 등) • 교사의 경력 분포 • 교사의 학교 기대 • 학교 문화(분위기) • 공식적(노조, 교총 등), 비공식적 모임 • 권력 구조	• 지역사회 교육단체(교원 노조, 시민단체 등) • 교육청 • 교육위원회 위원 • 교육지원 사회적 기업

(2) 욕구 사정

도시와 농촌, 구도심과 신도시, 주거 지역과 상공업 지역 등 학교가 속한 지역사회는 주거 환경, 활용 자원, 안전 등에서 차이가 있으며, 학부모의 직업, 학생의 진로, 학교와의 연계 협력과 관련이 있다. 그러므로 학교사회복지사는 학교가 갖고 있는 일반적인 문제에 대한 사정과 학교에서 활용할 수 있는 내부와 외부 자원에 대한 사정, 지역사회나 학부모의 학교에 대한 요구 등에 대한 전반적인 사정과 함께 특별히 중장기적으로 해결해야 하는 과제와 해당 연도에 중점적으로 다루고자 하는 과제를 선정하기 위해 다양한 구성원들의 욕구를 파악할 필요가 있다.

일반적으로 초등학교와 중 · 고등학교는 매우 다른 조직체계와 학교 문화를 갖고 있으며, 학생과 학부모의 욕구도 차이가 있다. 또한 초등학교라 하더라도 저학년의 욕구와 고학년의 욕구가 서로 다르다. 초등학교 저학년은 학부모들의 높은 기대와 학생에 대한 돌봄이 요구되며, 고학년의 경우 상대적으로 학부모들의 기대와 요구는 감소하지만 학생들의 문제 행동과 학생 간, 학생과 교사와의 갈등이 증가하는 특성을 갖는다.

욕구 사정은 중장기 계획에 따른 3년이나 5년 주기로 학생, 학부모, 학교, 지역사회를 대상으로 욕구조사 및 자원조사를 통해 이루어질 수 있으며, 해마다 새로 학교체계에 들어오는 학생, 학부모, 교직원에 대해 추가적으로 시행될 수 있다. 또한 학교교육 연간계획 수립을 위한 학생, 학부모, 교직원 대상의 학교교육 전반에 걸친 전년도 평가 결과를 활용할 수 있다. 체계적 관점에 따라 학교 조직 체계를 이해하기 위해서 학교의 연간교육계획서는 좋은 자료가 된다.

(3) 계약

클라이언트의 문제해결을 위한 목표를 설정하고, 개입 방법에 관한 계획이 수립되면, 서비스 계약을 진행한다. 일반적인 서비스 계약은 구두계약이나 암묵적 계약으로, 서비스 동의에 대한 의사를 확인하는 것으로 대체되기도 하지만, 집중 사례관리가 이루어질 때는 보호자와 학생의 서면 동의를 받는 것도 중요하다. 계약서에는 서비스 목표와 개입 계획, 클라이언트의 정보에 대한 비밀보장과 서비스 철회 절차 등을 포함한다.

개별 개입이 아닌 학교체계에 대한 개입이나 학교사회복지실 연간계획 수립에서는 별도의 계약은 아니지만, 내부 협의체를 통해 학교의 주요 표적 문제와 목표설정, 서비스 계획 전반에 관해 논의하고 동의를 거쳐 확정짓는 과정이 포함된다. 또한 지역사회체계에서 학생 문제해결을 위한 서비스 연계기관과 학교가 상호 목적과 서비스 계획을 합의하여 협약을 맺고 계약서(MOU협약서)를 작성한다.

3) 실행 단계

실행 단계는 수립된 학교사회복지 서비스 계획을 실행하는 단계이다. 실행 단계의 주요 과업은 계획된 서비스의 제공, 욕구 충족과 문제해결의 변화를 모니터링하는 일이다. 직접적인 서비스 제공과 서비스의 연계, 중간평가회, 교사 및 지원기관과의 협력 등 간접적인 실천이 모두 이루어진다.

(1) 종합사회복지관과 같은 학교사회복지실

사정 단계에서 우선적으로 해결되어야 할 학교사회복지 서비스의 목표가 설정되었다면, 임상적인 학생과 가족을 위한 학교사회복지 서비스 개입과 더불어, 해당 연도의 표적이 되는 문제와 서비스 목표 달성을 위한 다양한 수준에서의 개입을 진행한다. 실행 단계에서는 교사, 학부모 및 지역사회의 연계와 협력이 요구되며, 학교사회복지사는 서비스의 점검과 조정, 체계 사이의 갈등을 중재하며 원활한 소통과 자원이 교환될 수 있도록 개입한다.

장애인식교육, 학교폭력 예방교육, 성교육 등을 제공할 수 있는 전문기관이나 전문 인력이 풍부한 지역의 학교에서는 관련된 지역사회 자원을 연계하며, 자원이 부족한 곳에서는 학교사회복지사가 직접 프로그램을 기획하고 운영한다. 학교사회복지실이 하나의 종합사회복지관이라고 불리는 이유도 개별 상담, 소집단 프로그램, 지역사회 자원 개발과 연계 등이 모두 이루어지는 곳이기 때문이다.

(2) 협력체계와 모니터링

학교사회복지 서비스의 효과적이고 효율적인 전달과 이에 대한 점검은 준비 단계에서 구성된 학교 내 협력체계의 역할과 밀접하게 관련되어 있다. 정기적, 비정기적인 사업운영협의회와 실무협의회는 학교사회복지 서비스가 학교체계 내에서 이루어지는 것에 대한 책임과 권한을 공유하고 협력과 소통에 도움이 된다. 때에 따라서는 교사가 협력체계로 직접 프로그램을 운영하여야 하는 경우(예를 들면, 사제동행 프로그램 등)도 있는데, 진행 정도나 운영상의 어려움 또는 프로그램을 통해 발견되는 학생의 새로운 욕구 등을 점검하기 위하여 되도록 함께 중간 평가를 실시하는 것이 좋다.

(3) 서비스 내용 홍보

실행 단계에서 유의해야 할 점 한 가지는 학교사회복지사가 하는 일, 학교사회복지실에서 운영하는 프로그램 등에 대해 학교체계와 공유하는 일이다. Dupper(2003)는 학교의 정치적 환경 속에서 갈등을 피하고, 학교사회복지사의 입지를 공고히 하기 위한 전략들을 제시하고 있다. 또한 학교사회복지사 자신과 서비스에 대한 홍보는 학생들의 삶의 질 향상을 위해서, 교사가 학교사회복지를 이해하고 심리정서행동적 문제가 있거나 지역사회 자원 연계가 필요한 학생에게 신속히 개입할 수 있도록 의뢰할 수 있게 돕는다.

학교사회복지사는 매월 활동 보고를 통해 학교사회복지실에서 어떤 서비스가 이루어지고 있으며, 내방하는 학생들이 주로 어떤 문제를 갖고 오는지, 지역사회와 어떻게 협력하고 있는지를 충분히 알릴 필요가 있다. 실행 과정 중간에 이러한 활동 보고는 서비스가 원활히 지원될 수 있도록 도우며, 필요에 따라 사업을 주관하는 교육청이나 재단 등에서 의무적으로 요청하기도 한다. 다음은 학교사회복지 서비스가 이루어졌던 한 고등학교의 사례이다. 이와 같은 복지실 서비스 안내는 교직원회의에서 공유하고 간략히 설명할 수 있다.

〈고등학교 학교사회복지실 5월 활동 보고서〉

□ 4월 주요 활동 내용

- 학교폭력 예방교육(창의적 체험활동):
- 진로적성검사(1학년 전체, 진로상담부 협조): 4월 10일
- 정신보건센터 결연학생 intake
- 징계학생 사회봉사 00종합사회복지관 의뢰
- 소년분류심사원 대안교실 – 입소 의뢰 및 인솔
- 사례회의: 4월 15일
- 학비 지원
- 00지역 청소년 약물남용 예방 공동체 운영위원회의
- 보호관찰 학생 경과 보고
- 가족상담

□ 주요 활동별 세부 내용

	내 용	대 상
개별활동	학생 개별 상담	– 희망 신청 학생 00명
		– 교사 의뢰 학생 00명
		– 사회복지실 발견 학생
	교사 면담	– 프로그램 진행 관련 협의
	학부모 상담	– 학생 상담 및 지원 관련
	사이버상담실 운영	– 전교생
집단활동	진로탐색 집단상담	– 신청학생
	징계학생 사회봉사	– 사회봉사 처분 학생
복지실	생일 축하 이벤트	– 신청 학생
	점심시간 프로그램	– 학교사회복지실 이용 학생
교육활동지원	창체활동	– 1학년 전체
	학급 개입	– 적응활동 프로그램(전교생)
	특수반(미술놀이)	– 특수학급 학생
	학생 사례관리	– 보호관찰 대상
외부연계활동	사업 공동 진행	– 00지역 청소년 약물 예방 협의체 20여 개 기관
	의뢰 및 협력	– 마약퇴치운동본부 지부 – 보호관찰소, 서부지소 – 지방노동청 – 병원 사회사업실 – 교육청 – 소년분류심사원 – 복지관
	후원	– 한국복지재단
	기타	– 00구사회복지협의회
		– 실습생 교육

□ 5월 활동 계획

- 약물 고위험군 학생 치료집단 프로그램(11회기)
- 멘토링 프로그램 개시
- 진로상담부 적응활동(양성평등) 5월 11일
- 간부학생 리더십 향상 집단활동 (1, 2회기)
- 창체활동 프로그램 만족도 분석 및 보고
- 자원봉사단 2기 모집 및 1차 교육
- 저소득 학생 파악 및 지원(00복지관 협력 사업)
- 교실카페 개소 작업

□ 학년별 개별상담 통계

(단위 : 명)

	1학년		2학년		3학년		총계	
4월	10명		27명		30명		67명	
	자발 6명	의뢰 4명	자발 12명	의뢰 15명	자발 16명	의뢰 14명	자발 34명	의뢰 33명

□ 상담내용 문제 유형별 분류

(단위 : 명)

유형	진로	이성문제	결석지각	학교생활	학교폭력	가정환경	경제지원	보호관찰	자원연계	부모상담	기타	심리정서	심리검사	계
4월	5	3	2	3	4	3	17	2	8	9	8	3	15	82

□ 프로그램별 이용 현황

(단위 : 건, 명)

	개별 활동	집단 활동	가정 연계 활동	교사 연계 활동	수업 연계 활동	지역사회 연계 활동	학생 복지 향상	특별 프로그램	계
4월	82	22	18	16	24	8	10	2	132

4) 평가 단계

평가 단계는 사정 단계에서 이루어진 학교사회복지 서비스 계획의 목표에 대한 평가 계획에 따라 실시된다. 개별 상담이나 소집단 프로그램 등에서 각각 평가가 이루어지지만, 이를 종합하여 학년말에 학교사회복지 서비스 전반에 걸친 평가가 진행된다. 사정과 마찬가지로 평가 단계도 관찰, 개별 인터뷰, 초점 집단 인터뷰, 설문조사 등 다양한 방법을 활용하여 이루어지는 과학적이고 체계적인 과정이다. 수집된 양적, 질적 자료의 분석과 함께 이를 보고서로 작성하고 그 결과를 공유하는 것은 평가 단계의 주요 과업이다. 학교사회복지사는 예산 집행의 투명성, 계획된 서비스의 전달, 기대하였던 서비스 대상의 변화 정도, 주요 성과와 부족한 부분에 대한 내용을 학교체계 내외부와 공유하게 된다.

학교 내부 평가는 주요 사업운영협의회에서 이루어지며, 학교 외부 평가는 교육청이나 사업을 주관하는 기관에서 실시된다. 평가 결과는 결과보고서와, 최근에는 전산화되어 주요 서비스 결과 내용을 입력하는 형태로 되고 있다. 평가 단계에서 파악된 주요 성과와 문제점은 차년도 계획 수립에 반영되어야 더 양질의 서비스가 개발될 수 있으며, 동일한 실수가 반복되는 것을 예방할 수 있다. 학교사회복지사는 다양한 영역에서 학교사회복지 서비스의 효과성을 파악하게 되는데, 주요 성과에 대해 학교 내부 교직원회의에서의 공유와 함께 언론 보도자료, 학교 홈페이지, 동문회, 학부모회, 지역사회 소식지 등을 통해 외부와 공유하는 것도 매우 중요하다고 할 수 있다. 보다 세부적인 학교사회복지실천의 평가는 제11장에서 다루었다.

2. 사례관리

〈학교사회복지사 이야기2〉

처음 성춘향(중3)이 전학을 왔을 때는 아버지와 함께 학교에 왔고, 별다른 문제가 없는 것처럼 보였다. 원래 섬이 집인데, 앞으로 도시에서 공부를 시키려 도시에 왔다고 담임 교사는 말했다. 성춘향이 문제가 된 것은 자신에게 아이가 있다고 친구들에게 사진을 보여주기 시작하면서였다. 몇몇 학생은 집에 이야기를 했고, 학부모들이 교장실을 찾았다.

담임 교사가 성춘향을 학교사회복지사에게 의뢰하여 만나보니 지적장애가 의심되고, 엄마가 결혼이주여성이고, 섬지역 이웃 주민들에게 성폭행을 지속적으로 당하고 최근 출산을 하였으며, 아동보호전문기관에 의해 도시 지역 조부모 집에 오게 된 것을 알게 되었다. 또한 다문화가정지원센터의 지원을 계속 받고 있는 점도 알게 되었다.

성춘향의 아이는 결혼이주여성인 이모가 같은 도시에서 돌봐주고 있다. 성폭력 가해자가 한두 명이 아닌 이웃 여러 주민들이라는 점, 아버지의 생업으로 섬을 떠날 수 없는 점, 성춘향과 친모 모두 아버지에 의한 가정폭력에 시달려 왔던 점, 현재 조부모의 언어폭력에 시달리고 있는 점 등, 성춘향과 관련된 기관을 통해 파악된 정보들을 보면, 성춘향이 지금껏 전학 이후 학교생활을 원만히 해 온 것이 대단하게 여겨질 정도였다. 그러나 다문화가정센터와 아동보호전문기관은 서로 전혀 이 가정의 사례를 공유한 적이 없었고, 현재 조부모의 경우도 위탁가정인지도 불분명했다. 학교사회복지사는 내부 회의와 보호자의 동의를 거쳐, 일단 성춘향과 관련된 기관들에게 사례회의 협조 공문을 발송했다. 사례회의에서 현재 진행되는 서비스를 점검하고, 상호 협조가 필요한 것으로 보인다.

1) 사례관리의 이해

일반적으로 사례관리란 복합적이고 만성적인 문제를 안고 있는 클라이언트에 대해 여러 기관이나 서비스가 개입되어야 하는 경우에, 효과적이고 효율적인 서비스 전달을 위하여 사례회의를 통해 서비스의 조정과 점검이 이루어지는 과정을 말한다. 사회복지 초창기의 인보관인 Hull House나 Herry Street Settlement House에서 사례관리 개념이 도입되었으나 실질적으로 미국 사회에 크게 확산된 것은 1980년대 초반이다.

우리나라의 경우 1993년 「노인복지법」과 1995년 「정신보건법」이 개정되고 재가복지와 지역사회 정신보건사업이 필수 사업이 되면서 사례관리가 크게 확산되었다. 이제 사례관리는 정신 장애인을 포함하여 빈곤 가족, 노인, 장애인, 아동 등으로 확대되었으며, 아동 · 청소년의 경우는 학교사회복지, 지역아동센터, 교육복지우선지원사업 등의 핵심적인 기능으로 다루어진다.

특히, 강점 기반의 사례관리는 퇴원 후 정신장애인의 지역사회보호를 위한 사례관리에서 강점관점 실천 원리를 적용하면서 시작하였다(Rapp, 2006). 강점 기반의 사례관리는 사례관리자와 클라이언트가 파트너로 강점 사정, 목표 설정과 이를 달성하기 위한 구체적인 계획과 자원 개발, 모니터링 및 평가에서 협력적으로 진행하며, 클라이언트의 자기결정권을 존중한다(Burn & Rapp, 2001). 그러므로 학교사회복지사는 소비자로 학생과 파트너십을 갖고, 사정, 개입, 평가의 전 과정에서 학생의 참여와 자기결정권을 존중하여, 서비스 전달 과정에서 학생이 소외되거나 무기력하지 않고 스스로의 변화과정을 주도하도록 원조한다.

빈곤 가정, 학대아동 보호에서 학교사회복지사는 사례관리를 수행하는 유리한 위치에 있다(Ballew & Mink, 1996). 학교는 초등학교, 중 · 고등학교의 재학 기간 중 지속적으로 학생의 변화를 관찰하고 서비스를 제공할 수 있는 가장 이상적인 공간이다. 학교사회복지사는 학교체계 내에 있기 때문에 가족에게 위협적이지 않고, 신뢰감을 주며 가정–학교–지역사회를 연계하는 데 효과적이다.

또한 아동보호전문기관이나 가정위탁지원센터 등 지역사회기관에서 아동 · 청소년에게 접근하기에는 학교와 학원을 다니는 학생들의 바쁜 일과로 매우 어렵지만, 학교에서는 학생들과 손쉽게 상담하고 담임 교사나 또래와의 관계를 통해 학생의 회복과정을 관찰하기에 매우 용이하다. 학교사회복지사는 이들 외부 기관과의 사례협의를 이끌고 필요한 서비스를 연계하고 중복된 서비스나 서비스의 누락을 조정하며, 학생과 동반자가 되어 학생과 가족의 자원 활용 능력을 키우는 데 도움을 준다.

2) 학교사례관리

학교사회복지에서 사례관리는 주요한 실천기술이다(이상균 · 윤철수, 2010; 김혜래 · 오창순, 2010). 그럼에도 현장에서는 사례관리의 개념이나 실천이론, 실천 모델, 사례관리자의 역할에 대한 혼란 등으로 어려움을 겪고 있으며(김상곤, 2010), 업무 과다로 사례관리에 투입할 시간의 부족, 전문지식 부족, 표준화된 매뉴얼 부재에 대한 문제점을 갖고 있는 것으로 나타났다(소영호, 2014).

윤철수와 배성우(2014)가 조사한 결과, 학교 현장에서 집중 지원 사례관리 아동은 평균 13.5명이며, 교내 사례회의 개최는 22%에 불과하였고, 통합 사례회의도 29%에 불과한 것으로 나타났다. 이들은 학교 현장에서의 사례관리를 위한 교육과정, 사례관리 운영지침이나 사례관리 표준지침의 필요성을 역설하였다. 미국의 NASW나 우리나라는 별도의 학교사례관리 표준을 갖고 있지 않으나, 호주에서는 중고등학생 정신건강 증진을 위한 효과적인 학교사례관리의 준거틀을 개발하였다. 여기에서는 이를 개발한 De Jong(2006)의 지침을 요약하여 제시한다.

먼저, 학교사례관리는 '지원이 필요한 학생들의 욕구 충족을 위하여 학생 중심으로 설계된, 양질의 서비스를 전달하는 협력 과정'으로 정의하고 있다. 효과적인 학교사례관리의 5가지 원칙은 다음과 같다.

효과적인 학교사례관리의 원칙

1. 학생의 건강과 안녕의 증진
2. 개별화된 과정
3. 법적 인권, 사생활과 비밀보장의 유지
4. 비차별적이고 문화적으로 적절한 실천
5. 효율적이고 목적이 있는 관리 과정

이를 위한 학교사례관리의 핵심 목적은 다음의 7가지로 제시하고 있다.

학교사례관리의 핵심목적

1. 지원이 필요하더라도, 학교체계 내외에서 학생들이 자신의 능력을 최대한 활용할 수 있도록 한다.
2. 학생이 유의미한 학습에 참여하도록 한다.
3. 활동 계획을 개발, 점검, 실행, 평가한다.
4. 서비스 제공자들 간의 조정과 협력을 통해 빈틈없는 서비스를 전달한다.
5. 학생과 부모/보호자가 서비스 제공자들에게 접근할 수 있도록 한다.
6. 적극적으로 학생과 부모/보호자가 의사결정과정에 참여하며 권한을 부여한다.
7. 지원이 필요한 학생을 돕는 교사와 교직원을 원조한다.

3) 사례관리 과정

사례관리의 일반적인 과정은 접수, 사정, 계획 수립, 개입, 종결 및 평가, 사후 관리의 단계로 이루어진다.

(1) 접수 단계

접수 단계에서 학교사회복지사는 학생의 자발적 신청, 교사나 학부모의 의뢰 또는 학교사회복지사의 발굴에 의해 사례관리 대상 학생과 접수 면담을 하게 된다. 이 밖에도 최근 아동학대 사건이나 학교폭력 등으로 아동보호전문기관, 소년 경찰 등에 신고되어 학교로 의뢰가 들어오거나 다문가정지원센터나 건강가정지원센터, 지역아동센터, 청소년방과후아카데미, 보호관찰소 등 외부 기관에서 발굴된 사례가 학교로 접수되는 경우도 있다.

접수 단계에서는 초기 면담을 통한 학생의 주요 호소 문제를 파악하고 양가감정 해소와 학교사회복지사와 학생과의 신뢰 관계를 형성하는 것이 주요 과업이다. 학교사회복지사는 특히 비자발적으로 의뢰된 학생의 감정을 이해하고 편안한 분위기 조성과 진심으로 학생에 대한 지지와 격려를 보내며 협력적인 관계를 형성하도록 한다. 앞서 살펴본 동기강화 면담은 비자발적으로 의뢰된 학생과의 의사소통에 유용하다.

학교사회복지사는 접수 단계에서 학생에게 상담신청서 작성을 요청하거나 초기 면담을 통해 주요 호소 문제와 학생과 관련된 환경체계에 대한 개략적인 파악을 한다. 상담신청카드 양식의 예로 서울시교육청(2020)의 초기면담기록지는 다음과 같다.

초기면담기록지

<table>
<tr><td colspan="2">일 자</td><td>년 월 일 ~ (시간)</td><td colspan="2">작성자</td><td></td></tr>
<tr><td rowspan="8">학생 기초 현황</td><td>성 명</td><td></td><td colspan="2">학 번</td><td></td></tr>
<tr><td rowspan="3">주 소</td><td rowspan="3"></td><td colspan="2">자택(Tel)</td><td></td></tr>
<tr><td rowspan="2">핸드폰</td><td>본인</td><td></td></tr>
<tr><td>보호자</td><td></td></tr>
<tr><td>건 강</td><td colspan="4">종합: ☐ 매우 양호 ☐ 양호 ☐ 보통 ☐ 불량 ☐ 매우 불량
장애: ☐ 무 ☐ 유(장애명: 발생/진단 시기:)
질병: ☐ 무 ☐ 유(질환명: 발생 시기:)
(약물복용 및 기타 치료상황:)</td></tr>
<tr><td>심리 · 정서</td><td colspan="4">☐ 가족갈등 ☐ 불안/우울 ☐ 사회성 부족 ☐ 진로선택의 어려움
☐ 교우관계 ☐ 소극적 성격 ☐ 과잉행동/주의력 결핍
☐ 본인의 신체장애 ☐ 기타( )</td></tr>
<tr><td>학교 생활태도</td><td colspan="4">☐ 음주/흡연 ☐ 이성 문제 ☐ 폭력 사용 ☐ 가출 ☐ 도벽
☐ 상습결석/지각 ☐ 학습 부진 ☐ 수업태도 나쁨 ☐ 음란물 시청
☐ 인터넷 중독 ☐ 교사와의 갈등 ☐ 기타( )</td></tr>
<tr><td>학습능력</td><td colspan="4">☐ 기초학력 부진 대상자 ☐ 교과 부진 대상자(부진교과:)
☐ 특별보충 대상자 ☐ 학력 보통 ☐ 학력 우수
☐ 기타 학습 관련 사항( )</td></tr>
<tr><td colspan="2" rowspan="2">가족 현황</td><td colspan="4">예시) 조모(장애 2급), 부(지방거주), 형(**초 4학년)</td></tr>
<tr><td colspan="4">☐ 국민기초생활보장 수급자 ☐ 법정 한부모 ☐ 법정 차상위
☐ 교육비 지원 대상 ☐ 그 외 경제적 담임 추천</td></tr>
<tr><td colspan="2">필요로 하는 지원</td><td colspan="4">향후 학생에게 제공되었으면 하는 지원을 모두 체크해 주세요.
☐ 상담(심리검사) ☐ 의료 지원(치료, 정신건강 검사 등) ☐ 가정 지원
☐ 장학금(경제적 지원) ☐ 학습 지원(멘토링) ☐ 학교교육 경비
☐ 기타( )</td></tr>
<tr><td colspan="2">담임 의견
(작성자 소견)</td><td colspan="4"></td></tr>
</table>

출처: 서울시교육청(2020). p.217.

(2) 사정 단계

사정 단계에서 학교사회복지사는 위기 사정, 학생과 가족의 욕구 사정 및 욕구 충족을 위한 자원을 사정하고, 내부 사례회의를 통해 집중 사례관리와 일반 사례관리의 대상 여부를 확인한다. 즉각적인 개입이 요구되는 위기 개입이 필요한 경우는 더 긴급히 사례관리팀이 소집되어야 할 것이다.

사정은 사회력, 발달력, 가족력에 관한 정보를 수집하고, 가계도와 생태도를 통해 가족 관계와 주요 자원과 환경체계와의 관계를 파악하는 방법이 가장 일반적이다. 사정 단계에서 얻어진 가계도, 생태도, 표준화된 척도와 자기보고식 척도는 평가에도 활용될 수 있다. 개입을 통한 학생 개인, 가족 관계, 생태도의 지지체계의 확대와 관계 개선, 표준화된 척도와 자기보고식 척도의 변화 정도를 통해 개입의 효과를 평가할 수 있다.

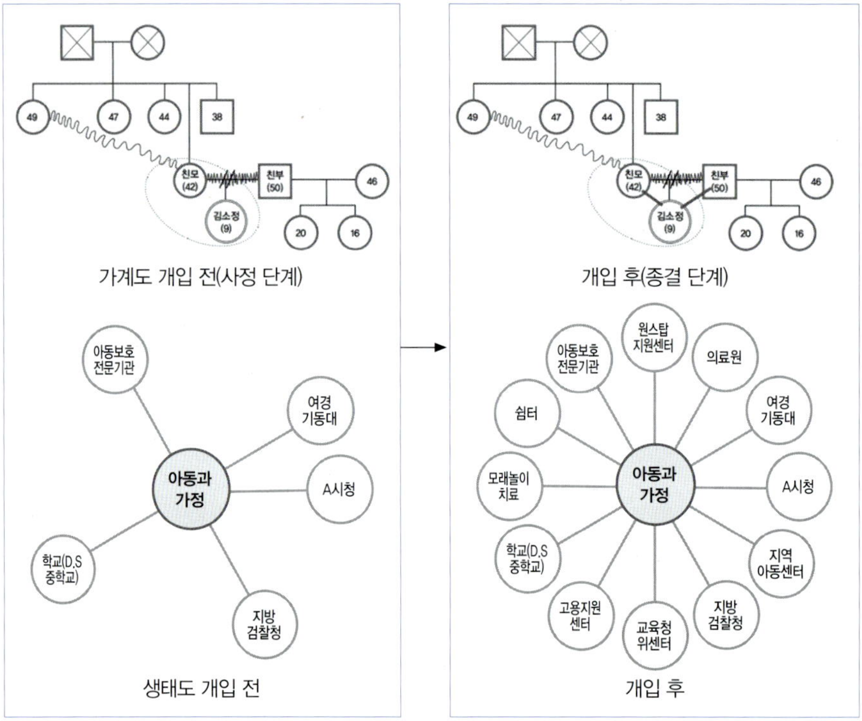

[그림 6-2] 가계도 및 생태도의 변화

또한 표준화된 척도를 활용한 심리정서행동에 관한 심리검사 도구와 자기보고식 척도를 통해 목표를 설정할 수 있다. 학생 대상으로 많이 활용하는 표준화 척도들은 다음과 같으며, 학교사회복지사는 개별 개입을 위해 이를 적절히 활용할 수 있다.

〈표 6-2〉 학생 대상 표준화된 사정 도구

명 칭	저자, 출처	내 용
학생정서 · 행동특성검사 도구(초등 CPSQ-Ⅱ, 중등 AMPQ-Ⅲ)	교육부(2020a)	초등 65문항, 중등 63문항, 성격요인, 정서 행동문제 등
아동 · 청소년정서행동평가척도 (K-CBCL)	Achenbach(1991) 오경자 등(1997)	내재화 문제(불안/우울, 위축/우울, 신체증상), 외현화 문제(규칙위반, 공격행동), 사회적 미성숙, 사고 문제, 주의집중 문제, 기타 문제
청소년용 다면적 인성검사 (MMPI-A)	김중술 등(2005)	478문항 10개 임상척도(건강염려증, 우울증, 히스테리, 반사회성, 여성성-남성성, 편집증, 강박증, 정신분열증, 경조증, 사회적 내향성), 성격병리 등
자아존중감	Rosenberg(1965)	10문항
자기효능감	Chen 등(2001)	8문항
일상적 스트레스 척도	한미현 · 유안진 (1995)	27문항. 가정환경 영역, 친구 영역, 학업 영역, 교사/학교 영역으로 점수가 높을수록 스트레스 경험이 많음
특수교육 적응행동척도 KNISE-SAB	국립특수교육원	개념적 적응행동, 사회적 적응행동, 실제적 적응행동
청소년 대처 척도 Youth Coping Scale	Alca(1989)	60문항. 능동적 대처, 부정, 정서적 · 사회적 지지, 유머, 도구적 · 사회적 지지, 정신적 이탈, 계획, 종교적 대처, 감정 발산
또래폭력에 대한 태도	Rigby & Slee(1993) 이상균(1998)	12문항. 또래 폭력에 대해 허용적, 방관적 태도, 피해학생에 대한 인식
부모유대관계척도	Parker, Tupling & Brown(1979) 이상균(1998)	18문항 보호적 양육태도, 방임적 양육태도
청소년용 회복탄력성 검사지(축약버전)	김주환 서울시교육청(2020)	18문항. 자기조절능력, 대인관계능력
학생 역량 검사지(관계 중심)	김유리 · 최진혜 (2017) 서울시교육청(2020)	23문항 학교적응, 자아존중감, 공감능력

(3) 계획 수립 단계

계획 수립 단계에서는 서비스 개입 계획과 사례관리 학생 및 보호자와의 계약, 서비스 제공 기관과의 계약을 수행한다.

사례관리 대상의 선정과 지역사회 자원을 연계하는 계획이 수립되기에 앞서 내부 사례관리팀과 외부 사례관리팀의 조직이 구성되어야 한다. 내부 사례관리팀은 대체로 학교사회복지사를 포함하여 부장교사, 위클래스 전문상담(교)사, 학교 관리자나 관련 부서의 부장교사가 포함될 수 있다. 내부 사례관리팀은 접수된 학생의 사례 판정과 서비스 연계가 필요한 기관을 선정하고 사례관리 개입 계획을 수립한다.

외부 사례관리팀은 학교와 긴밀하게 서비스를 제공하는 협력기관으로, 해당 학교를 담당하는 소년 경찰, 보호관찰관, 심리치료기관, 종합사회복지관, 아동보호전문기관, 가정위탁지원센터, 건강가정지원센터 또는 다문화가족지원센터, 드림스타트센터, 지역아동센터, 해바라기센터, 꿈드림센터, 가정법원 또는 소년법원, 학교사회복지 전문가 등으로 학교의 필요에 따라 구성한다. 아동학대, 성폭력, 위탁아동 등 사례관리가 매우 중요한 경우 관련 기관이 함께 사례관리를 진행하도록 하며, 소년범죄가 많이 발생하는 중·고등학교의 경우는 소년 경찰이나 보호관찰관, 소년법원, 변호사 등이 함께 사례관리를 진행하는 것이 도움이 될 것이다.

계획 수립 단계에서는 사정 단계의 학생과 환경체계에 대한 자료 수집과 분석을 통하여 서비스 목표를 설정하고 주요 개입 계획을 수립한다. 이 과정에서 학생과 환경체계의 강점과 활용 가능한 자원을 사정하는 것이 매우 중요하다. 또한 중장기와 더불어 단기 목표에 따라 오랜 시간과 많은 자원이 소요되어야 하는 어려운 문제보다는 적은 자원으로 바로 효과를 볼 수 있는 목표에 대해 개입하고, 이의 성과를 통해 학생과 환경체계가 자신감을 얻어서 보다 어려운 문제를 해결할 수 있도록 단계적으로 개입 계획을 수립하도록 한다.

(4) 개입 단계

개입 과정에서는 계획된 서비스를 제공하고, 목표 달성을 위해 지속적으로 내부 사례관리팀과 외부 사례관리팀이 정기적인 회합을 통해 서비스를 점검하도록 한다. 개입 과정에서 새로 발견되는 욕구나 계획된 서비스를 제공하기 어려운 문제가 발생하기도 한다. 사례관리는 대부분 개입 후 1개월, 3개월, 6개월에 점검을 하는데,

이러한 과정에서 서비스 재사정이 이루어지고 목표나 개입 계획을 수정할 수 있다.

학교사회복지 사례관리는 인간을 대상으로 인간에 의해 이루어지는 대인 서비스의 특징을 갖고 있기 때문에, 초기에 설정된 목표나 계획이 얼마든지 상황과 맥락에 따라 수정될 수 있는 유연함을 갖고 있다. 그러나 재사정을 통해 너무 잦은 서비스 목표나 계획의 변경은 일관성이나 효과성 측면에서 바람직하지 않다. 초기 단계에서 사정이 충분히 이루어지지 못했을 때 이러한 문제점이 발생하며, 사정에 앞서 클라이언트와 관계 형성이 그만큼 중요한 역할을 한다.

개입 단계에서 학교사회복지사는 지역사회 자원을 발굴하고 연계하며, 직접적인 서비스와 간접적인 서비스를 제공한다. 또한 사례회의를 소집하고 회의 자료를 준비하고, 회의록을 작성하며, 필요에 따라 가정방문과 기관방문을 병행한다. 사례관리 대상 학생의 문제 상황에 따라 외부 사례관리팀이 다르게 구성될 수 있으므로 되도록 유사한 상황의 학생 문제에 따라 외부 사례관리팀을 구성하는 것이 도움이 될 것이다.

학교사회복지사가 자기 관리와 시간 관리, 업무 관리를 하는 것은 모든 과정에서 필요하지만, 특히 개입 단계에서는 일반 사례관리 학생과 더불어 집중 사례관리 학생 등 동시 다발적으로 개입이 이루어지기 때문에 더욱 중요하다. 개인의 취향에 따라 다이어리, 탁상달력, 휴대폰 어플, 컴퓨터 캘린더와 일정관리 등을 활용하여 정기적 · 비정기적 회의와 모임을 기록하고 점검하는 것이 중요하다. 특히 외부 기관과의 연계와 협력에서 공식적인 절차를 지키고, 공문 발송과 기안문 작성 등에 유의할 필요가 있다. 학교사회복지사가 지역과 학교의 소통 관문으로 양쪽을 각기 대표하는 얼굴임을 기억해야 한다.

개입 과정 중 사례관리 실천에 대한 점검도 함께 이루어진다. 모니터링(점검)은 ① 클라이언트의 자기관리 활동이나 변화 정도 등 클라이언트에 대한 점검과, ② 사회적 지지망 등 상호적 관리에 대한 점검, ③ 서비스 제공 기관들의 활동 등 전문가 관리에 대한 점검의 세 가지 측면에서 이루어진다. 이러한 점검을 통해 클라이언트의 욕구 충족에 클라이언트 자신과 사회적 지지망, 서비스 제공 기관의 전문가가 기여하고 있는지의 여부를 확인하고 보완하도록 한다.

(5) 종결 및 평가 단계

종결 및 평가 단계에서는 계획된 서비스 개입의 목표 달성 정도를 확인하고, 서비스 종결에 대한 감정을 다루는 것이 주요 과제이다. 종결 예고를 통해 학생의 감정을 다룰 수 있도록 준비하며, 추후 모임이 있다면 이에 대한 안내를 진행하고, 사후관리에 대한 계획이 포함되어야 한다. 학교사회복지실천에서 종결이 이루어지는 경우는 다음과 같다.

학교사회복지 서비스의 종결

- 학생 또는 가족의 문제가 해결되었을 때
- 서비스 계약기간이 만료되었을 때
- 학생이 전학 또는 졸업하였을 때
- 학생 또는 가족이 종결을 원했을 때

일반 사례관리 학생의 경우는 보통 학년말이 되면 모든 프로그램이 종결되기 때문에, 일차적으로 학년 단위로 종결을 하고, 신학년이 되면 재사정을 통해 서비스 계획을 새로 수립하는 경우가 대부분이다. 그러나 집중 사례관리 대상의 경우는 방학 중에도 지속적으로 서비스가 제공되고 관리가 되어야 하기 때문에, 실질적으로는 학생의 졸업이나 전학이 이루어질 때 종결된다.

평가 방법은 개별화 척도, 표준화 심리검사 도구, 학생의 자기보고, 학부모 보고, 교사의 관찰, 인터뷰, 지역사회기관 보고 등 다양한 방법이 활용된다. 궁극적으로 학생과 환경의 변화를 목적으로 하기 때문에 서비스 개입 전-후의 변화 정도를 확인하고 초기에 수립한 서비스 목표 달성 정도를 확인하는 데 초점을 둔다.

김영종 등(2008)은 사례관리의 성과 측정은 ① 클라이언트와 사례관리자의 관계(신뢰감 증가, 목표 및 과정의 동의, 적극적 참여 등), ② 지역사회 자원 및 서비스 네트워크 구축, ③ 보호의 지속성, ④ 서비스의 접근성, ⑤ 서비스 책임성(동일한 사례관리 제공기관/사례관리자가 서비스를 제공하는지), ⑥ 서비스 효율성, ⑦ 클라이언트 측면과 사례관리 성과 영역에서 다루어진다고 보았다. 또한 사례관리 성과영역은 클라이언트의 건강 및 생활기능, 경제 상황, 주거, 교육, 사회적 지지망, 지역사회 통합 등 6가지 영역으로 다음과 같이 구체적 내용을 제시하고 있다.

〈표 6-3〉 클라이언트 측면에서 사례관리 성과 영역과 내용

영역	구체적 내용의 예
건강 및 생활 기능	신체적, 정신적 건강 향상 심리적, 인지적 기능 향상 일상생활 및 사회생활 기능 향상 여가 및 문화생활 기회 향상 이동의 자유로움 및 교통수단 이용 조건 향상
경제 상황	소득 향상 고용 및 취업
주거	주택 확보 주거환경 개선
교육	아동 양육 진학기회 증가 수학능력 향상 학교적응
사회적 지지망	다른 사람(가족, 친구, 이웃, 종교집단, 자조모임, 사회복지사, 서비스 제공자, 자원봉사자, 점심배달원 등) 접촉 규모/도움이나 상호호혜성/긴밀성 증가 접촉 형태의 다양화 관계에 대한 만족감 증가
지역사회통합	물리적 통합 증가 지역사회 서비스 자원 또는 시설 이용 증가 지역사회모임 참여 증가 사회적 통합 증가 비공식적 지지망 증가 심리적 통합 증가 – 지역사회 일원으로서 소속감 증가 – 지역사회 주민과 심리적 연결감 증가 – 지역사회 문제해결에 영향력 행사할 수 있는 느낌 증가

(6) 사후관리

사후관리는 서비스가 종결된 후 1개월 혹은 3개월 후에 학생에게 더 지원이 필요한지, 지역사회 자원을 잘 이용하고 있는지, 서비스의 효과가 지속되고 있는지를 확인하는 과정이다. 재학 중인 경우에는 간단한 면담을 통해서도 쉽게 확인이 가능하지만, 졸업할 경우에는 전화나 이메일, 진학한 상급학교 방문을 통해서 확인할 수 있다. 징계학생 프로그램을 진행한 한 복지관에서 프로그램 종결 후 참여한 학생들의 학교를 직접 방문하여 면담을 하였을 때, 학생들이 환호하며 자신들의 변화된 모습을 보여주었던 사례가 있다. 사후관리는 변화가 지속될 수 있도록 클라이언트의 동기를 향상시킬 수 있는 장점이 있다.

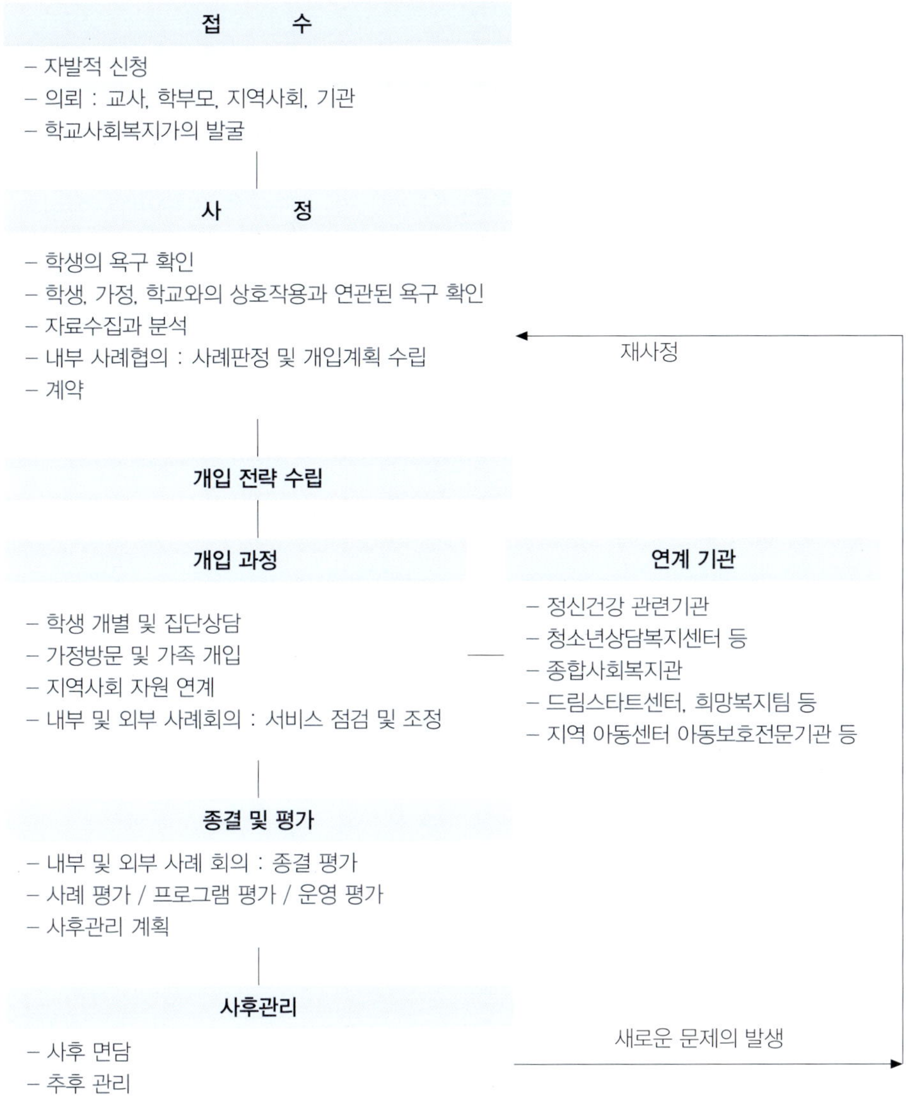

[그림 6-3] 학교에서의 사례관리

출처: 성민선 등(1998). p.201 수정.

3. 학교사회복지의 윤리적 실천

1) 학교사회복지 윤리

사회복지실천은 사회복지 전문적 가치, 지식, 기술을 기반으로 이루어진다(Bartlett, 1970). 학교사회복지는 사회복지의 한 분야이며, 학교사회복지사는 학교 영역에서 사회복지에 관한 전문 지식과 기술의 자격을 가진 사회복지사(「사회복지사업법」 제11조)이다. 그러므로 학교사회복지는 사회복지의 일반적 토대 위에 학교라는 특수한 환경에서 학생을 원조하기 위해 요구되는 가치, 지식, 기술을 필요로 한다.

(1) 학교사회복지실천의 가치

Allen-Mears와 Montgomery(2014)는 사회복지실천의 가치를 토대로 학교사회복지실천이 추구하는 가치를 다음과 같이 제시하였다.

학교사회복지실천이 추구하는 가치

1. 개별 학생은 어떠한 특성이든 관계없이 한 사람으로 가치가 있다.
2. 개별 학생에게 학습 과정이 공유되어야 하고, 배울 수 있어야 한다.
3. 개인차(학습률의 차이 포함)를 인식해야 한다. 즉, 개입은 학생의 교육 목적을 지원하는 것을 목표로 해야 한다.
4. 개별 아동은 인종과 사회 경제적 특성에 관계없이 학교에서 동등한 대우를 받을 권리가 있다.

이는 학생들의 장애, 빈곤, 성별, 성적 지향, 인종, 종교 등과 무관하게 인간의 존엄성과 가치를 인식하고, 학생의 교육권과 자기결정권, 개별화, 차별받지 않을 권리에 대한 가치를 의미한다. “우리는 가진 것이 없어서 어느 아이의 재능이라도 잃어버릴 여유가 없다.”는 핀란드의 실험처럼, 학교사회복지실천은 한 사람 한 사람이 존중받고 가치 있는 인간으로 갖고 있는 잠재력이 발휘될 수 있도록 돕는 것에 가치를 둔다.

(2) 학교사회복지실천 윤리

의사 양성을 위한 전문적 교육과정을 설계한 Flexner(1915)가 전문직의 중요 요소로 전문가 조직과 윤리강령의 중요성을 언급한 것처럼, 사회복지사협회는 전문직의 정체성을 확립하고 윤리적 실천의 책무성을 다하기 위해 윤리강령을 제정하였다. 윤리강령은 전문가의 실천적 기준이며, 전문적 권위를 가진 자로부터 클라이언트를 보호하기 위한 장치이다(Ife, 2012). 학교사회복지사는 한국사회복지사협회가 제정한 사회복지사 윤리강령을 준수하며, 특별히 학생과 가족을 보호하기 위한 윤리적 실천에 유의한다.

한국사회복지사 윤리강령은 사회복지의 가치를 담은 전문과 사회복지사의 기본적 윤리기준, 클라이언트에 대한 윤리기준, 동료에 대한 윤리기준, 사회에 대한 윤리기준, 기관에 대한 윤리기준 및 사회복지윤리위원회의 구성과 운영을 담고 있다. 학교사회복지사는 클라이언트의 권익 옹호를 최우선의 가치로 삼고 행동하며, 한국사회복지사협회, 한국학교사회복지사협회와 한국학교사회복지학회의 전문성 향상을 위한 활동에 적극 참여한다.

학교와 학생을 중심으로 하는 특수성을 반영하여 미국에서는 학교사회복지사 서비스 표준을 통해 윤리적 실천을 규정하고 있다. NASW는 1978년 28개 조항의 학교사회복지 서비스 표준을 제정하였으며, 첫 번째 조항에서 "학교사회복지사는 NASW의 윤리강령과 윤리적 의사결정을 사용하여 사회복지 전문직의 가치와 윤리를 준수하여야 한다."고 규정하고 있다. 현재 학교사회복지 서비스 표준은 11개 조항으로 되어 있지만, 전문직의 가치와 윤리에 대한 규정은 여러 차례 개정에도 항상 첫 번째 조항으로 강조되고 있다(NASW, 2012). 즉, 학교사회복지사는 핵심적 가치(서비스, 사회 정의, 인간의 존엄성과 가치, 통합, 역량)를 실현하며, 사회복지사 윤리강령에 따라 전문가의 윤리적 책임을 다한다(NASW Standard 1. Ethics and Values)

2) 윤리적 실천

윤리적 실천은 학교사회복지실천의 전 과정에서 클라이언트의 권리를 보장하고, 사회복지사 윤리강령에 따른 윤리적 책임을 다하는 것이다. 최길호(2008)는 클라이언트의 권리를 보장하기 위한 윤리적 실천으로 사전정보제공과 비밀보장 등 개입 과정 중 보호되는 권리를 제시하였다. 사전정보제공이란 개별 개입, 집단 개입, 가족 개입 등에 참여하는 모든 학생과 가족은 개입에 관한 모든 정보를 사전에 받을 권리를 보장하는 것이다. 또한 개입 과정 중에도 다른 방법에 대한 정보를 기대할 수 있고, 중간에 철회할 수 있는 권리가 있으며, 이 모든 정보를 근거로 참여 여부를 스스로 결정할 권리가 있음을 알린다. 이와 함께 학교사회복지사는 학생에 대한 전문적 관계를 유지하고 사적인 관계로 발전하거나 학생이 의존하지 않도록 하며, 수퍼비전을 통해 윤리적으로 적절한가에 대한 확인을 하는 것을 제안한다.

〈표 6-4〉 윤리적 학교사회복지실천

개입 전에 제공하여야 할 정보

1. 개입의 목표를 명확하게 밝힌다.
2. 이론적 바탕과 모델을 설명한다.
3. 개입 과정, 절차, 클라이언트가 지켜야 할 규칙을 설명한다.
4. 학교사회복지사는 본인의 교육 배경, 전문적 훈련, 전문가로서의 자격을 분명히 밝힌다.
5. 개입 과정에서 클라이언트의 문화와 가치에 상충될 때가 있을 수 있음을 미리 알린다.
6. 회기별 운영 시간, 총 회기 수 등에 대해 밝힌다.
7. 개입 과정에서 있을 수 있는 심리적 부담이나 위험 요소가 있다면 이를 설명한다.
8. 법적, 윤리적 이유로 비밀보장이 이루어질 수 없는 경우가 있음을 알린다.(예, 성폭력, 자살 의사, 보다 나은 치료를 위한 수퍼비전 등)
9. 학교사회복지사나 연계기관에서 제공 가능한 서비스, 가능하지 않은 서비스가 무엇인지 말해준다.
10. 학교사회복지사와 학생/보호자 사이에 지켜야 할 책임 한계를 분명히 한다.

클라이언트가 개입 과정 중 갖는 권리

1. 본인에게 기대하는 사항이 무엇인지를 알 권리
2. 본인의 허락 없이 개입 과정을 녹음, 녹화할 경우 이를 중단시킬 수 있는 권리

3. 개입에 참여함으로 인해 생길 수 있는 어려움을 사회복지사와 상의할 수 있는 권리
4. 본인이 이야기한 모든 사적인 일들과 비밀을 보호받을 수 있는 권리
5. 인간의 존엄과 평등의 원칙에 의해 존중받을 수 있는 권리
6. 개입 과정 중 언제든지 거절할 수 있는 권리

학교사회복지사의 윤리

1. 학교사회복지사는 학생에게 많은 영향을 미칠 수 있는 위치에 있음을 늘 명심하여야 한다. 신뢰관계를 잃을 수 있는 언행을 조심하고, 학교사회복지사에게 의존하도록 만드는 일은 피해야 한다.
2. 학교사회복지사와 학생의 관계가 다른 관계로 발전해서는 안 된다. 이러한 사적인 관계는 개입 과정에 필요한 결정이나 판단을 내리는 데 방해 요인이 될 뿐만 아니라 학생에게 심리적, 정신적으로 큰 피해를 입힐 수 있다.
3. 사적으로 학생을 부득이하게 만나야 할 경우에는 기록에 남겨야 하며, 수퍼비전을 통해 자신이 하는 일이 윤리적으로 적절한가를 확인하여야 한다. 판단을 제대로 못하게 되거나 학생을 이용해서는 안 된다는 점을 명백히 하여야 한다.

출처: 최길호(2008). p.23-25.

3) 학교사회복지사의 윤리적 갈등과 의사 결정

〈학교사회복지사 이야기3〉

이수일(고2)이 처음 학교사회복지사에게 의뢰되었을 때는 학교폭력, 흡연, 습관적인 무단결석으로 담임 교사와 학교와 갈등이 심했다. 개입이 이루어지면서 학교폭력, 무단결석은 재발하지 않고 있고, 불필요한 교사와의 갈등도 많이 줄어서 담임 교사의 평가도 매우 긍정적이다. 그런데 흡연은 개선되지 않고 있다. 이수일은 흡연으로 스트레스를 해소함을 토로하고 학교사회복지사도 이를 이해한다. 그러나 학교 규정은 매우 엄격하고, 캠프나 문화체험에서 학생이 흡연을 하는 것을 계속 묵인하기도 어려운 상황이다.

윤리적 갈등은 교사나 다른 전문직과 사회복지의 가치의 차이에 따라 발생하는 갈등, 개인의 가치나 윤리가 사회복지실천의 가치나 윤리와 상충되거나, 실천 윤리 사이에 상충이 되는 경우 등 다양한 경우에 발생한다. 보호자나 담임 교사로 정당한 알 권리, 진실성과 정보개방의 원칙, 학생의 사생활보호와 비밀보장의 원칙, 기관에 대한 윤리적 원칙 등 여러 가지의 원칙이 상충되면서 학교사회복지사는 윤리적 갈

등을 경험하게 된다.

사회복지사 윤리강령은 실천 현장에서 발생할 수 있는 윤리적 갈등에 대해 해결의 지침과 원칙을 제공하고 클라이언트와 전문직을 보호한다(최명민 등, 2019). 주석진(2010)이 학교사회복지사들을 대상으로 조사한 결과 학교사회복지사가 경험하는 가장 많은 윤리적 갈등은 클라이언트와의 전문적 관계와 관련된 것으로, 클라이언트의 이익과 욕구를 최우선적으로 고려하여 서비스를 제공하는 과정에서 학교나 상황에 의해 발생하는 윤리적 갈등으로 나타났다. 사회복지사 윤리강령은 어느 정도 방향성을 제시해 주지만, 학교사회복지사는 구체적인 지침이 필요함을 제시하고 있다.

일반적인 사회복지 현장에서는 로웬버그와 돌고프의 윤리적 결정의 우선순위에 따른 결정 지침이 잘 알려져 있다. 그러나 이 역시 상황과 맥락을 고려하여야 하며, 절대적인 원칙이라고 하기는 어렵다. 가장 좋은 윤리적 결정의 방법은 개인이 혼자서 결정하는 것이 아니라 집단의 의사결정을 따르는 것이라 할 수 있다. 수퍼바이저, 동료 집단, 전문가 단체는 윤리적 결정의 책임을 공유하고 최선의 방법을 고려하는 데 집단 지성의 장점을 활용할 수 있다.

학교사회복지사는 이 과정에서 학생 개인의 정보가 누설되어 2차 피해를 받지 않도록 유의하여야 하며, 불가피한 경우가 아니라면 학생의 동의를 바탕으로 진행하여야 한다. 클라이언트 이익 최우선의 원칙, 비밀보장의 원칙과 자기 결정권의 원칙은 상호 신뢰와 클라이언트와 관계를 형성하고 인간의 존엄성과 가치를 실현하는 원칙으로, 학교체계 내에서 윤리적 실천을 수행하는 학교사회복지사에게 매우 중요한 원칙이라 할 수 있다.

| 제7장 |

학생 개입

누가 수천, 수백만 개의 별들 중에서 하나밖에 없는 어떤 꽃을 사랑하고 있는 사람이 있다면
그 사람은 그 별들을 바라보는 것만으로도 행복할 거야.

Antoine de Saint-Exupéry, 『어린 왕자』

1. 개별 개입

〈학교사회복지사 이야기4〉

최서희 학교사회복지사는 복지실에 커다란 달력을 걸어놓았다. 물론 긴급한 상담은 언제든지 가능하지만, 개별상담을 위해 매주 목요일 시간을 배당해두고, 학생들이 복지실에 들렀다가 개별적인 상담이 필요하면 비워진 시간대를 골라 신청서를 작성해서 제출하고, 달력에 스스로 x표를 표시해서 다른 학생들이 해당 시간은 예약되었음을 알 수 있도록 하였다.

오늘 한 학생과 상담이 예약되어 있어서 신청서를 훑어보니, 교우관계와 이성교제에 체크가 되어 있다. 어렴풋이 복지실에 친구들과 어울려 왔던 학생의 모습이 떠올랐다. 최서희는 해결중심 상담 연수를 받았기 때문에 문제보다는 이를 해결할 수 있는 학생의 강점을 강화시키는 데 초점을 둔다. 따뜻한 차와 약간의 간식, 복지실 문 밖에 걸어놓을 "상담 중"이라는 팻말을 준비하고, 학생을 반갑게 맞아줄 미소를 띠고, 우리 모두는 변화할 수 있고 성장할 수 있는 인간이라는 다짐을 다시 한 번 해본다.

학교사회복지는 주로 학생의 심리 · 사회적 역기능으로 인해 발생하는 다양한 종류의 학교부적응 문제를 예방하고 해결할 뿐 아니라, 학생의 자존감과 사회성 기술을 향상시키고, 학생들의 학교적응력을 향상시키도록 돕는다(한인영 외, 1997). 이러한 학생 개입은 개별 학생을 대상으로 하는 개별 개입과 동일한 문제를 가진 소집단 혹은 학급 단위의 집단 개입의 방법이 활용된다.

학교사회복지사는 가장 많은 시간을 학생에게 직접적 서비스를 제공하는 데 할

애한다(Bye 등, 2009). 안정선 등(2010)이 학교사회복지사의 직무 비중을 조사한 결과, 개별 개입 23.5%, 집단 개입 20.0%, 가족 개입 8.9% 등 직접적인 서비스가 52.4%로, 학교체계 개입 12.4%, 지역사회 개입 12.9%, 행정 및 기타 18.7%보다 압도적으로 많았다. 따라서 학생 개입에 관한 연구가 가장 활발히 진행되며, 특히 학생의 학교생활적응과 학교폭력, 문제 학생 개입에 대한 연구가 가장 많이 다루어진다(진혜경, 2013; 김광혁, 2014).

1) 욕구 영역과 주요 문제

많은 아동 · 청소년이 내면의 변화와 환경의 요구 속에서 위축되고, 불안과 우울, 좌절을 겪으며 심한 경우 자살에 이르는 정서적 어려움을 겪는다. 통계청과 여성가족부(2020)의 조사결과에 의하면, 중고등학생의 10명 중 4명은 평상시 많은 스트레스를 느끼고, 3명은 최근 심각한 우울감을 경험한 것으로 응답했다. 또한 100명 중 15명은 최근 30일 내 음주한 경험이 있고, 30.2%의 청소년이 스마트폰 과의존 위험군인 것으로 나타났다. 이 밖에도 학생들은 다양한 문제들을 호소하는데, 대체로 다음과 같이 구분될 수 있다.

〈표 7-1〉 학생의 욕구 영역과 호소 문제

욕구 영역	호소 문제
1. 심리정서	불안/초조, 자신감 결여, 자살충동, 시험 불안, 외로움, 성격 문제, 스트레스, 소극적 성격, 우울, 과잉행동/주의력 결핍 등
2. 신체건강, 장애	음주, 흡연, 인터넷 중독, 도박 중독, 거식증, 폭식증, 외모 문제, 알레르기, 수면장애, 도벽, 성 문제, 본인의 신체 장애 등
3. 가족 관계	가출, 부모와의 관계, 형제 관계, 조부모와의 관계, 계부모와의 관계, 친족과의 관계 등
4. 대인 관계	친구 관계, 동아리모임, 교사와의 관계, 집단 따돌림, 이성교제, 사회성 부족 등
5. 안전/보호	가정폭력, 학교폭력, 성폭력, 열악한 주거환경, 지역사회 위험 등
6. 경제 문제	빈곤, 장학금, 아르바이트, 급식비 등
7. 학습/진로	학습태도, 성적 하락, 지각/결석, 진로 문제, 진학 문제, 학습부진, 여가활동 등
8. 기타	성적 정체성(LGBT) 등

학생의 욕구 영역과 문제를 확인하기 위하여 먼저 접수 단계에서 간단한 신청서를 활용할 수 있다. 세밀한 확인은 사정 단계에서 이루어지며, 욕구에 따라 구체적인 목표와 계획을 수립할 수 있다. 학교와 교육청, 또는 사업 재정 지원기관에서 다양한 신청서 양식이 사용되는데, 한 예를 제시하면 다음과 같다.

상 담 신 청 카 드

■ 개인인적사항

이 름			생년월일		년 월 일(만 세)
학년, 반, 번호		성별	남 / 여	접수 일자	년 월 일
주 소					
연락처	집:	휴대폰:			

■ 가족사항

이름	관계	나이	직업	학력	동거여부	비고	나와의 친밀도 (1:아주 나쁨/5:아주 좋음)
							1 _ 2 _ 3 _ 4 _ 5 _
							1 _ 2 _ 3 _ 4 _ 5 _
							1 _ 2 _ 3 _ 4 _ 5 _

■ 오게 된 경위

1. 자진해서 ( ) 2. 선생님 소개 ( ) 3. 부모님 권유 ( )
4. 학교사회복지실 홍보물을 보고 ( ) 5. 타 기관 소개 ( ) 6. 기타 ( )

■ 상담 경험 1. 없다( ) 2. 있다(: 어디서 몇회)

■ 방문 목적 1. 개인상담( ) 2. 심리검사( ) 3. 집단상담( )

■ 현재 고민되는 부분

1. 성적 문제 2. 건강 문제 3. 성격 문제 4. 가정환경 5. 진로 문제 6. 교우관계 7. 학교폭력
8. 이성교제 9. 성 문제 10. 자살충동 11. 종교 문제 12. 불면증 13. 기타( )

출처: 한국학교사회복지사협회(2005a). p.149를 수정.

2) 위험요인과 보호요인

(1) 내적 보호요인과 환경적 보호요인

회복탄력성은 개인마다 다르며 시간이 지나면 성장이나 쇠퇴할 수 있는 특성이 있다(Hendersen & Milstein, 2003). 이상균(2015)의 연구 결과, 고위험 상황에 처한 아동의 약 1/5이 높은 수준의 보호요인을 차지하고 있으며, 위험요인에 노출되어 있음에도 불구하고 성공적인 적응을 보이는 것은 보호요인이 갖는 효과로 나타났다. 많은 다른 연구에서도 위험요인보다는 보호요인의 효과가 더 큰 것으로 보고된다.

학교는 개인 내적인 보호요인을 발달시키는 교육적 접근, 예방과 개입 프로그램, 적절한 교육과정을 제공하고, 회복탄력성을 양성하는 환경적 보호요인을 증진시키도록 노력한다. 개인 내적 보호요인과 환경적 보호요인은 다음과 같다.

〈표 7-2〉 내적 보호요인과 환경적 보호요인

내적 보호요인 : 회복탄력성을 촉진하는 개인적 특성	환경적 보호요인 : 회복탄력성을 양성하는 가족, 학교, 지역사회 및 또래집단의 특성
1. 타인을 위한 서비스나 복지에 헌신 2. 현명한 의사결정, 자기주장, 충동조절 및 문제해결 등 생활기술의 활용 3. 사교성, 친구를 사귀는 능력, 긍정적인 관계를 형성하는 능력 4. 유머감각 5. 내적인 통제소재 6. 자율성, 독립성 7. 자신의 미래에 대한 긍정적 사고 8. 융통성 9. 학습 능력 10. 자기 동기부여 11. 유능성, 개인 역량 12. 자아존중감, 자신감	1. 친밀한 유대 향상 2. 교육을 중요하게 생각하고 장려함 3. 온정적이고 비난하지 않는 상호작용 활용 4. 분명한 경계 설정과 집행(규율, 규칙, 법률) 5. 보호자와의 지지적 관계 장려 6. 책임성 공유, 이타적 서비스, 필수적 도움 제공 향상 7. 주거, 고용, 건강보호, 여가 등의 기본욕구 충족을 위한 자원 접근성 8. 성공에 대한 현실적인 기대감 9. 목표 설정과 성취 장려 10. 이타적 가치와 협동성 등 생활기술의 개인적 발달 권장 11. 지도력, 의사결정 및 그밖의 의미 있는 참여 기회 제공 12. 개인의 독특한 재능을 인정

출처: Hendersen & Milstein(2003), 장승옥 역(2008). p.23.

(2) 학교적응

지금까지 학생의 학교적응에 대한 위험요인과 보호요인에 관해 상당히 많은 연구가 이루어졌다. 회복탄력성을 학교에 적용하여 학교적응유연성(school resilience)을 연구한 박현선(1998)은 고위험의 역경 상황에서도 학업에 대한 태도가 좋고, 학교생활에 대한 높은 동기와 흥미를 갖고 있으며, 학교 규범을 잘 준수하는 능력인 학교적응유연성의 요인을 연구하였다. 많은 연구에서 공통적으로 제시하고 있는 학생문제와 학교생활적응의 위험요인과 보호요인은 다음과 같다.

〈표 7-3〉 학생의 문제행동 및 학교적응의 위험요인과 보호요인

	위험요인	보호요인
개인	신체 및 정신장애 우울/포기 성향 충동/공격 성향 좌절감/중독 건강 문제 스트레스에 대한 회피 중심 음주/흡연 경험	낙관적 삶의 태도 자기효능감/자아존중감/자기유능감 미래에 대한 계획성 행복감/문제해결능력 긍정 정서 책임감 사회성
가정	경제적 빈곤 가족의 구조적 결손(이혼 등) 부모의 우울/알코올 중독 자녀에 대한 낮은 관여 부적절한 양육 태도 학대/방임 가족의 건강 문제	부모의 민주적인 양육 태도 가족응집력 가족의 지지 부모-자녀 관계
학교/지역사회	학교폭력 경험 또래 비행 위험한 지역사회 환경	학교생활 만족/학교 애착 공부 흥미 방과 후 활동 참여 친구 지지 교사 지지 학교의 민주적 분위기 사회적 지지

(3) 학생 자살

특별히 학생과 관련된 사회적으로 가장 큰 이슈는 청소년 자살이라 할 수 있다. 우리나라의 높은 자살률은 전 연령에서 나타나고 있는데, 과거 청소년 사망의 주 원인은 교통사고였지만, 2010년 이래로 청소년 자살이 사망원인 1위를 차지하고 있다. 9~24세 청소년 연령 중 하루 평균 자해나 자살을 시도하여 병원을 방문한 청소년은 2015년 13.5명에서 2019년 27명으로 두 배가 증가했고(이학수, 2020), 해마다 10만 명당 9명 내외의 청소년이 자살로 생을 마감한다(통계청 · 여성가족부, 2020).

초 · 중학생의 자살 시도에 영향을 미치는 요인에 대해 많은 연구가 진행되었는데, 이와 같은 청소년 자살의 위험요인과 보호요인은 다음과 같다.

〈표 7-4〉 청소년 자살의 위험요인과 보호요인

청소년 자살의 위험요인	청소년 자살의 보호요인
· 과거 자살 시도(가장 강력한 위험요인) · 기분장애(조울증), 우울증, 공격-충동성, 절망감 · 약물남용 · 대인관계의 문제해결능력 부족 · 자살 행동의 가족력과 유전적 요인 · 부모의 정신질환과 부모의 이혼 · 훈육을 견디는 능력의 차이 · 신체학대 및 성학대 경험 · 학교 및 직업상 문제와 모방 자살 · 실연, 집단따돌림, 법률 위반 등	· 종교적 믿음 · 스트레스 대처능력 · 성공적인 학업 성취도 · 가족들의 지지 및 연결 정도 · 자살 예방을 위한 사회안전망 구축의 정도

출처: 교육부(2020a). p.190.

3) 개입

학생의 심리 · 정서행동적 문제는 개인, 가족, 환경의 여러 가지 복합적인 원인에서 비롯되기 때문에, 그에 적합한 정신역동 모델, 심리사회 모델, 인지행동 모델, 해결중심 모델 등을 문제해결에 적용한다. 개별 개입을 위하여 학교사회복지사는 문제의 성격, 학교사회복지사 자신의 역량, 학교와 지역사회의 환경적 맥락을 고려하여 절충적으로 실천 모델을 적용한다.

개별 개입은 대면상담에 기초하기 때문에 의사소통 기술은 보편적으로 요구되는 기술이다. Biesteck(1961)의 관계 형성을 위한 원칙들 위에서, 적극적 경청의 과정, 즉 내용 반영하기, 감정 반영하기, 숨은 성장동기를 지지하는 자세가 중요하다. 개별 학생을 있는 그대로 편견 없이 비심판적 태도로 수용하는 것과 함께 학생의 숨은 성장동기를 지지해 주는 것은 긍정적이고 희망적인 자아상과 해결을 위한 용기와 잠재력을 일깨워줄 수 있다. 또한 좌절과 실패감을 갖는 학생들이 생존자임을 일깨워주는 재구성, 해결중심 모델의 여러 질문들, 즉 기적질문, 예외질문, 관계성 질문들은 문제에 압도되어 무기력감을 느꼈던 것에서 벗어나 스스로를 긍정적으로 자각하고, 해결을 위한 실마리를 얻게 해준다.

(1) 학생 정서행동 문제 선별검사

학생의 정서 · 행동 문제는 기질적인 측면도 있지만, 부적절한 양육과 애착관계에서 비롯된다. 어릴적 주양육자로부터 거부당하고 억압당한 경험들은 자아존중감, 자기효능감에 손상을 주고, 부정적인 정서와 대인관계에서 어려움을 야기시킨다. 사고와 정서, 행동은 불가분의 관계에 있으며 상호 영향을 미친다. 또한 학생을 둘러싼 가정, 학교, 지역사회의 환경체계로부터 오는 기대와 요구의 압박에서 학생들은 스트레스를 받고 정서행동 문제들이 발생하게 된다.

교육부는 2012년부터 학생 정서 · 행동특성검사를 학부모 동의 없이 실시 가능하도록 하여, 매년 초등학교 1, 4학년, 중학교 1학년과 고등학교 1학년을 대상으로 실시하고 있다. 이는 진단검사가 아닌 학생의 성격특성 및 정서 · 행동발달 경향성을 파악하여 학생교육활동의 적정성을 지원하기 위한 선별검사(screening test)이다. 초등학생 대상 선별검사(CPSQ-Ⅱ)는 전체 65문항으로, 성격요인, 정서행동 문제를 포함하고 있다. 중고등학생용(AMPQ-Ⅲ)은 총 63문항으로 성격요인, 위험문항(학교폭력 피해, 자살 관련), 정서행동 문제로 구성되어 있다.

〈표 7-5〉 초등학생과 중 · 고등학생용 정서 · 행동특성검사 내용

CPSQ-II(Child Personality and Mental Health Screening Problems Screening Questionnaire, Second Version), 초등학생		AMPQ-III(Adolescent Personality and Mental Health Problems Screening Questionnaire, Third Version), 중고등학생	
유 형	내 용	유 형	내 용
개인 성격특성	• 내적: 성실성, 자존감, 개방성 • 외적: 타인 이해, 공동체의식, 사회적주도성	개인 성격특성	• 내적: 성실성, 자존감, 개방성 • 외적: 타인이해, 공동체의식, 사회적 주도성
위험문항	• 학교폭력 피해	위험문항	• 학교폭력 피해 • 자살 관련: 자살 사고, 자살 계획
외부요인	• 부모자녀 관계		
정서행동 문제요인	• 집중력 부진: 주의력결핍 과잉행동장애(ADHD), 품행장애 • 불안/우울: 불안장애, 우울증, 심리적 외상 반응, 신체화 성향, 강박성향 • 학습/사회성 부진: 언어장애 및 사회적 의사소통장애, 학습장애, 지적장애, 자폐스펙트럼장애, 강박성향 등 • 과민/반항성: 우울증, 기분조절장애, 반항장애, 품행장애	정서행동 문제요인	• 심리적 부담: 자해, 자살, 학교폭력 피해, 피해의식, 관계사고, 반항 성향, 폭식 • 기분 문제: 우울증, 기분조절장애, 조울증 등의 기분장애, 신체화 성향, 강박 성향 • 불안 문제: 시험 및 사회적 상황 등에 대한 공포증, 강박 성향, 심리적 외상 반응, 환청, 관계 사고 • 자기통제 부진: 학습 부진, 주의력결핍 과잉행동장애, 품행장애, 인터넷 또는 스마트폰 중독
기타	전반적 삶의 질, 상담 경험, 지원 선호도	기타	전반적 삶의 질, 상담 경험, 지원 선호도

검사결과에 따라 정서 · 행동특성 문항을 중심으로, 학생들은 정상군과 관심군(일반관리, 우선관리)으로 구분되어, 관리 대상인 관심군 학생을 선별한다. 관심군 학생은 T점수 65~69는 일반관리군, T점수가 70점 이상이거나 자살 관련 문항이 기준점수 이상인 경우 우선관리군으로 전문기관에 의뢰하도록 하고 있다.

일반적으로 관심군 학생은 전체의 약 6~7%가 해당된다. 관심군으로 분류된 학생은 심리적 부담이나 스트레스, 우울한 생각이나 자살에 대한 생각 및 계획, 불안 문제, 학습 · 주의력 · 품행 · 인터넷 사용의 문제 등과 같은 문제들에 대해서 세심한 관심과 심층평가가 필요하다. 특히 우선관리군에 속할 경우에는 정서행동의 문제를 가질 가능성이 보다 높기 때문에 우선적인 개입이 필요할 수 있다(교육부, 2020a).

그러므로 학생과 우선관리 학생에 대해서는 관리체계를 구축하고 위험 수준별로 필요한 개입을 하도록 하고 있다. 자살 위기와 학교폭력 피해문항 응답 학생은 심층 평가 및 필요한 조치가 이루어질 수 있도록 학교에 위클래스 전문상담사가 있는 경우 학생 심리검사를 의뢰하고 함께 학생 개입을 위한 서비스 조정을 하며, 위센터나 청소년상담복지센터, 지역 정신건강복지센터, 자살예방센터 등과 연계 협력을 통해 학생을 도울 수 있다.

〈표 7-6〉 위험 수준별 관리체계

관심군	• (학교 내 관리체계 구축) 업무 총괄(부장교사 이상) 지정 의무화, 협의체(관리자 · 상담 · 담임 · 보건 등) 운영 등 • (학교 내 지속관리) 학교상담 정례화(분기별 1회 이상), 생명존중 및 자살예방교육 강화(연 4시간 이상) 등 • (전문기관 연계) Wee센터 · 정신건강복지센터 · 청소년상담복지센터 등 연계, 전문기관 2차 조치 등
우선관리	• (학교 내 집중관리) 학교장 · 교사 · 학부모, 전문기관 · 병의원 관계자 등으로 구성된 위기대응팀 운영 의무화, 학교상담 강화(월 1회 이상) 등 • (병의원 즉시 의뢰) 검사절차와 관계없이 자살 위험 학생 등 긴급을 요하는 학생 확인 즉시 전문기관 · 병의원 의뢰체계 구축, 운영

출처: 교육부(2020a).

학교사회복지사는 교육부 지침에 따라 이 과정에서 검사 및 관리 현황 등 관련정보는 관련 교사만 공유하고 재학 중 교육자료로 활용한 후 폐기하여야 하며, 학생부 및 건강기록부 등에 기록을 남기지 않도록 해야 한다. 또한 「학교보건법」에서도 비밀 누설 금지를 규정하고 있음에 유의하여야 한다(제19조의2).

(2) 자살 시도에 대한 개입

학생의 부정적 정서, 불안과 우울의 극단적인 모습은 자살로 이어질 수 있는데, 자살을 시도하는 사람들은 주변 사람들에게 다음과 같은 자살경고 사인을 보낸다고 한다(한국청소년상담원, 2008).

자살 경고 사인

- 갖고 있던 물건을 다른 사람에게 주어버린다.
- 유언장을 쓴다.
- 자살과 관련된 낙서, 글을 쓰는 행동을 보인다.
- 자살에 대해 말하거나 농담하는 일이 많아졌다.
- 무력감과 절망감을 호소한다.
- 약을 모은다.
- '더 이상은 못 하겠어', '끝내버리고 싶어', '이제 모든 걸 끝낼거야'와 같은 말을 한다.
- 자살하려는 구체적인 계획을 갖고 있다.
- 잠을 잘 못잔다.
- 잘 못 먹거나 아니면 마구 먹는다.
- 활력이 없거나 위축되어 있다.
- 침울하거나 괴로워하던 표정을 짓던 사람이 갑자기 평온한 상태를 보인다.

출처: 한국청소년상담원(2008).

상담 과정에서 이러한 모습을 보게 된다면, 자살 사고를 막기 위한 개입이 이루어져야 한다. 가족이나 또래의 무관심, 적대감, 소홀과 같은 태도가 주는 부정적 영향을 감소시키고, 학생 당사자에게는 자살하지 않겠다는 약속을 받으며, 위험 상태가 높다면, 정신과의 의학적 치료, 자살예방센터 등의 외부 기관 연계 협력이 이루어져야 한다.

자살예방을 위한 개입에는 인지치료, 사회기술 훈련, 문제해결기술 훈련, 감정조절 훈련, 가족치료 등의 방안들이 있다(교육부, 2020a). 이와 함께 생태체계적 관점을 바탕으로 학교와 학급 분위기가 포용적이고 상호지지적인 분위기가 되도록 개입한다. 지역사회의 다양한 기관, 특히 자살예방센터와 함께 1차 예방적 프로그램을 실시할 수 있다. 이는 집단 개입에서 상세히 다룬다.

〈표 7-7〉 자살 시도 청소년의 심리사회적 개입

인지치료 (cognitive therapy)	학생의 절망감과 자살 생각의 감소, 외래 치료의 순응도 증진, 우울증의 재발 감소 등의 효과를 인지치료를 통해 얻을 수 있다. 감정일지 쓰기를 통해 부정적 자동사고(automatic thoughts)를 점검하고, 새로운 것을 함께 해보거나, 관심을 분산시키거나, 스스로 긍정적인 생각을 하게 함으로써 부정적 인지 왜곡을 줄여나갈 수 있다.
사회기술 훈련 (social skill training)	자살 시도 청소년들에서 심각한 대인관계 수행상의 어려움을 흔히 볼 수 있다. 사회적 행동에 관한 정보를 체계적으로 알려주고, 모델링하고, 목표 기술을 행동적으로 보여주고, 수행에 대한 평가가 있다. 적절한 주장과 타협, 긍정적인 또는 부정적인 감정의 표현, 가족이나 동료로부터 적절한 도움을 청하는 방법이 목표로 제시된다.
문제해결기술 훈련 (problem-solving skills training)	문제 인식, 대안 제시, 결과 생각해보기, 결정 등 일반적인 기술들을 통해서 문제에 대한 좀 더 유연한 접근을 할 수 있도록 가르친다.
감정조절 훈련 (affect regulation)	지나친 적개심이나 공격성, 예민함 등이 자살자들의 주요 양상 중 한 요소이다. 청소년들은 성인에 비해 화가 나거나 흥분했을 때 충동적으로 자살하는 수가 적지 않다. 자기조절 훈련의 기법으로 적개심, 공격성을 감소시키고 사회적으로 바람직한 행동을 증진시키며, 이런 상황에서 자신이 화가 나거나 흥분했다는 것을 깨닫도록 가르친다. 점진적인 근육이완 훈련, 복식호흡, 분노조절, 긍정적인 생각하기 등이 포함된다.
가족치료 (family-based treatment)	자살 위험 청소년의 치료에서 가족의 참여는 매우 중요하다. 가족의 역할, 양육 기술, 자살, 청소년기의 특성, 정신질환에 대한 정보와 교육을 제공하여 위기 청소년들에게 적절한 지지적인 환경을 제공하며 지속적인 치료가 이루어질 수 있도록 해야 한다. 또한 부모-자녀 관계의 왜곡된 의사소통을 중재하여 관계를 개선시키며 가족 간 적개심을 감소시킨다. 부모의 정신과적 문제 및 알코올이나 약물 문제가 있다면 이를 치료한다.

출처: 교육부(2020a). p.192-193.

(3) 학생 개별 개입 평가

학생 중심 개입은 개별 개입이나 집단 개입을 통해 우울, 불안 등의 심리정서적 문제나 비행, 폭력 등의 행동 문제에 대한 개입으로 학생 개인의 문제해결과 행동 변화에 초점을 둔다. 그러나 앞에서 살펴본 것처럼, 학생 문제의 원인이 다차원적으로 이루어지기 때문에 생태체계적 관점에서 문제해결을 위한 개입도 학생, 가족, 학급 또는 학교, 지역사회를 대상으로 이루어지는 경우가 많다. 이에 대한 서비스 효과성에 대한 평가는 제11장에서 다루었으며, 본 장에서는 개별 개입 평가를 중심으로 기술한다.

개별 개입 평가는 각 개입 사례에 따라 문제 확인, 사정, 개별화된 목표 설정과 개입이 이루어지기 때문에 일반적인 평가 방법 중에서 목표에 맞는 방법을 선택적으로 활용한다. 즉, 개입의 평가는 개인의 자기보고, 교사 및 부모 보고, 관찰, 표준화된 척도 등을 활용하여 심리사회행동적 변화를 평가하는 한편, 보호요인의 증진과 위험요인의 감소를 평가할 수 있다. 또한 개입 전후 가계도와 생태도의 변화, 표준화된 척도의 사전-사후 비교 등을 분석하는 등 사정에 활용된 도구를 사용할 수 있다.

미국의 경우 장애아교육법에 근거하여 장애학생에 대한 관련된 서비스로 학교사회복지 서비스가 제공되어, 선별검사, 배치, 개별 개입 서비스를 제공하고 있기 때문에, 이에 관한 단일 사례연구(Single Subject Research Design, SSRD)가 많이 이루어지고 있다. 그러나 우리나라의 경우 특수교육에서 학교사회복지 서비스가 제공된 사례가 많지 않기 때문에 장애학생에게 밀착된 관찰 및 사회적 발달, 적응행동 평가, 행동수정 및 사회기술 훈련 등 장애학생에게 개입할 수 있는 훈련이 부족하다(이준우 등, 2009). 그러므로 아직까지 학교사회복지실천에서 단일 사례연구(SSRD)와 같은 평가 방법은 많이 활용되지 않고 있는 상황이다. 학교 현장에서 사용되는 개별 개입과 평가사례는 다음과 같다.

〈표 7-8〉 학생 개별 개입 사례

Ct(고3)의 주요 문제 사정

1. 학교생활 전반에 걸친 무기력함 – 졸업 후 자신의 진로를 결정하는 데 있어서 목표를 가지고 있지 않으며, 그로 인해 학업태도, 생활태도가 불성실하고 무단결석이 매우 잦음.
2. 생활습관의 불규칙 – 맞벌이 부모님으로 인해 보호가 이루어지지 않고 있으며, 그로 인해 방과 후 하루 종일 TV를 시청하거나 늦게까지 인터넷 게임을 하고, 학교를 가지 않거나 학교에 와서도 수업 시간 내내 엎드려 잠을 잠. 이로 인해 부모, 담임 교사 및 수업 담당 교사와 갈등을 빚음
3. 심리적 · 정서적 불안감 – 아버지에 대한 갈등이 심하여 정서적으로 불안하며, 학교 내에서 교우들과 상호작용이 전혀 이루어지지 않는 고립된 생활을 하고 있으며, 친구나 교사들과 관계 형성을 하는 데 어려움을 겪음.

합의된 개입 목표

1. 대인관계 기술 습득을 통한 대인관계 능력 향상
2. 진로 결정으로 학교생활 및 생활 전반의 동기화 향상
3. 규칙적 생활습관을 통해 신체적 · 정서적 안정 도모

주요 개입

1. 병원 의료사회사업실 연계 MMPI심리검사 실시. 의료사회사업실에서 청소년상담센터 상담을 권하여 1회 상담하였으나 이후 Ct가 상담을 거부하여 진행되지 못함.
2. 학교사회복지사와 개별상담을 10회, 담임 교사와의 면담 6회 진행하며, 가정방문, 직업인과의 만남, 담임 교사 면접 및 협력을 통한 진로결정이 이루어짐.
3. 클라이언트는 자신의 출결 사항에 대한 체크리스트를 지속적으로 작성함.

개입 평가

구분	내용	목표	Ct평가	worker평가	주변 평가
대인관계 형성	• 개별상담 • 담임 교사 상담 • 친구 상담	• 대인관계 기술 습득을 통한 대인 관계 개선	• 기존 친구들과 지속적 만남을 가지며, 친구, 교사들과 원활한 관계를 맺음	• 또래 친구와 밝은 모습으로 학교 내 활동 • 기존 친구 · 담임 교사와 원활한 관계 유지	• Ct를 이해할 수 있는 담임 교사와 교과 교사들이 형성
진로결정 및 동기화	• 직업인과의 만남 • 담임 교사 협조로 취업 알선	• 진로결정으로 학교생활 및 생활 전반의 동기화 형성	• 컴퓨터 관련 취업 결정 • 학교생활만족도 (3점→5점/10점) 변화	• 진로에 대한 동기화 • 밝은 표정으로 학교생활	• 수업 태도 개선 • 학교 출결 변화가 나타남
규칙적 생활 습관 형성	• 체크리스트 활용	• 규칙적 생활로 결석일수 감소	• 학교에 적극 참여로 결석일수가 줄었음	• 월간 결석일수가 16일→3.5일로 감소	• 밤새 게임 하던 습관이 줄어듦

출처: 한국학교사회복지실천가협회(2005a) 사례를 기반으로 재구성.

(4) 학생 개입의 과제

영국이 100여 년 전부터 의무교육에 따른 학교출석관리를 한 데 비해, 우리나라는 사실상 2015년 인천 장기결석 초등학생의 아동학대사건으로 전국 장기무단결석 아동에 대한 전수조사와 함께 국가 개입이 이루어졌다. 영국과 달리 우리나라에서 학교사회복지는 출석관리보다는 학교폭력에 대한 생활지도, 학교적응에 초점을 두고 시작하였고, 교육복지우선지원사업은 저소득층 학생의 교육불평등 완화에 초점을 두었기 때문에 상대적으로 출결관리는 주요한 업무로 다루어지지 않았다.

인천 초등학생 사건으로 비롯된 장기결석 아동 전수조사에서 또 다른 아동학대, 사망 등의 사실들이 밝혀지면서, 교육부(2016)는 2016년 2월 '미취학 및 무단결석 등 관리 · 대응 매뉴얼'을 배포하고, 체계적으로 개입하는 시스템을 갖추기 시작하였다. 또한, 2019년 발표된 '포용국가 아동정책'에 따라, 아동수당 미신청자, 학교출결, 병원진료 등의 빅데이터를 분석하여 위기아동을 예측하는 시스템으로 e-아동행복지원시스템을 내실화하고 단계적으로 분산된 아동 관련 시스템을 통합하는 아동통합 정보시스템을 구축하기 시작하였다(관계부처합동, 2019).

현재 결석 아동에 대해서는 일차적으로 미입학 또는 2일 이내 무단결석한 경우 학생과 보호자와 직접통화를 통해 학생의 소재와 안전을 확인하고, 보호자에게 학교출석을 독려하며, 3~9일 계속되는 무단결석에 대해서는 학교교직원, 읍 · 면 · 동의 사회복지전담(혹은 관련 업무 담당) 공무원으로 구성된 2인이 함께 가정방문을 실시하고 보호자 내교 면담을 요청하도록 하고 있다. 또한 10일 이상의 장기결석인 경우는 학교 복귀 시까지 월 1회 이상 소재 · 안전 확인 및 출석을 독려하며, 학생의 소재나 안전이 미확인되거나 부모가 면담 요청에 응하지 않는 경우는 즉시 경찰에 수사의뢰하는 것을 의무화하고 있다.

정부의 일련의 대책들은 뒤늦은 감은 있지만, 아동의 출생부터 의무교육기간 동안의 생존발달권을 보장하기 위한 종합적인 대책으로 평가된다. 그러나 미취학 아동과 무단결석 아동에 대한 관리는 영국의 교육복지 서비스와 달리 전화연락과 가정방문, 교육청 보고, 경찰 수사 의뢰 등 무단결석이나 미취학 아동에 대한 실태파악에 머무르고 있는 한계점이 있다. 학교 내에 사회복지사가 있음에도 현재 가정방문이 사회복지전담공무원, 학교전담 경찰 외에 교육복지사의 역할 규정이 되어 있지 않고, 교육복지 서비스로 다루어지지 않는 상태이다(진혜경, 2018).

또한 저소득층 취약계층에 국한된 현재의 교육복지 대상 학교가 아닌 학교에는 학교사회복지가 제도화되지 않은 상태에서 학생들에게 통합적인 서비스가 제공되지 못하고 있다. 그러므로 모든 학교를 기반으로 무단결석 아동 사례관리를 학교사회복지 서비스의 주요한 영역으로 포함시켜, 지역사회의 아동보호전문기관, 청소년상담복지센터 등 다양한 기관과 협력하는 학교사회복지 서비스가 제도화될 필요가 있다.

또한, 난민 아동, 다문화 가정 아동, 장애아동 등 취약계층 아동을 위한 학교사회복지 서비스 개입이 더 활발히 이루어질 필요가 있다. 2018년 말 현재 우리나라의 난민 신청자 누적 총수는 48,906명이며, 2018년 기준 난민 아동은 총 2,451명으로 난민 신청 아동 1,822명, 난민 인정 아동 268명, 인도적 체류허가 아동은 361명으로 보고되고 있다(김현미 등, 2020). 「초 · 중등교육법」 시행령 제19조와 「난민법」 제33조에 따라 원칙적으로 이들도 의무교육을 받을 수 있지만, 취학통지가 아닌 개별로 입학을 신청하며 학교장의 재량에 따라 입학이 허가되고 있기 때문에 학교장이 입학을 거절하는 경우 달리 방도가 없다(구은미 · 이중희, 2019).

「교육기본법」 제8조에 의무교육의 권리는 "국민"에게 한정되어 있기 때문에 난민 아동의 교육권을 보장하는 것이 아니라 시혜적 차원에서 허용되는 것이며, 이는 유엔아동권리협약이나 유럽연합(EU) 등 국제사회에서 어떠한 차별 없이 모든 아동에게 보장하는 권리로는 미흡한 상태이다. 그러므로 난민 아동이나 다문화 가정 아동, 장애아동에 대한 개입은 기본적으로 문화적 다양성, 모든 학생이 차별 없이 평등하게 대우받아야 하는 인간의 존엄성과 인권 기반의 실천이 되어야 한다.

학교사회복지사가 국가자격제도로 전환되어 제도화에 한층 다가서는 시점에서, 이제 장기결석 아동과 문화적 다양성을 포용할 수 있는 체계적인 개입이 고려되어야 한다. 장기결석 아동은 아동학대의 연장선에서 다루어질 필요가 있으며, 취약 아동에 대한 국가 정책 방향도 더 통합되고 일원화된 체계로 나아가야 할 것이다. 이러한 학생 개입에서 학교사회복지 사례관리 서비스는 아동보호 체계의 핵심적인 역할을 수행하게 될 것이다. 또한 모든 아동의 교육권을 보장하고 삶의 질 향상을 위한 학교사회복지 서비스로 우리 사회의 모든 차별에 맞서, 취약 계층 학생을 옹호하기 위한 인권 기반의 실천을 더 확대해 나갈 필요가 있다. 그리고 이 모든 과정은 문제 중심의 병리적 관점, 결핍관점이 아니라 인권에 기반한 강점관점의 실천을 지향해야 할 것이다.

2. 집단 프로그램

학교 현장은 학급 단위로 이루어져 있고, 아동 · 청소년에게 또래의 지지와 간접적 경험을 공유할 수 있는 집단 역동의 효과 등으로, 소집단 프로그램이 매우 많이 활용되고 있다. 학교사회복지사는 유사한 문제를 가진 학생들의 문제해결집단, 전반적으로 문제 발생 이전에 이를 예방하기 위한 예방교육 프로그램, 그리고 위기 학생들의 학교생활적응을 위한 소집단 프로그램 등을 운영한다. 이 밖에도 집단 캠프, 간부 학생을 위한 리더십 프로그램 등 매우 다양한 프로그램들이 운영되고 있다.

학교에서 개별 개입은 특별한 행정적 절차 요구 없이 접수, 사정 및 상담, 종결 및 평가의 과정을 통해 이루어지지만, 집단 개입의 경우는 반드시 사전에 계획되고 내부 결재를 통해 학교 관리자의 허락을 받아야 한다. 모집 대상 학년, 운영 시기, 주요 내용에 대한 사전 협의가 학년부장이나 복지부장과 이루어져야 하며, 외부 기관과 연계하여 운영하거나 학교 밖에서 이루어지는 경우는 안전사고나 인솔자 책임 등 더욱 주도면밀한 계획이 이루어져야 한다.

1) 프로그램 기획

학교사회복지사는 학생, 교사, 학부모 등의 욕구를 바탕으로 집단 프로그램을 기획한다. 일반적인 학년 초 욕구조사를 통해 주요 프로그램이 사전에 계획될 수 있으나, 때로는 긴박하게 개입 프로그램이 요구되는 경우도 있다. 장애학생에 대한 인식 증진, 문화적 다양성 인식 증진, 학교폭력 예방교육, 성교육 등의 예방교육 프로그램 등은 인권교육과도 밀접한 관련이 있으며, 학교 교과과정이나 필수적으로 이행하여야 하는 교육 내용에 포함되어 있는 경우도 있다. 창의적 체험활동 운영과 각종 예방교육에 대한 상세한 내용은 제8장에서 다루도록 한다.

프로그램의 기획과정은 문제해결 과정으로 준비 단계, 계획 단계, 실행 단계, 평가 단계로 구분될 수 있다. 각 단계별 실천 내용은 전반적인 실천과정과 유사하기 때문에, 본 장에서는 준비 단계와 계획 단계에서 요구되는 문제 정의, 프로그램 대상, 목표 설정, 운영 구조를 중심으로 설명한다.

〈표 7-9〉 프로그램 기획의 세부과정 및 과업

준비 단계	계획 단계	실행 단계	평가 단계
예비조사/ 욕구조사 문제 정의 대상자 확인 관련 이론, 연구분석	목표 설정 대상자 선정 개입전략 수립 프로그램 운영구조 설계 예산 수립 평가계획 수립	프로그램 실행 중간평가, 모니터링 지역사회 자원 연계 주 지도자/보조 지도자/교사/기관의 역할 분담 및 협력	총괄평가 사전-사후 평가 분석 결과보고서 작성 효과성 공유 및 홍보 사후관리 계획

출처: 임경선 · 전민경 · 권세원(2014). p.49를 보완.

(1) 문제 정의와 이론적 기반

프로그램을 기획하는 것은 어떠한 요구나 문제의 예방 또는 해결을 위한 필요성에서 시작된다. 문제를 바라보는 관점에 따라 개입 방법도 차이가 있으며, 특히 각 집단 개입의 이론은 해결하고자 하는 초점이 다르다.

학교생활 부적응 문제가 학생들의 비합리적 신념과 인지도식(사고방식)의 왜곡에서 비롯된다고 보았을 때는 인지행동 모델을 적용하여 이를 변화시켜 나가는 데 초점을 둔다. 학교에 지속적으로 지각, 결석 하는 행동에 대한 수정이 필요하다고 보았을 때는 과제중심 모델을 적용할 수 있다. 문제 자체에 초점을 두기보다는 각 학생들의 강점과 권한 부여에 초점을 두고 가능한 한 학생들 스스로 생활에서 변화를 찾고 작은 성공이나 긍정적 경험을 확장시켜 나가는 해결중심 모델을 적용할 수 있다.

어떤 이론이나 모델을 적용하는가는 전체 프로그램 구조를 기획하는 데 도움이 된다. 해결중심 모델을 적용한 집단 개입의 예는 다음과 같다.

오리엔테이션 /장점으로 시작하기	⇨	목표 설정 /기적질문	⇨	예외 찾기 및 확대/ 척도질문	⇨	성공을 축하 /변화 유지	⇨	사후 모임

[그림 7-1] 해결중심 집단 개입 프로그램의 진행도

출처: 은평종합사회복지관(2005). p.3.

(2) 프로그램 대상

프로그램의 대상을 정하는 방법은 일반집단, 위험집단, 표적집단, 클라이언트 집단과 같이 위계적인 특성을 갖는다(Taber & Finnegan, 1980). 학교사회복지 프로그램은 경우에 따라서는 진로의 날 운영, 안전교육 프로그램 등 전교생을 대상으로 하는 프로그램들도 있는데, 이 경우 일반집단과 표적집단, 클라이언트 집단은 모두 동일하며 위험집단이라는 개념이 적용되지 않는다.

위계적 특성은 연구 조사에 근거하여 프로그램이 목표로 하는 대상을 명확히 구분하고, 이 대상 집단의 변화를 추구하는 것이다. 일반집단은 학교 내에서 이루어지는 프로그램의 경우 전교생이 되며, 지역사회를 중심으로 이루어지는 경우는 지역 내 학생 인구 집단 전체가 해당된다. 만일 A시 중학생을 대상으로 한다면, 이 인구 집단 전체가 일반집단이 된다.

위험집단은 일반집단 중에서 특별한 문제나 욕구를 가지고 있다고 추정되는 인구 집단을 의미한다. 모든 중학생이 학교에 불만을 가진 것은 아니며, 80%의 학생들은 학교생활에 만족하는 것으로 나타났다는 선행 연구가 있다고 가정한다면, 이것을 바탕으로 잠재적 위험집단 인원을 일반집단의 20%로 설정할 수 있다.

표적집단은 위험집단 중에서 문제, 욕구가 표출되었다고 확인된 집단이나 추정되는 집단으로 프로그램이 필요하다고 여겨지는 대상이고, 클라이언트 집단은 이들

중 실제로 프로그램에 참여를 희망하거나 선정된 인구집단을 말한다.

〈표 7-10〉 프로그램 대상의 예

대상 구분	산출 근거	인원수(명)
일반집단	재학생 전체	900
위험집단	학교생활만족도가 낮은 학생(20%)	180
표적집단	학교생활만족도가 낮은 1학년 학생(위험집단의 1/3)	60
클라이언트	1학년 중 프로그램 신청 학생	10명 내외

(3) 목적과 목표 설정

모든 집단은 공동의 목적을 가지고 있으며, 각 성원들은 개인적인 목적을 가지고 있다. 집단의 효과성은 목적 달성 여부로 결정되기에 이에 대한 합의와 명확한 목표 설정이 중요하다. 목적은 궁극적으로 달성하고자 하는 지향점을 말하며, 목표는 이를 달성하기 위한 구체적인 과업으로 표현되는 것을 말한다.

과제중심 모델과 문제해결 모델, 목표달성 척도 등은 소집단 프로그램을 설계하는 데 매우 적절하다. 목표 설정은 보통 SMART의 5가지 조건으로 제안하는데, 구체적이고 명확해야 하며(Specific), 측정 가능하여야 하고(Mesurable), 달성 가능하여야 하며(Attainable), 타당하여야 하고(Relevant), 시간 제한(Time bounded)이 필요하다(우수명, 2004). 이 중 목표의 타당성은 프로그램이 달성하고자 하는 성과가 클라이언트의 욕구나 삶의 질 개선에 중요한 기능을 하고 있는지를 말하며, 클라이언트 문제에 대한 우선순위가 높은 것으로 설정하여 타당성을 높이게 된다.

프로그램의 목표 설정은 평가계획과 관련되어 일관성을 갖추어야 한다. 임경선 등(2014)이 교육복지, 지방자치단체 학교사회복지, 위(드림)스타트 등의 사업계획서와 결과보고서를 분석한 결과, 학교사회복지 프로그램에서 가장 많이 활용되는 평가 방법은 프로그램 만족도, 참여도, 사전-사후 검사, 소감문, 관찰일지, 활동일지, 상담일지, 활동사진이나 평가회 등의 순으로 조사되었다.

〈표 7-11〉 프로그램 목적과 목표 설정의 예

목적: 참여 학생의 흡연을 감소시켜, 흡연으로 인한 징계처분 재발을 감소시킨다.

세부목표	세부내용	평가방법
1학기 동안, 흡연 적발로 인한 교내 징계처분 재발률을 감소시킨다.	· 참여학생 중 80% 이상이 흡연량이 감소한다. · 참여학생 중 30% 이상의 학생이 완전히 금연할 수 있다.	· 프로그램 중 본 학기 동안의 징계처분 횟수 · 금연 목표달성 척도

(4) 프로그램 운영 구조

프로그램 운영 구조는 집단지도자, 보조지도자, 운영 시간 계획, 세부 내용 구조, 예산 편성 등을 포괄한다. 학교사회복지사가 직접 집단 프로그램을 진행하지만, 창의적 체험활동 시간을 활용하여 예방교육 프로그램을 진행하게 될 때, 담당 교사가 보조지도자로 함께 진행하는 것은 매우 중요하다. 이는 일정정도 수업 교사의 책임을 상기시키는 것이며, 교사가 배제되지 않도록 역할을 부여하는 것이다. 또한 학급 개입에서 한 명보다는 두 명의 지도자가 있을 때 프로그램의 개입 효과도 더 커진다. 학부모 자원봉사자나 지역사회 인적 자원을 활용하여, 학생 4-5명당 1명의 보조지도자가 함께한다면 개입의 효과성은 더욱 커질 것이다.

운영 시간 계획은 프로그램의 성격에 따라서 창의적 체험활동 시간을 활용하거나, 아침 수업 전, 혹은 수업 후, 주말(문화체험, 캠프활동 등) 등에 이루어지며 수업 시간에 맞추어 1회기 40~50분으로 기획한다. 학교에서 한 학기는 보통 17주로 편성하여 1년간 34주로 운영되지만, 학기초, 학기말, 시험기간, 프로그램 홍보와 모집 기간 등을 고려할 때, 학기별로 4~12주 이내로 계획되는 것이 용이하다.

세부 내용 구조는 전체 집단 프로그램의 구조를 도입(1~2회기), 작업, 종결 및 평가(1~2회기)의 구조로 각 회기별로 목표와 과업, 주요활동 내용, 준비사항이나 특이사항을 기록하고, 회기별로 세부 프로그램을 계획한다.

〈표 7-12〉 집단 프로그램 세부 내용 구조의 예

<table>
<tr><th>단계</th><th>횟수</th><th>프로그램명</th><th>목 표</th><th>내 용</th><th>준비물</th></tr>
<tr><td rowspan="3">도입</td><td>1회</td><td>자 이제
시작이야!</td><td>프로그램 안내
동기 부여
친밀감 형성</td><td>담임, 학부모 동의
사전검사
책임과 역할 명료화
1. 집단 규칙 정하기
2. 얼음 깨기
3. 자기 소개1</td><td>참가 동의서
사회기술 척도
IPR 척도</td></tr>
<tr><td>2회</td><td>두 달 후
나는!</td><td>개별목표설정
긍정적 자기 표현</td><td>1. 자기소개2
– (1회,형용사 붙여서)
2. 개별목표 설정
3. 부정을 긍정으로
4. 나눔, 차기 예고</td><td>개별 파일
간식
풍선
단어 카드</td></tr>
<tr><td>3회</td><td>우리가
같이 가는
거야!</td><td>자기주장 향상
공감 능력 향상</td><td>1. 협동놀이–나를 표현하기
2. 공감하는 법 충분히 연습하기
3. MVP 선정
4. 나눔, 차기 예고</td><td>개별 파일
투표용지
나의 목표용지
MVP 선물
간식</td></tr>
<tr><td rowspan="2">작업
단계</td><td>4회</td><td>너도 멋져!</td><td>자기 긍정–타인
긍정을 높이기</td><td>1. OK 그램 작성하기
2. 협동놀이
3. 나눔 및 차기 예고</td><td>개별 파일
OK 그램 작업용지
간식
색종이, 풀, 가위</td></tr>
<tr><td>5회</td><td>변했어!</td><td>자기 표현과 자기
긍정성을 높이기</td><td>1. 친구들 앞에서 자신의 변화를 표현하기
2. 피드백 주고받기
3. 나눔 및 종결 예고</td><td>개별 파일
작업용지
MVP 선물
간식</td></tr>
<tr><td>종결
단계</td><td>6회</td><td>자! 이제
새로운
출발이야!</td><td>변화를 지속하기
위한 용기를 갖기</td><td>1. 나에게 쓰는 편지
2. rolling paper 작성
3. 사후검사
4. 나눔</td><td>사회기술 척도
IPR 척도
프로그램 평가지
rolling paper</td></tr>
</table>

2) 집단 개입 과정

(1) 참여 단계

집단 프로그램을 직접적으로 운영하는 학교사회복지사는 집단 발달 단계에 대한 이해가 필요하다. 잘 구조화된 프로그램을 기획하고 내부 결재를 통하여 프로그램을 실시할 수 있는 모든 조건을 갖추었다 하더라도, 막상 프로그램 대상자 모집 단계에서부터 어려움에 직면하는 경우도 흔하게 볼 수 있다. 특히 의무적으로 학급 단위에서 이루어지는 예방교육이 아니라 문제해결 집단처럼 신청 학생들을 대상으로 하는 경우에는 사교육, 입시준비, 취업준비 등으로 바쁜 일과를 보내는 학생이라 별도의 시간을 할애해야 하는 집단 프로그램에 쉽게 참여하기 어려울 수 있다.

여러 가지 창의적인 방법으로 프로그램을 홍보하고, 사전 준비모임을 갖고 집단이 형성되었지만, 목표의식이 불명확한 경우도 있다. 집단지도자는 집단의 취지를 설명하고, 참여자들의 개인적 목적과 목표를 물어보고, 공동의 목적과 목표에 대한 성원들의 최종합의에 도달하는 것이 바람직하다. 집단지도자는 공동의 목적과 목표 달성을 지향하면서 동시에 집단 내에서 각 구성원의 개인적 목표가 달성될 수 있도록 개개인에 주목하고 성장을 촉진한다.

(2) 과도기적 단계 및 작업 단계

집단이 진행되면서, 집단 역동이 의도하지 않게 흐르고 갈등과 긴장을 일으키게 될 수 있다. 집단 성원의 반사회적 행동에 동의하는 것이 아니라 그 이면의 감정과 상황을 이해하는 수용의 원칙과 갈등을 피하지 않고 직면하여 문제를 해결할 수 있도록 한다면 과도기적 갈등과 긴장은 성공적으로 해결될 수 있다. 과도기 단계에서 성공적 해결과정으로 상호 신뢰를 체험한다면, 본격적으로 작업 단계에서 의도하였던 목표를 달성할 수 있게 되고 학생들이 성장해 나가면서 자신의 문제를 해결하게 될 것이다.

집단 발달의 각 단계에서 학교사회복지사는 집단 구성원들의 참여를 지지하고,

상호 긍정적인 영향을 미치고, 성공적인 경험을 공유할 수 있도록 안내한다. 이장호와 김정희(1992)는 이와 같은 집단 발달 과정상의 특징을 다음과 같이 제시하였다.

〈표 7-13〉 집단 발달 과정상의 특성

집단 발달 단계	참여 단계	과도기적 단계	작업 단계	종결 단계
활동내용 및 과정상의 특징	자기소개, 개인별 목표 및 집단 목표 명료화, 집단 규칙 합의 상호 간 활발한 탐색, 새로운 상황에 따른 불안과 저항 발생	주도권 획득을 위한 투쟁, 불안과 긴장 증대, 집단 참여자 상호 간 갈등 및 집단사회복지사에 대한 저항 증가	치료가 이루어지는 핵심 단계, 집단의 전반적 규칙과 분위기에 적응, 문제 직면, 집단사회복지사 주도하에서 자치적 집단 운영으로의 전환	집단 종결 방법과 시기에 대한 합의와 확인, 종결에 대한 거부당한 감정의 발생, 집단경험 내재화
참여자의 특성	개인목표와 집단 목표 간의 연관성 파악, 집단에서의 자신의 위치와 역할에 대한 관심, 타인에게 비치는 자신의 상에 대한 의문의 발생	밀접한 대인관계로의 진입에 대한 불안과 긴장 발생, 방관자, 집단 공격자, 쉽게 거부되는 희생자, 보조자적 참여자의 발생	'우리'의식의 증가, 집단 신뢰, 솔직한 자기 개방, 집단을 문제해결을 위한 실험의 장으로 활용할 수 있게 됨.	종결에 대한 불안 발생, 집단 경험에 대한 만족, 상호조언과 비판에 대한 수용, 자신에 대한 사랑과 가치존중, 문제 상황에 대한 융통성 있는 대처
사회복지사의 역할	아이스 브레이크, 집단에 거는 기대감 명료화, 참여에 대한 동기화, 효율적이고 신뢰로운 집단 분위기 조성, 집단 규칙을 통한 상호 협력적 관계 형성 촉진	일관된 태도를 통한 신뢰감 구축, 부정적 감정에 대한 직접적 개입, 적극적인 참여 촉진, 집단 갈등에의 개입, 자립적 문제해결 원조, 감정표현 촉진, 정당한 분노표현과 절충적 문제해결 능력 증진	자치능력과 자기결정능력 증진 원조, 충분한 지지와 강화를 통한 자신감 부여, 문제해결을 위한 행동 실천 권장 및 집단적 지지를 통한 강화의 확대	일어난 변화에 대하여 파악하게 함, 집단에 의한 개인목표 달성 정도에 대한 통찰력 촉진, 종결 불안에 대한 개입, 차후의 행동 방향 제시와 치료효과 일반화를 위한 성실한 노력 촉구

출처: 이장호, 김정희(1992).

(3) 종결 단계

집단 프로그램은 대부분 구조화되어 진행하기 때문에 종결 단계는 정해진 시간 계획에 의해 이루어진다. 개별 개입과 마찬가지로 종결과정에서 집단 구성원들의 성취감과 같은 긍정적인 정서도 있지만 때로는 불안과 긴장을 느낄 수도 있고, 관계가 종결되는 것에 대한 복합적인 감정을 느낄 수 있다. 종결 단계에서 학교사회복지사는 이러한 정서적 반응을 정리하고, 개입과정에서 나타난 성과를 유지하고 강화할 수 있도록 한다. 또한 종결 단계에서는 목표 달성에 대한 평가와 사후관리 계획이 함께 이루어진다.

평가는 대부분 프로그램 참여자들의 만족도와 사전-사후 효과성 변화, 목표 달성 정도, 관찰, 소감문 등을 분석하여 종합적으로 평가한다. 종결 및 평가 단계의 각종 서식의 체크리스트는 다음과 같다(안정선, 2005).

〈표 7-14〉 집단 종결 및 평가 시기 체크리스트

1. 효과성 평가 준비- 사전 사후 평가, 관찰 분석, 소감문 분석, 프로그램 평가 설문지 준비 및 분석
2. 구성원 개별 분석
3. 개별약속이행표 사후평가(사전평가와 동일 양식)
4. 집단 프로그램 평가서: 보관용, 학교 보고 및 공유용
   - 효과성 평가, 과정 평가, 지도자 평가회의 결과, 차후 방향성에 대한 분석 등
5. 집단 종결 기록
6. 각 개별 파일 서류 정리
7. 사후지도 케이스 선별

출처: 안정선(2005). p.117.

제8장

교사 자문과 협력

난초 향은 하룻밤 잠을 깨우고, 좋은 스승은 평생의 잠을 깨운다.

– 공자, 『논어』

1. 교육과정 연계

〈학교사회복지사 이야기5〉

채영신 학교사회복지사와 박동혁 교사는 '평화적 해결과 폭력예방'이라는 도덕교과의 단원과 연계한 프로그램을 함께 검토하고 있다. 박동혁 교사는 중학교 도덕교사로 해당 교과 단원을 좀 더 효과적으로 운영하고 싶었다. 학교장과 교감도 학교폭력 예방교육에 관심이 커서, 전폭적인 지원을 해주기로 하였다.

일단 복지부장 교사의 제안대로, 학교폭력 예방이라는 말을 사용하지 않고 '평화'를 주제어로 선택하였다. 도덕 교과의 해당 단원 수업이 이루어지는 한 주간 동안, 학급 단위로는 도덕 교과 시간을 활용하고, 전 학생 대상으로는 아침, 점심, 종례시간을 활용하기로 하였다. 학부모 교육, 교사 연수도 함께 하자는 의견도 있었지만, 올해 처음 하는 프로그램이라 학생 대상으로만 계획하기로 하였다.

담임 교사의 협조가 필요한 부분이 있어서 학년부장과도 논의하였고, 교무부장, 학생부장도 사업운영회의에서 적극적인 협조를 받기로 하였다. 전 학년 대상의 평화 사진 콘테스트, 방송부가 진행하는 '사랑의 콜센터', 비폭력 · 평화 NGO 연계 교과교육, 마지막날 종례시간을 활용하여 한 줄의 가래떡을 나누는 '평화의 가래떡'이 계획되었다. 기존에 없던 행사라 다소 비판적인 교사들도 있었지만, 박동혁 교사를 비롯해서 지지하는 교사들도 많았기 때문에 순조롭게 계획되고 있다.

1) 교육과정의 이해

교육과정(curriculum)이란 경마장에서 말이 뛰는 길을 뜻하는 라틴어인 currere에서 유

래한 것으로, 학생들이 마땅히 따라가야 하는 길 또는 코스를 의미한다(조발그니 · 류정희, 2013). 교육의 목적, 내용, 방법, 평가 등 교과과정의 총체는 수업에서 나타난다. 「초 · 중등교육법」 제23조에서는 교육과정의 기준과 내용에 관한 기본적 사항은 교육부장관이 정하고, 이 범위 내에서 지역의 실정에 맞는 기준과 내용을 교육감이 정하도록 하고 있다. 또한 「초 · 중등교육법 시행령」에서는 학기 구분과 자유학기, 수업일수, 수업 운영 방법 등을 규정하고 있는데, 학교는 이러한 기준에 의거하여 교육과정을 운영한다.

현재 적용되는 교육과정은 2015 개정 교육과정에 따른 것으로, 초등학교 1학년부터 중학교 3학년까지의 학생들은 공통교육과정을 이수한다. 초등학교와 중학교 교육과정은 교과군과 창의적 체험활동으로 편성하며, 중학교의 경우 선택교과는 한문, 환경, 생활외국어, 보건, 진로와 직업 등의 과목으로 운영된다. 특히 중학교에서는 자유학기 또는 자유학년 시기에 다양한 활동을 창의적 체험활동과 연계하여 운영하고 있다.

고등학생들은 선택 중심 교육과정을 운영하며, 교과(보통 교과, 전문 교과)와 창의적 체험활동으로 교과는 기초, 탐구, 체육 · 예술, 생활 · 교양의 4개 교과 영역의 보통교과와 전문교과로 구분한다. 창의적 체험활동은 초 · 중학교와 마찬가지로 학생의 소질과 잠재력을 계발하고 공동체 의식을 기르는 데 중점을 두며, 자율활동, 동아리활동, 봉사활동, 진로활동으로 학교에서 자율적으로 편성 · 운영한다.

〈표 8-1〉 2015개정교육과정

초등학교	중학교	고등학교
공통교육과정	공통교육과정	선택 중심 교육과정
교과군: 국어, 사회/도덕, 수학, 과학/실과, 체육, 예술(음악/미술), 영어 1~2학년의 경우(국어, 수학, 바른생활, 슬기로운생활, 즐거운생활)	교과군: 국어, 사회(역사)/도덕, 수학, 과학/기술·가정/정보, 체육, 예술(음악/미술), 영어, 선택교과(한문, 환경 등)	교과군: • 보통교과–기초(국어, 수학, 영어, 한국사), 탐구(사회/역사/도덕, 과학), 체육 · 예술, 생활 · 교양(기술 · 가정, 제2외국어/한문/교양) • 전문교과 – 17개 교과
창의적 체험활동	창의적 체험활동	창의적 체험활동

수업 시수 1시간은 초등학교의 경우 40분, 중학교는 45분으로 하며, 고등학교는 1단위를 50분으로 하는 것을 원칙으로 한다. 그러나 기후나 계절, 학교 실정 등을 고려하여 탄력적으로 운영할 수 있다. 이 밖에 초·중·고교에서는 범교과 학습주제를 교과와 창의적 체험활동 등 교육활동 전반에 걸쳐 통합적으로 다루며, 지역사회 및 가정과 연계하여 지도하도록 하고 있다. 범교과 학습주제는 안전·건강교육, 인성교육, 진로교육, 민주시민교육, 인권교육, 다문화교육, 통일교육, 독도교육, 경제·금융교육, 환경·지속가능발전교육이 있다(교육부, 2015).

2) 교육과정 연계 프로그램 운영

학생 문제 예방교육 프로그램은 교육과정과 밀접한 관련이 있다. 예방 프로그램은 예방활동의 주요 목적, 대상 및 서비스 전달의 시기에 따라 1차, 2차, 3차 예방으로 나뉘며 교육과정 연계는 주로 1차 예방으로 이루어진다. 1차 예방이란 새로운 사례의 발생을 막기 위한 전체 인구 집단을 대상으로 하며, 문제의 징후가 나타나기 전에 실행하는 것이다. 장애인식 개선 프로그램, 학교폭력 예방 프로그램, 인권교육 프로그램, 교우관계 증진 프로그램, 성교육 프로그램, 진로 프로그램 등은 대부분 1차 예방교육 프로그램에 해당된다. 이러한 내용들은 학교 교육과정에 포함되어 도덕, 사회, 과학, 진로와 직업 등 정규 교과목에 해당 단원이 있는 경우가 많다. 또한 창의적 체험활동, 자유학기제 등의 주요 주제이기도 하다.

학교사회복지 프로그램이 교과과정과 연계되어 진행된다면 교사와 사회복지사의 협력 속에 지역사회의 자원을 활용하여 더 풍성하고 효과적인 프로그램을 기획하고 운영할 수 있다. 일례로, 장애인식 증진을 위한 교육이 교사의 판서와 동영상에 의존하던 것에서 사회복지사의 연계 활동을 통해 지역 내 장애인복지관의 협력을 받는 경우를 들 수 있다. 지역주민의 장애인식 증진은 장애인복지관의 주요 사업으로 시각, 청각, 지체 장애인 체험을 위한 도구와 자원봉사자 인력풀이 형성되어 있기 때문에 아동·청소년의 발달 단계에 맞추어 적용된다면 교육의 효과는 더욱 커질 것이다.

교육과정 연계에서 중요한 점은 교육과정의 주 전문직이 교사라는 점을 잊지 않는 것이다. 학교사회복지사는 교사와 기획 단계부터 협력하며, 외부 기관과 연계하는 경우 부장 교사, 교과목 담당 교사 및 기관 실무자와 종결 및 평가에 이르는 전 과정에서 정보를 공유하고 소통하는 것이 중요하다. 학교사회복지사는 이러한 과정에서 상호 협력적 분위기를 조성하고, 의사소통을 증진시키며 리더십을 발휘한다.

교육과정 연계는 대부분 학기가 이미 시작한 경우라면 새로 기획하고 운영하는 데에는 한계가 있다. 이미 연간 교육계획이 수립되고 수업시간이 확정되어 있기 때문에 전 학년 또는 해당 학년 학생 전부를 대상으로 하루 종일 이루어지는 프로그램은 기획 단계에서부터 어려움이 클 것이다. 따라서 프로그램은 전년도에 기획되어야 하고, 수업 시수를 고려하여 일정을 미리 확정하여 연간 교육계획에 반영되어야 한다. 교육부와 기타 학교 관련법에서 규정하는 예방교육 프로그램의 최소 시수는 다음과 같으며, 겹치는 항목은 통합하여 운영하고 있다.

〈표 8-2〉 A고등학교 교육 프로그램의 예

영역	최소 시수	법적 근거 등
보건교육(심폐소생술 등 응급처치에 관한 교육 포함)	17	「학교보건법」 제9조의2 *반드시 최소 1개 학년 이상
안전교육 : 생활안전교육(10), 교통안전교육(10), 폭력예방 및 신변보호교육(10), 약물 및 사이버 중독 예방교육(10), 재난안전교육(6),직업안전교육(3), 응급처치교육(2)	51	「학교안전법」 제8조 학교안전교육 실시 기준 등에 관한 고시 제3조
장애인식 개선교육	연간 1회 이상	「장애인복지법」 제25조 *장애인의날(4/20) 연간 2시간 이상 확보 권장
학교폭력 예방교육	학기별 1회 이상	「학교폭력예방법」 제15조
성폭력 예방교육(성교육 및 성폭력 예방교육)(1)	연간 1회 이상	「성폭력방지법」 제5조
성매매 예방교육(1)	연간 1회 이상	「성매매피해자보호법」 제5조

영역	최소 시수	법적 근거 등
가정폭력 예방교육(1)	연간 1회 이상	「가정폭력방지법」 제4조의3
아동복지법의 예방교육 : 성폭력 및 아동학대 예방교육(8), 실종 · 유괴의 예방 · 방지 교육(10), 감염병 및 약물의 오용 · 남용 예방 등 보건위생 관리 교육(10), 교통안전교육(10), 재난대비 안전교육(6)	44	「아동복지법 시행령」 제28조제1항 [별표6]
독도 계기교육	10	*독도의 날(10/25)
정보통신윤리교육	10	*창체시간 및 수업시간 활용

2. 교사 개입과 협력

1) 교사 개입

〈교실 스케치〉

- 어느 서울에 있는 중학교의 한 교실, 수업 종이 치고 교사가 들어와도, 제자리에 앉지 않고 어수선하며, 계속해서 장난하고 떠드는 학생들로 수업 진행이 어렵다.
- 고등학교의 모습은 그 정도는 아니지만, 수업시간에 자는 학생이 많다. 교사가 수업을 하는데, 2~3명 정도는 아예 엎드려 잔다. 일어나라고 하면 짜증스러운 표정으로 다시 엎드리거나, 아예 못 들은 척한다. 잠이 깰 때까지 교실 뒤에 나가 서 있다가 잠이 깨면 들어와도 좋다고 하지만, 나가 서 있지도 않는다. 뒤로 나가서 팔짱을 끼고 다시 눈을 감는 학생도 있다.
- 출석을 부르고, 자는 아이 깨우고, 이어폰 빼게 하고, 휴대폰 끄게 하고, 교과서 꺼내게 하고, 수업 중 못 떠들게 하고, 자는 학생 깨우고… 이건 수업이 아니다. 전투다.

출처: 김혜래(2000).

학교의 대부분의 시간은 교실에서 이루어지는 수업에 할애된다. 학교사회복지가 제도화되지 못한 우리나라 환경에서 교사의 소진과 스트레스는 별다른 지원이 이루어지지 않은 채 아직까지는 교사에 대한 개입이 제한적이다. 그러나 미국의 학교사회복지사는 장애학생을 위한 서비스 향상을 위하여 다양한 교사 개입을 수행한다.

학교사회복지사는 교사에 자문을 제공하고, 수업 행동관찰을 통해 학생과 교사의 상호작용을 분석하고 개선점을 제안한다.

(1) 교사와 관련된 학교사회복지사의 역할

교사는 교실 환경에서 학생의 교과 학습과 더불어 학생의 잠재력 신장과 성장 동기 유발, 자신감 증진 등 매우 중요한 역할을 수행한다. 학교사회복지사는 교사에게 학생의 상황에 대하여 설명하거나 자문을 제공하는 역할을 수행하여 왔다. Costin(1969)이 조사한 당시 학교사회복지사가 수행하는 업무의 107개 항목 중 교사에 관한 항목을 보면, 다음과 같다.

① 지도력과 정책 결정

: 교장, 교감, 교사를 위한 보수교육을 돕는다. 교직원들의 근무 환경 개선을 위해 적극적으로 활동한다. 지역사회 기관과 협력 관계를 개발하도록 학교 관리자에게 권고한다.

② 교사에 대한 개인적 서비스

: 교사 개인 문제를 돕기 위해 지역사회 기관에 의뢰한다. 교사가 자신의 개인적 문제를 이해하도록 돕는다. 아동과 가족이 활용할 수 있는 서비스에 대해 교사가 알고 활용하도록 권고한다. 아동에 대해 교사가 내리는 해석의 본질에 대해 교사와 함께 토의한다. 교사가 어떻게 아동에게 서비스 의뢰와 사회복지사 역할을 설명할지 돕는다.

③ 학교사회복지 서비스에 대한 설명

: 교사에게 학교사회복지 서비스의 본질, 목적, 과정을 설명한다.

④ 아동을 교사에게 설명

: 교사가 어떻게 부모와 함께 일할 수 있는지 조언한다. 교사가 아동의 정상행동과 문제 행동을 구분할 수 있도록 한다. 교사가 아동과 교사의 가치가 다를 수 있음을 인식하도록 돕는다. 문제가 서비스에 적합한지 토의한다.

(2) 자문

학교사회복지사는 교사, 학교관리자, 교직원, 지역사회주민 등에게 정보, 교육, 지지를 제공하는 자문가 역할을 수행한다. 학급에서 수업 분위기를 흐리고, 문제를 일으키는 학생을 다루는 데 어려움을 느끼는 교사, 장애학생을 위해 어떤 서비스를 어느 기관에서 제공하는지, 위급한 가정의 학생이 받을 수 있는 서비스나 혜택은 무엇이 있는지에 대해 학교 관리자나 교사는 학교사회복지사에게 조언을 요청할 수 있다. 학교사회복지사는 강점관점을 유지하면서 다양한 대안에 대한 장단점을 검토할 수 있도록 질문하고 정보를 제공하여 교사나 학교 관리자가 결정을 내릴 수 있도록 협력한다(Franklin 등, 2014).

미국에서는 학업 문제나 행동 문제를 가진 학생을 돕는 교사에게 필요한 자문 서비스를 제공하는 학교 기반 개입 원조 프로그램(intervention assistance teams; IAPs)이나 교사 원조팀(teacher assistance teams; TATs)의 일원으로 학교사회복지사가 참여한다(Dupper, 2003). Erchul과 Martens(1997)는 자문이 교사를 효과적으로 돕기 위한 문제해결 과정이며, 자문을 구한 사람이 당면한 문제에 도움을 주는 것이지만, 또한 향후 자문가의 도움 없이 유사한 문제를 효과적으로 처리할 수 있도록 통찰력과 기술을 키우도록 도움을 준다고 하였다. 이들은 자문 과정을 촉진시키기 위해 다음과 같이 제안하였다.

교사 자문 촉진 기술

- 학급 문제에 대한 교사의 좌절에 대해 경청한다.
- 교사가 가진 아이디어를 경청한다.
- 교사의 행동이 성공적이었을 때 이를 칭찬하고, 성공에 미치지 못할 때는 용기를 북돋아 준다.
- 학급 문제를 어떻게 사정하는지 가르쳐준다.
- 필요한 자원을 동원하고 대안적 해결을 찾는 적극적 역할을 취하도록 돕는다.
- 교사들이 동료 상호 간 도움을 통해 자조할 수 있도록 한다.
- 교사들이 쉽게 자문을 활용할 수 있게 한다.
- 가장 잘 사용할 수 있는 기술을 교사에게 알려준다.
- 자문의 문제해결 과정을 통하여 교사에게 필요한 지침을 제공한다.
- 교사가 개입과 평가하는 일을 보조해준다.
- 사정한 내용을 가지고 개입에 활용하도록 교사를 돕는다.

또한 Sanders(1999)는 학교사회복지사가 교실 관찰을 통해 학생에 대한 사정을 하는 사례를 보여주었다. 교실관찰은 학교사회복지사의 핵심적인 사정 도구로, 주요 대상 학생의 수업 태도와 교사와의 역동을 관찰하고 학생을 돕기 위한 방안을 교사와 함께 논의하는 데 사용된다. 이 사례에서 활용된 방법은 행동주의에서 많이 활용되는 부분 간격 기록법으로, 30초마다 학생의 문제 행동(주의 집중하지 않고 연필을 갖고 장난치거나 옆 사람과 속닥거리거나 불러도 모르는 등)을 기록하고 전체적인 비율을 측정하며, 해당 수업 시간 중 표적 학생에 대한 교사의 태도(긍정적, 부정적, 중립적)를 기록하였다. 객관적인 관찰 자료에 기반한 과학적인 접근은 교사와 학생 모두에게 개선 방안을 효과적으로 모색할 수 있도록 돕는다. 장애아동교육법에 근거하여 학교사회복지가 제도화된 미국은 학습장애가 중요한 개입 영역이고 수업 장면에서 교사와 학생이 모두 힘들어하기 때문에 학교사회복지사의 개입이 효과적으로 활용되고 있다.

(3) 교사 훈련 프로그램

직접적으로 교사들을 대상으로 서비스를 제공할 수 있는 예로, Gorden(1972)의 교사효율성 훈련(Teacher Effectiveness Training; T.E.T.)이 있다. 이 프로그램은 부모역할 훈련(Parent Effectiveness Training; P.E.T.)으로부터 발달된 것으로, Rogers의 내담자 중심 치료에 기반하여, 교사-학생의 인간관계 개선을 목적으로 고안된 것이다. 교사의 기대와 신념은 직접적인 교사의 행동이나 간접적인 의사소통의 형식을 통하여 학생에게 전달되며, 학생의 긍정적인 느낌은 교사의 촉진적 역할, 즉 교사의 효율성 정도에 따라 크게 좌우된다고 보고, 주로 학급에서의 의사소통기법과 갈등해결 방법들을 다룬다.

국내에서도 한라종합사회복지관의 학교사회복지사가 집단 지도자로 교사훈련 프로그램을 실시한 사례가 있다. 교사들은 교사-학생의 관계 형성과 수업 중 학생과의 갈등 조정에 어려움을 겪으며, 대화기법과 소집단 상담기법에 대한 욕구가 크다는 조사결과를 바탕으로 교사효능감 강화 훈련 프로그램을 실시하였고, 참여한 교사들의 효능감 강화에 효과가 있음이 입증되었다(진혜경, 2000).

2) 교사 협력

앞에서 교사에 대한 개입은 교사를 표적체계나 클라이언트 체계로 개입하는 경우에 해당되지만, 교사는 학생의 변화를 매개하는 변화매개체가 될 수 있고, 직접적으로 개입에 참여하는 행동체계가 되기도 한다. 학급 내에서 학생의 삶은 교사와의 관계에 커다란 영향을 받는다.

그러나 학교사회복지가 제도적으로 뒷받침되어 있지 못한 상황에서, 학교에서 문제 해결을 위한 팀 접근의 전문가로 사회복지사를 인식하지 않는 점은 서비스 전달의 주요 장애가 되고 있다(김기환, 1999). 사회복지사들은 학교사회복지의 성패를 결정하는 주요한 요소가 교사와의 자문이나 협조에 있다고 인식하고 있으나(유영준, 1998), 학교체계는 비공식적인 서비스의 제공에 대하여 협조나 팀 접근의 활용을 원치 않는 경우가 있다.

전통적으로 학교 교사들은 학교 조직의 권한 계층상 하위에 속하지만, 고도의 자율성과 전문성을 갖춘 집단이며, 서비스 전달을 위해 투입된 외부 전문가와 협력 관계를 형성하는 것은 쉽지 않은 일이다(성민선 외, 2004). 그러나 교사는 학생 생활지도의 일차적인 책임자이기 때문에, 2차 세팅인 학교에서 교사들이 갖고 있는 영역에 대한 갈등을 최소화하고 사회복지사와 교사의 협력관계를 유지 발전시키는 일은 서비스의 효과적인 전달을 위해 필수적인 과정이다(Berrick & Duerr, 1996; 김달님, 2001; 한국교육개발원, 2004a).

(1) 팀 협력

학교에서 사회복지사의 주된 역할은 교육이 아니라 교육 과정을 촉진하는 것이다(Franklin, 2000b). 협력 기술은 사회복지의 모든 역할 중 중요한 기능 가운데 하나이며, 학교 교사처럼 다른 학문분야의 전문가와 협력을 하는 것은 사회복지 실천에서 전혀 새로운 것은 아니다(Dupper, 2003; Franklin & Streeter, 1998). 미국의 경우 사회복지사들은 학교 밖 또는 많은 경우 학교 내에서 보건과 사회적 서비스의 연계를 통한 학교 연계 서비스(school-linked service)로 다양한 전문가와 협력하여 왔다. 특히 포괄적인 교육 서비스 전달 체계를 개발하고 유지하기 위한 학교 내 다학문적 팀(multidisciplinary team) 안에서 활동하고 있다(Dryfoos, 1994; Hare, 1995; Pennekamp, 1992; Dupper, 2003). 이러한 다학문적 팀은 학교사회복지사, 학교심리학자, 학교상담가, 특수교사 혹은 교장이나 교사가 참여하는 체계로, 팀 협력을 통해 클라이언트의 문제 해결을 위해 여러 전문가들이 전문적 기술이나 지식을 서로 공유하고 조정하는 과정을 갖는다(Andrews, 1990).

이에 비해 국내에서는 그동안 교사를 돕는 지원체계가 없이 모든 학생의 문제나 교육의 문제는 전적으로 학교의 책임으로 돌리는 무한책임론이 있었다(권이종, 1996). 이제 위클래스, 교육복지실 또는 학교사회복지실에 사회복지사가 배치되고 있다. 이들은 교육활동에 직접 참여를 하거나 학생의 생활지도에 참여하고, 학생을 중심으로 교사들과 지속적인 정보교류와 의사소통을 하고 있다. 이러한 과정에서 교사와의 협력은 필수적인 기반이 되고 있다(Lynn, Mckay & Atkins, 2003).

(2) 협력의 요소

협력(collaboration)은 공동의 목적을 달성하기 위해 함께 노력하는 과정을 말한다(Swan & Morgan, 1993; Bruner, 1991). Bronstein(1999)은 협력의 요소로서 목적공유, 상호의존성, 새롭게 창출되는 활동, 역할유연성, 과정에의 반영 등 5가지를 들었다. 즉, 협력은 서로 간에 달성하고자 하는 목적의 공유를 통한 활동이며, 전문가 간의 원활한 의사소통과 정보교류 및 상호 신뢰가 이루어지는 상호의존성을 갖고, 둘 이상의 전문가가 함께함으로써 시너지 효과를 통해 새롭게 창출되는 활동이 있다. 또한 협력은 전문가의 고유한 역할을 넘어서는 역할유연성을 가지며, 의사결정과 책임공유 및 과정에 있어서 충분한 협의가 이루어지는 과정을 반영한다.

이러한 협력에는 각 전문가들의 차별화된 역할, 기관의 조직적 특성, 개인적 특성 및 상호 협력 경험의 역사가 영향을 미친다(Bronstein, 2003). 그러므로 학교사회복지사는 교사와 차별화된 전문성을 갖고 있을 때 효과적으로 협력할 수 있다. 학교장의 인식과 학교조직의 개방성, 교사와 사회복지사의 개인적 특성과 함께 협력한 경험이 축적될수록 협력이 잘 이루어진다.

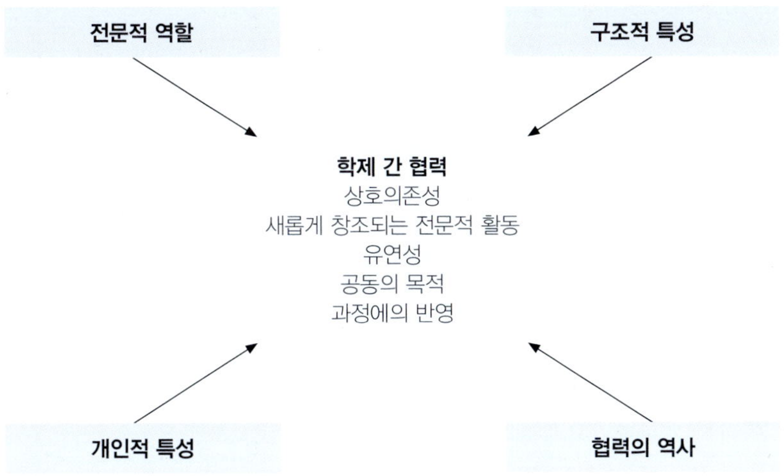

[그림 8-1] 학제 간 협력의 영향 요소

출처: Bronstein(2003). p.303.

학교사회복지사는 생태체계적 관점을 바탕으로 교사와 협력을 통해 학생을 돕는다. Atkins 등(1998)은 PALS(Positive Attitudes toward Learning in Schools) 모델을 통해, 학교사회복지사와 교사의 협력으로 교실에서 학생들의 긍정적 태도와 행동을 증가시키고, 아동의 행동 문제가 감소되어 학업에 전념할 수 있는 긍정적인 변화를 보고하였다. Bowen과 Bowen(1998)도 학교사회복지사와 교사의 협력에 초점을 둔 생태학적 개입 모델을 통해 교사의 지지가 보호요인으로 작용하여, 취약한 가정환경과 같은 위험요인보다 교사의 지지와 같은 교사요인이 학생의 학업 수행에 더 영향을 주며, 학생의 학교응집력(students' sense of school coherence)을 제공하는 것으로 보고하였다.

특히 우리 사회가 다문화 사회로 빠르게 전환되는 과정에서 이주민 밀집도가 높은 학교에서 교사와 학생 간 언어 및 문화적 차이, 이주 배경 가정과 학교와의 원활한 소통의 어려움, 이주 배경 학생의 학교적응에 대한 지원 부족으로 나타나는 교사들의 고충이 지적되고 있다(송효준 · 양경은, 2018). 문화적 다양성과 강점관점의 학교사회복지사는 취약계층을 돕는 사회복지 서비스와 지역사회 자원을 잘 알고 있으며, 가정-학교-지역사회 연계의 전문가로 교사와 차별화된 전문성을 통해 교사를 지원하며 공동 협력자로 역할을 수행한다.

또한, 학교사회복지사와 교사의 차별성은 사례를 의뢰, 조정, 관리하는 전문적인 사례관리자로서의 역할 수행에 있다(김기환, 1999). 최근 미국의 경우, 학교 중심의 통합적 서비스(School-based full service)가 학교사회복지의 새로운 모델로 등장하면서(한인영 외, 1997), 사회복지사의 역할이 심리치료사의 역할 외에 교육자, 자문자, 연계자의 역할을 중요시하는 사례관리자로서의 역할이 강조되고(Hare, 1994), 학교 안과 밖에서 학생과 가족, 지역사회를 지원하기 위한 네트워크 구축과 같은 역할로 확대될 것을 요구하고 있다(Franklin, 2000a; Anderson-Butcher & Ashton, 2004). 이러한 연계자, 사례관리자로서의 독특한 학교사회복지사의 역할은 교사와 역할 중첩을 피하고 역할 분담과 갈등 해결에 일조하게 된다. 협력체계 구축에 있어서 교사는 경쟁자가 아니라 협력자이며 지원체계이고 서비스의 수혜자이기 때문이다(홍선경, 1999).

(3) 협력의 장애요인

교사와 학교사회복지사의 협력에 있어서 장애요인은 여러 가지가 있다. 교사와 사회복지사는 가치와 태도 및 교육과 훈련 경험에서 서로 다르게 사회화된다(Bronstein & Abramson, 2003). 이러한 차이는 학교에서 교사와 학교사회복지사가 함께 일을 하고자 할 때 종종 충돌로 나타나게 된다. 또한 학교장과 교사의 학교사회복지에 대한 인식의 부족, 야외활동에서 학생 관리에 대한 학교사회복지사의 책임, 부모의 이해를 구하는 문제의 어려움, 교사들의 인식, 재정의 부족, 협력에 따른 교사들의 업무 증가 우려 등의 장애요인이 있다(김은혜, 1999; 노혜련, 2001).

특히 학교사회복지사와 상담교사, 담임교사와의 역할 중첩과 역할 갈등에 대한 문제가 초기부터 꾸준히 제기되었다(김연옥 · 이상균, 1998). 담임 교사는 학생의 생활지도를 담당하고 있는 일차 책임자이며(이상균, 2001; 최연선, 1999), 학생 문제는 주로 학생부장 교사와 상담교사가 맡아 왔던 현실에서, 학교사회복지사 역할에 대한 모호성은 협력에 장애가 된다(김연옥 · 이상균, 1998; 채완순, 2002). 선행연구에서도 교사들이 외부 전문인력 도입을 반대하는 이유 중 기존 상담교사와의 업무 중복에 대한 우려가 가장 높았다는 조사결과가 있다(유은주, 2001:97).

이와 같은 교사와의 역할 중첩과 불충분한 의사소통은 교사와 학교사회복지사와의 상호이해에 기반한 역할의 분담을 통해 해결되거나(김연옥 · 이상균, 1998), 성공적인 학교사회복지실천의 경험을 통해 사회복지사가 교사와 다른 특별한 전문성을 경험하는 것으로 해결된다(채완순, 2002). 김달님(2001)도 학교사회복지사와 교사가 '공동협력자'와 '공동조력자'로서, 문제의 발견, 의뢰, 개입 과정과 이후 지속적인 관찰 등에 있어서 서로 역할분담을 통해 협력이 이루어짐을 보여주었다.

교사 집단과 사회복지사 집단은 각기 다른 사회화 과정과 경험을 갖고 있고, 사회적 비교를 통해 정체성을 갖게 된다. 그러므로 교사와 학교사회복지사의 협력은 양성되는 교육과 훈련과정 내에서부터 시작될 필요가 있다. 즉, 대학교육에서 학교사회복지론 교과목을 사회복지학과뿐만 아니라 사범대학 학생들이 같이 수강하면서 함께 토론하고 서로의 차이를 이해하는 것은 이후 교사와 학교사회복지사로 만나 협력관계를 형성하는 데 도움을 줄 수 있다. 마찬가지로 교직원 연수, 교사와 사회복지사의 보수교육 등에서 학제 간 융합 과정이 확대되어 상호 이해와 팀 협력의 경험이 확대되어야 할 것이다. 이와 같은 팀 협력은 사실 교사와 학교사회복지사만이 아니라 학생을 위한 다양한 전문직의 팀 협력이 요구되는 모든 전문가에게 필요한 부분이다.

제9장

안전한 학교와 위기 개입

중국인은 '위기'를 두 글자로 씁니다. 첫 자는 위험의 의미이고, 둘째는 기회의 의미입니다.
위기 속에서 위험을 경계하되, 기회가 있음을 명심합시다.

–John F. Kennedy

1. 안전한 학교

1) 안전과 안전한 학교

(1) 안전과 관련 법률

안전이란 Florio와 Staffor(1974)에 의하면 위험 가능성이 없고, 사고가 없는 상황이나 상태로 정의된다. 안전은 매슬로우의 욕구 5단계에서 생리적 욕구 다음 단계에 해당하는 욕구로, 상위 단계인 소속감이나 자존, 자아실현을 위한 토대가 된다. 학교는 자아실현을 위한 배움의 공간이며, 학생들은 학교에 대한 소속감을 갖고 자신감을 기르는 것이 중요하기 때문에 안전은 학교의 기본적 조건이라 할 수 있다(전구훈 등, 2011).

유엔 아동권리협약(CRC)에서 모든 아동은 안전한 환경에서 성장할 권리가 있으며, 이를 충족시키는 것은 사회의 기본적인 책임으로 천명하고 있다. 또한, 「청소년기본법」 제5조제4항은 청소년이 안전하고 쾌적한 환경에서 자기발전을 추구하고 정신적 · 신체적 건강을 해치거나 해칠 우려가 있는 모든 환경으로부터 보호받을 권리를 가진다고 규정하고 있다.

특히 학교와 관련하여, 「교육기본법」 제27조는 국가와 지방자치단체가 학생과 교직원의 건강 및 복지의 증진을 위해 필요한 시책을 수립 · 실시하도록 규정하였으며, 이에 따라 「학교보건법」에 의해 학교가 안전사고 예방을 위한 시설과 장비의 점검, 안전교육 실시 등을 하도록 규정하고 있다. 또한 2007년에 제정된 「학교안전사고예방 및 보상에 관한 법률」과, 보다 직접적인 법률로 「학교폭력예방 및 대책에 관한 법률」이 있다. 「학교보건법」과 「학교안전사고예방 및 보상에 관한 법률」이 주로 안전사고에 초점을 둔다면, 「학교폭력예방 및 대책에 관한 법률」은 학교폭력에 초점을 둔다.

이 밖에 자연재해나 각종 재난으로부터 국민의 생명, 신체 및 재산을 보호하기 위하여 관련된 법령을 통합하고 대응관리 체계를 확립하기 위해 2004년 「재난 및 안전관리기본법」이 제정되었다. 정부, 경찰청, 소방청, 해양경찰청 등 관련된 부처가 신속히 대응할 수 있도록 국무총리를 중앙재난안전대책본부장으로 하며, 지역대책 본부와 재난관리책임기관에서는 재난 유형에 따른 위기관리 표준매뉴얼, 위기대응 실무매뉴얼, 현장조치 매뉴얼을 작성하여 운영하도록 하고 있다. 이에 따라 교육부에서도 풍수해, 지진, 화재, 감염병 등 13개 분야에 대해 재난 유형별로 위기대응 매뉴얼을 마련하였다.

학생들의 생존권과 발달권, 보호권을 보장하고, 주요 생활공간인 학교가 안전한 환경으로 구축되기 위하여, 학교는 각 법령에서 규정하는 안전교육을 실시함과 동시에 각종 예방교육을 실시하고 있다. 이는 제8장에서 교육과정 연계와 관련하여 제시한 것과 같다.

(2) 안전한 학교의 개념

안전한 학교에 대한 개념은 법률이나 정책의 방향에 따라 다소 차이가 있다. 외국의 안전한 학교의 개념은 사고로부터의 안전보다는 총기, 마약, 학교폭력, 성폭력 등 각종 위험으로부터의 안전에 초점을 둔다. 캐나다의 경우 2001년 안전한 학교법(Safe Schools Act)을 제정하고, 학교 내 폭력에 대해서 예외 없이 처벌하도록 하는 무관용원칙(Zero tolerance)을 실시하였다. 그러나 2007년에는 '무관용원칙'에 대한 비판에 따라 이를 폐지하고, 진보적인 훈육과 학교안전법의 교육법개정안(Bill 212,

Education Amendment Act; Progressive Discipline and School Safety Act)을 제정하였다

우리나라의 경우 학교 안전은 외국과 달리 총기나 마약으로부터 상대적으로 안전한 상태에서, 주로 학교 안전사고와 학교폭력으로부터의 안전에 집중되어 있다. 「학교안전사고예방 및 보상에 관한 법률」에 따른 학교안전사고는 체육활동과 같이 교육활동 중에 발생한 사고, 학교급식 등으로 인한 식중독 사고나 낡은 학교 건물에서 발생한 화재나 감전사고 등이 해당된다.

학교사회복지 서비스와 보다 직접적으로 관련된 「학교폭력예방 및 대책에 관한 법률」에서 정의하는 학교폭력이란 '학교 내외에서 학생 간에 발생한 상해, 폭행, 감금, 협박, 약취 · 유인, 명예훼손 · 모욕, 공갈, 강요 및 성폭력, 따돌림, 정보통신망을 이용한 음란 · 폭력 정보 등에 의하여 신체 · 정신 또는 재산상의 피해를 수반하는 행위'로 규정된다. 이는 학생 간의 분쟁 조정에 초점을 두고 있어서, 외국의 안전한 학교가 심리적 · 신체적 위험으로부터 폭넓게 접근하는 것과 차이가 있다. 이와 같은 접근의 차이는 구체적인 실천 전략에서도 커다란 차이를 가져온다.

경기도 학생인권조례 제2절의 폭력 및 위험으로부터의 자유를 규정한 내용 중 제6조는 학생들이 따돌림, 집단 괴롭힘, 성폭력 등 모든 물리적 및 언어적 폭력으로부터 자유로울 권리를 가질 것과 학교 내 체벌 금지 및 이를 방지하기 위한 최선의 노력을 학교와 교육감이 다할 것을 명시하고 있다. 또한 제7조에서는 학교가 학생의 안전을 확보할 수 있도록 '안전관리체계'를 정비하고 그것을 유지하기 위하여 노력해야 하며, 학교에서 사고가 발생한 경우에 학교의 장은 신속하게 피해자를 구조하고, 그 피해를 예방하기 위하여 관계기관 및 지역주민과 협력하여야 한다고 명시하고 있다. 인권조례에 비추어 현재의 안전사고 예방과 학생 간 발생하는 폭력에 국한하는 것보다는 "모든 폭력과 위험으로부터의 안전"을 지향하는 안전한 학교가 좀 더 바람직한 것으로 여겨진다.

범죄나 교통사고, 학교 내에서 노후된 시설이나 학생 과실에 의해 발생하는 학교 안전사고가 주로 객관적인 측면, 즉 학생을 둘러싼 외적 환경의 문제를 다루는 데 비해, 개개인이 학교를 안전한 곳으로 인식하는가에 대한 주관적인 측면에서의 안

전한 학교 개념이 있다. Verdugo와 Schneider(2005)가 정의하는 안전한 학교(Safe schools)는 '학생이나 성인들이 학교가 심리적, 신체적 위험으로부터 안전한 환경을 지속적으로 만들어 학교 안에서 안전하게 지내고, 또 안전하다고 느끼고 있는 학교'로 보다 학생의 주관적인 인식을 강조함을 볼 수 있다. 학교는 모든 학생을 위한 안전한 장소로 인식되어야 하며, 긍정적인 학교 문화와 학교 분위기 형성이 중요하다. 이를 위해 교육적 관여와 소속감, 유대감, 성인과의 애착관계, 적절한 수준에서의 환경 구조와 통제, 자존감 지지를 위한 교과과정, 대처기술의 습득 등을 통한 학교의 보호요인이 강화되어야 한다(Dupper, 2003). 이는 물리적인 위험만이 아니라 학교에서 안전하다고 느끼는 심리 · 정서적 측면을 포함하고 있기 때문에 안전사고 중심의 접근보다 더 포괄적이다.

〈표 9-1〉 학교의 위험요인과 보호요인

위험요인	보호요인
• 정학과 체벌 • 징계적이거나 부적절한 학교출석 규정 • 차별적인 성적 처리 과정 • 학년 유급 • 교사의 기대와 태도 • 큰 규모의 학교 • 활력적이고 혁신적인 커리큘럼의 부재 • 학년 수준의 잦은 변화 • 낮은 학업 성취 기대 수준을 갖는 분위기 • 범죄와 폭력 • 폭력 집단과 관련된 학교 내외 활동	• 교육적 관여, 학교 소속감 및 유대감 • 정서적으로 중요한 성인들과의 애착 관계 • 적절한 수준의 환경 구조와 통제 • 대처와 자아자존감을 지지해 줄 수 있는 교과과정에 대한 발전적 접근 • 대처기술의 습득

출처: Dupper(2003).

2) 학교폭력으로부터 안전한 학교

학교폭력은 학교사회복지사업을 도입하던 초기부터 주요한 개입 영역이었다. 학교폭력이 사회적 문제로 대두된 것은 1995년 고1 김대현 군이 같은 학교 상급생 5명의 괴롭힘으로 자살에 이르렀으나 학교 측의 은폐, 가해학생들이 아무런 처벌을 받지 않은 채 잊혀져 가는 현실이 언론에 보도되면서부터였다. 아버지 김종기씨의 청소년폭력예방재단(현 푸른나무 재단) 설립과 법제화를 위한 시민 운동으로 2004년 「학교폭력 예방 및 대책에 관한 법률」이 제정되면서 학교폭력에 대해 공적인 개입이 시작되었다.

현재 학교폭력에 대한 처리절차는 앞서 3장에서 살펴 본 것과 같이 경미한 사안은 학교장이 자체 해결하고, 분쟁조정과 심의를 통해 조치가 필요한 경우는 교육지원청에서 교육장이 결정하도록 하고 있다.

[그림 9-1] 학교폭력에 대한 사안 처리 절차

출처: 교육부 · 이화여자대학교 학교폭력예방연구소(2020). p.10.

증거기반 실천에서는 메타분석을 가장 높은 수준의 증거로 보고 있는데, 이숙정 등(2015)이 학교폭력 피해 경험과 관련된 보호요인에 대한 메타분석을 실시한 결과 또래 지지의 효과가 가장 컸으며 교사 지지와 교사 관계, 학교생할 적응, 학교 환경의 순으로 효과가 있는 것으로 보고하였다. 또한 연구결과 학교급별로는 초등학교의 효과가 가장 크고 고등학교, 중학교 순으로 효과를 보인 것으로 보고하였는데, 중학교가 학교폭력 피해학생 수가 가장 많고 초등학교가 가장 적은 실태를 감안할 때 중학교에서 보호요인의 효과적인 개입을 위한 방안 모색이 시급해 보인다.

윤초희 등(2014)이 실시한 국내의 학교폭력 예방 프로그램 효과에 대한 메타분석 결과, 폭력에 대한 인식과 공격성/실제적인 폭력 사용에 효과가 가장 컸고, 사회적 기술 개발, 부정적 정서의 감소, 자아존중감과 같은 긍정적 정서의 강화에도 효과가 있는 것으로 나타났다. 이 연구에서 예방교육의 효과는 고등학생 집단이 가장 효과 크기가 컸고, 초등학생이 중학생보다 효과크기가 높았다. 참여인원이 적을수록, 회기 수가 길수록 효과적인 것으로 나타났다. 그러나 대부분 학교폭력 예방 프로그램은 1~10회기에 이루어진 것이 대부분이었고, 추수 연구를 진행한 연구가 극히 일부에 불과한 점, 많은 연구가 통제집단을 설정하지 않았거나 표준화된 측정도구를 사용하지 않아 메타분석에서 제외된 것으로 나타났다.

최근 교육부와 이화여자대학교 학교폭력예방연구소(2020)는 '학교폭력 사안처리 가이드북'을 발간 배포하였다. 가이드북에서는 앞서 언급한 사안에 대한 처리절차와 각 단계에서의 유의사항을 담고 있다. 한국청소년정책연구원에서도 학교폭력예방교육지원센터를 통해 공감, 의사소통, 감정조절, 자기존중감, 갈등해결, 학교폭력 인식 및 대처의 6대 역량을 증진시키는 데 중점을 둔 '어울림 프로그램'과 또래 활동 중심의 '어깨동무 활동'을 보급하고 있다(www.stopbullying.re.kr).

또한 한국학교사회복지학회와 한국학교사회복지사협회의 연구진에 의해 '학교폭력 예방 및 해결을 위한 다차원적 접근 매뉴얼'이 개발되었다(배진형 등, 2013). 학교폭력의 발생 원인이 다차원적이기 때문에 생태체계적 관점과 해결중심 강점관점에 기반하여, 실질적으로 학교폭력의 예방과 해결을 위해 '안전하고 평화로운 학교 만들기'를 제안한다. 이를 위하여 학교 역량, 학생 역량, 가족 역량, 지역사회 역량을 강화시키는 방안을 제시하고 있는데, 이를 요약하면 다음 〈표 9-2〉와 같다.

〈표 9-2〉 학교폭력 예방 및 해결을 위한 다차원적 접근– 안전하고 평화로운 학교 만들기

영 역	내 용
학교 역량 강화	안전하고 평화로운 학교 정책 수립 학교폭력 예방 및 대응을 위한 대응체계 구축 학교폭력 대응학급 및 학교 수칙 제정 및 공유 학교의 강점 발견과 활용 교사의 역량 강화 안전하고 평화로운 학교를 위한 분위기 조성 학교폭력 전담기구 역량 강화
학생 역량 강화: 예방교육	나눔교육, 인권교육, 학급응집력 강화 프로그램, 학교폭력 예방교육, 학교폭력 예방 캠페인, 예절교육, 또래상담교육, 인권공동체 교육
학생 역량 강화: 피 · 가해학생 지원하기	피해학생 집단 프로그램 가해학생 집단 프로그램 위기 개입
가족 역량 강화	안전하고 평화로운 학교를 위한 가정 수칙 학부모 역량 강화하기(학부모교육), 학교와 가정의 협력,
지역사회 역량 강화	안전하고 평화로운 학교 지원협의체 구축 · 운영 및 활동 지역사회 자원 조직화

출처 : 배진형 등(2013).

3) 안전한 학교의 구축

(1) 국제안전학교 안전 기준

학교사회복지가 우리나라 학교 현장에 도입될 당시, 주요 목적이나 쟁점은 '생활지도'와 '학교폭력 예방'이었다. '안전한 학교'란 용어를 직접적으로 사용하진 않았지만, 학교폭력 예방을 위한 개입은 학생개별상담, 가족, 학교 환경체계 모두를 표적체계로 다루었다. 안전한 학교에서 학교폭력 예방은 매우 중요한 영역이며, 모든 학생이 학교를 안전한 곳으로 인식하고 느끼기 위해서는 가정, 학교, 지역사회 체계의 네트워크 구축과 안전한 학교를 위한 사회적 인식과 제도도 확충되어야 할 필요가 있다.

학교 인근 혹은 학교 교정 내에서 발생하는 학교폭력, 학교 안전사고, 학생 대상의 성범죄 등에 대해, 대부분의 학교들은 주로 물리적인 환경 구축에 초점을 두고

CCTV 설치를 강화하거나 학교보안관의 순찰, 혹은 등하교 시 학부모에게 휴대폰 알림 등의 대책을 마련하고 있다. 그러나 안전한 학교를 구축하기 위해서는 가정-학교-지역사회의 안전망 구축이 선행될 필요가 있다.

이와 같은 안전한 학교를 확대하기 위하여, 세계보건기구(WHO) 산하의 국제 안전도시공인센터(ISCCC)는 다음 기준을 충족하는 학교를 국제안전학교(International Safe School)로 인증하고 있다.

① 학교 안전 증진을 위한 교사, 학생, 학부모 등의 학교 구성원 협력기반 구축
② 안전한 지역사회 환경에서 안전한 학교 정책 마련
③ 모든 학생과 상황을 포괄하는 장기적이고 지속가능한 학교 프로그램
④ 고위험군 및 환경을 대상으로 하는 프로그램 및 취약계층 안전 증진 프로그램
⑤ 과학적 지식을 기반으로 한 프로그램
⑥ 의도적(폭력 및 자기주도적), 비의도적(사고) 손상의 빈도와 원인을 문서화하는 프로그램
⑦ 학교 정책, 프로그램, 진행과정 및 변화의 효과 평가를 위한 평가 조치
⑧ 지역사회, 국가 및 국제 수준에서 안전한 학교 네트워크에 지속적인 참여

우리나라에서 국제안전학교로 공인받은 초등학교는 교통안전, 생활안전, 보건안전, 급식안전, 워킹스쿨버스, 교통봉사단 운영, 유괴 예방, 배움터지킴이, 성교육 및 위험상황에서의 대처능력 교육, 외부인 출입증 패용 등의 프로그램을 시행하고 있다(김진향, 2010).

(2) 안전을 위한 학교 - 가정 - 지역사회 연계

안전한 학교의 구축은 교사, 가정과 지역사회의 협력이 매우 중요한 과제이다. 울리히 벡(1992)은 위험사회에서 사회적 지위에 따라 위험의 분배가 다름을 지적하고 있다. 안전에 있어서 재개발지역이나 빈집이 많은 구도심 지역, 혹은 보호자가 없거나 보호자의 보호가 충분하지 못한 맞벌이 가정, 그리고 장애학생이나 저항을 하지

못하는 어린 학생들은 상대적으로 범죄의 위험에 더 쉽게 노출되고 피해자가 된다. 전구훈 등(2011)의 연구에 의하면, 지역사회가 안전하지 못한 경우, 해당 학교의 안전의식도 취약하고, 그 지역사회에 살고 있는 부모의 경제적인 상황도 열악하여 자녀 안전을 돌볼 여유도 없고 부모의 안전의식도 취약한 것으로 나타났다. 불안전 상황에 노출된 아이들이 많을수록 학교의 안전문화는 취약하였고, 교사들은 학생 안전 대책에 어려움을 겪고 있었다. 따라서 아이들은 불안전한 가정, 학교, 지역사회에 노출되는 문제점이 있다. 그러므로 학교사회복지사는 지역사회의 취약한 환경 변화를 위해서 교사와 안전에 대한 공동 의식을 갖고 지역사회 안전망 구축을 위해 노력하며, 가정과의 협력을 이끌어내고 지역사회 네트워크를 활용하는 것이 중요하다.

안전한 학교의 모습은 개방적인 학교체계로 물리적인 학교 안전만이 아니라 심리적으로도 안전한 학교이다. 즉, 학교가 자신을 보호해주는 든든한 보호자 같은 역할을 하며, 언제나 위험이 발생했을 때 찾아가 위로받고 보호받을 수 있는 체계가 되어야 하는 것이다. 안전한 학교를 위해 물리적인 학교 치안과 범죄로부터의 안전만을 강조하는 것은 다소 조심할 필요가 있다. 이는 자칫하면 폐쇄적이고 경직된 문화를 가져올 수 있기 때문이다. 외국의 무관용주의가 지나치게 처벌 중심의 엄격한 통제를 지향함으로써 오히려 취약계층 학생을 학교로부터 축출시키는 문제점이 발생하였던 점을 상기할 필요가 있다.

그러므로 안전한 학교는 위험한 범죄로부터 차단하는 학교만을 강조하는 것에서 나아가 학교와 지역사회를 안전한 환경으로 변화시키는 공동의 노력이 중요하다. 가정에서부터 학교까지의 통학, 학교 내에서의 생활, 방과 후 활동과 귀가 등을 모두 포함하여 학생들이 심리적으로 안전하게 느낄 수 있도록 구체적인 노력이 포괄적으로 이루어져야 한다. 지역사회-학교-가정의 연계와 학교 내에서의 위기관리 시스템, 경찰 등 타 전문직과의 협력이 강조되며, 무엇보다도 비폭력 평화 운동과 학생 인권의 옹호가 선행되고 강조될 필요성이 있다. 학교 문화나 분위기가 처벌 중심보다는 상호 존중과 인격적 만남, 문화적 차이와 차별을 넘는 포용성의 문화가 형성되는 것이 무엇보다 학교 안전에 더 중요하다.

2. 위기 개입

1) 위기

학교는 집단따돌림, 성폭력 등의 학교폭력, 자살 등의 위기에 노출되어 있다. 일반적으로 위기는 특정한 장애나 문제가 일상적인 해결 방법으로 해결되지 않을 때 나타나는 현상으로, 정체감 형성과 같은 발달과업을 성취하는 과정에서 나타나는 발달적 위기와 죽음이나 질병과 같은 상황적 위기로 구별된다. 특히 학교 안에서 일어나는 자살과 타살, 질병으로 인한 죽음과 애도, 재해, 재난 사고와 학교폭력 등의 상황적 위기는 학교 공동체 전체에 영향을 미친다(조현진, 2008).

학교가 속한 지역사회나 국가 차원에서 발생한 사건도 학교 위기에 포함될 수 있다. 씨랜드 화재사건, 인천 호프집 화재사건, 해병대 캠프 사고부터 최근 세월호 사건과 지진 및 홍수 피해, 그리고 코로나 바이러스 전염병에 이르기까지 학생들이 피해를 입는 재난 · 재해의 위기는 어느 학교에서나 발생할 수 있다.

사람들은 위기를 경험하게 되면 혼란과 불안, 무기력증과 같은 심리 정서적 충격을 갖게 되며, 위기 사건에 대한 즉각적인 치료나 심리 서비스를 받지 못할 경우 외상 후 스트레스 장애와 같은 정신적 장애가 나타나기도 한다. 외상 후 스트레스 장애는 DSM-Ⅲ부터 공식적으로 채택되었으며, 위기 사건에 대한 반복적 회상이나 악몽, 일시적인 기억장애, 주의집중력의 저하, 수면장애 등을 일으키고, 위기사건의 충격 정도에 따라서 심한 죄책감, 자기 파괴적이고 충동적인 행동, 신체적 고통, 대인관계나 가족관계에서의 어려움 등을 유발하기도 한다.

청소년들이 경험하는 위기사건은 성인기 정신장애의 원인으로만 영향을 미치는 것이 아니다. 청소년의 발달적 특성에 의해 청소년들은 동일한 위기를 경험한 성인보다 더욱 심각한 정서적 충격을 경험한다. 특히 학교에서 폭력이나 동료 학생의 죽음을 경험한 경우, 학생들의 주요한 생활 영역인 학교와 관련되어 있다는 점에서 대다수 학생들에게 폭력에 대한 불안 등 심각한 충격을 주게 된다. 학교사회복지사는 위기 개입을 통해 학생의 심리정서적 충격을 해소하고, 이들의 학교적응력을 향상시키도록 노력한다. 그러므로 학교에서의 위기 개입 서비스는 위기 사건을 경험한 피해학생의 기본적 인권인 안전과 치료의 권리를 보장하고 삶의 질을 향상시키기 위한 필수적인 서비스라 할 수 있다.

2) 학교 내 위기 개입 서비스

위기 개입은 위기이론(Crisis Theory)에 기초한 것으로, 위기로 인한 불균형 상태를 회복하기 위하여 일정한 원조수단을 개인, 가족, 집단 그리고 지역사회 등에 적용하는 과정이다. 위기 사건 경험에 따른 외상 후 스트레스 장애를 예방하거나 감소하기 위한 전문적 서비스를 제공하여 개입이 이루어진다. 특히 학교에서의 위기 개입은 즉각적이고 단기적인 원조과정으로, 학교의 기능을 회복하고 위기로 인한 학생, 학부모, 학교 구성원의 2차 후유증을 방지하고, 이들의 신체, 심리, 사회적 기능을 회복하는 데 목적을 둔다.

위기 개입 서비스는 위기가 발생한 즉시 다양한 유형의 전문가들에 의해 팀 협력으로 이루어져야 하며, 심리정서적 충격의 완화를 위해 상담과 더불어 의료적 서비스, 안전한 장소의 제공 등이 함께 이루어질 때 효과적이다. 또한 위기 사건은 위기를 경험한 학생이나 주변 학생들에게만 국한되는 것이 아니라 이들의 가족과 교사에게도 심리적 충격과 부정적인 영향을 미치기 때문에 부모와 교사에게도 필요한 서비스이다. 그러므로 학교사회복지사는 위기를 경험한 피해 학생, 동료학생, 교사, 학부모, 지역사회를 대상으로 위기의 피해를 최소화하고 학교의 기능을 회복하며, 동일한 문제의 발생을 예방하기 위해 위기 개입 서비스를 제공한다. 학교 내에서는 위기를 경험한 학생, 피해 학생과 가장 친한 동료 학생들, 같은 반 학생, 해당 학년 및 전체 학생들에 대한 서비스를 진행하는 것과 동시에, 가족에 대한 지원을 계획하여야 한다. 전문적 심리치료가 필요한 경우 지역사회 자원을 활용하며, 학교 내 예방 프로그램을 제공하고, 지역사회의 주민과 학부모를 위한 24시간 핫라인 전화를 개설하며, 위기의 원인이 되는 취약환경을 정비하도록 지역주민의 협조를 구하는 것 등의 포괄적이고 체계적인 위기 개입 서비스를 제공한다.

(1) 위기 사건의 단계적 개입

위기개입은 Caplan(1964)의 PPRR(Prevention, Preparation, Response, Recovery) 위기 관리 모델에 기초한다. PPRR은 예방, 준비, 대응, 복구의 단계로, 예방은 위기 발생 전 사고 발생 가능성 또는 영향을 감소시키거나 제거하기 위한 단계이며, 준비는 효과적인 대응 및 복구를 사고 발생 전에 취하는 조치이고, 대응은 위기 발생 시 사고의 영향을 억제, 제어 또는 최소화시키는 단계이며, 마지막 복구 단계에서는 복구 시간을 단축시켜 손실을 최소화하는 것을 목표로 한다.

이를 바탕으로 Jimerson, Brock과 Pletcher(2005)는 학교에서의 위기 개입을 5단계로 제시하고 있는데, 위기 발생 전 단계는 교육과 훈련 위기 관리 계획을 수립하고(Pre-impact), 위기 발생 시 즉각적으로 학생의 안전을 확보하며(Impact), 위험도에 따라 피해자를 구분하고 응급의료 및 심리적 지원, 가족 연락, 전문가 의뢰를 실시하는 단계(Recoil), 위기 발생 며칠에서 몇 주 후 피해자 위기상담, 집단상담, 부모 교육 등이 이루어지는 단계(Post-impact), 위기 이후 몇 달 혹은 몇 년이 지나면서 위기 예방 계획을 수립, 추모 행사, 지속적인 피해자와 부모 지원이 이루어지는 회복 또는 재건 단계(Recovery/Reconstruction)로 이루어져 있다(김희정 등, 2019).

국내에서 발생한 위기 사건에 대해 학교사회복지가 개입한 사례를 바탕으로, 김기환(2002)은 위기 사건의 발생과 진행에 따른 단계적 개입을 제시하였다. 즉, 사전에 위기관리 서비스팀을 구성하고, 위기 사건이 발생하면 이 팀이 조직적이고 체계적으로 활동하도록 하는 것이다.

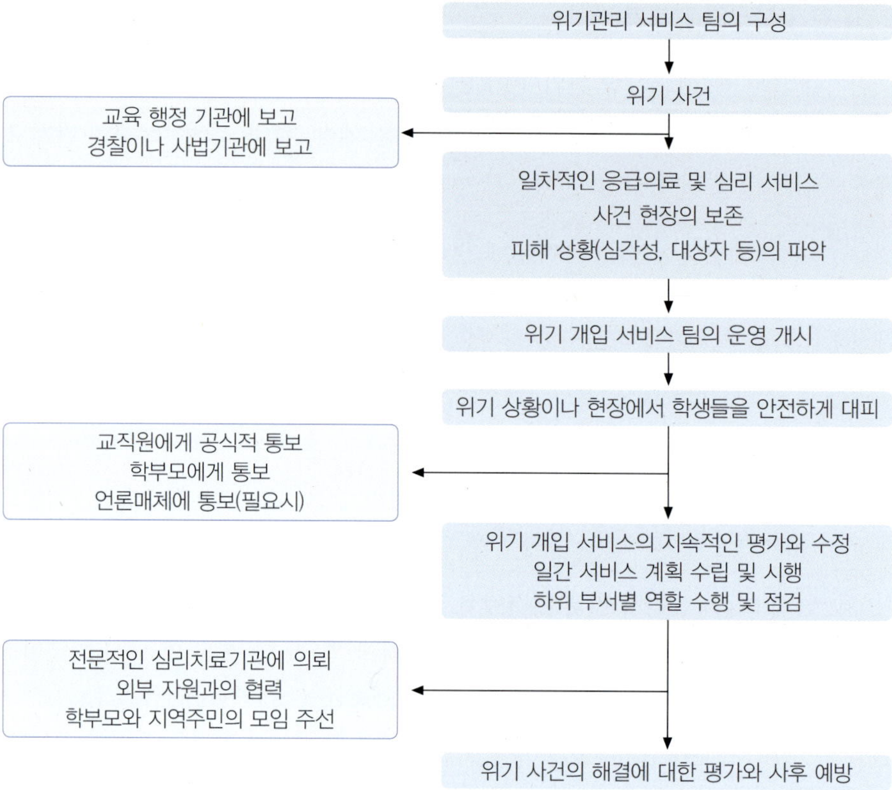

[그림 9-2] 위기 사건 발생과 진행에 따른 단계적 위기 개입(김기환, 2002)

(2) 위기관리 팀

위기 개입 서비스는 위기 사건 이전에 이미 구성되어야 하는 위기관리 서비스 팀이 가장 중요하다. 비상연락망 구축이나 소방 훈련 등만 단편적으로 이루어지던 미국은 총기난사 사건 등 여러 차례 위기 사고가 발생하면서 위기 개입 매뉴얼을 개발하고 적용하였다. 위기 개입 매뉴얼에서 위기관리 서비스팀은 위기관리 전반을 다루기 위해 학교 내 체계와 지역사회 협력체계가 위기 발생 전에 구축되어 있어야 하며, 위기 개입 계획이 사전에 수립되어야 하는 것이 매우 중요하다.

학교위기관리에서 서비스 전반을 관리는 팀장은 학교장이, 교외행정 업무는 교육청 해당 장학사가 담당하며, 학교체계 내에는 교내외 언론 담당부, 응급치료부, 학생, 학부모, 지역사회 기관을 담당하는 담당부나 담당자를 지정하는 위기관리체계가 구축되어야 한다.

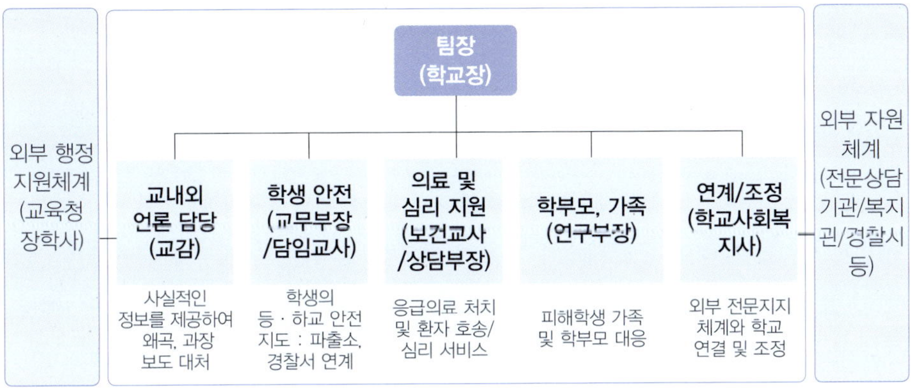

[그림 9-3] 위기관리 서비스 팀의 예

현재 가장 유사한 체계인 화재 대비 학교 단위의 자위소방대를 보면, A고등학교는 학교장이 총괄하며, 본부, 소방분대, 의료구호분대, 방호복구의 4개 분대로 전 교직원에게 임무를 부여하였다. 본부는 총괄 및 지휘의 역할을 담당하며 교내 방송, 비상연락(지휘반), 119 안전관리 화재신고, 관계기관 통보(경보반) 등을 맡는다. 소방분대는 초기 화재진압과 급수활동을, 의료구호분대는 응급처치(의료반)와 부상자 응급 이송(후송반)을 담당하고, 방호복구분대는 중요 문서 반출(반출반), 학생 대피 유도(대피반), 소방활동 장애물 제거 및 복구(복구반)를 담당한다. 현재 교육부 학교안전정보센터에서는 13개 재난 유형별로 학교 안전 매뉴얼을 제시하고 있는데, 학교위기관리 팀은 이를 참고하여 구성하는 것이 적절해 보인다.

Newgass와 Schonfeld(2000)은 위기 개입 서비스 팀 외에도 지역사회에서 위기 사건에 대응하는 팀을 제안하고 있는데, 이는 학교, 정신건강센터, 경찰, 소방서, 교육청 등 지역사회 차원에서 조직된 체계이다. 지역사회 팀은 학교에서 발생하는 위기와 잠재적인 위험 요소에 대한 문제들을 지역적 차원에서 네트워크를 통해 예방 및 해결을 도모하는 외부자원체계이다(최경일, 2005). 학교사회복지사는 재해나 재난이 한 학교에 국한되지 않기 때문에 소방서, 경찰, 읍 · 면 · 동 지방자치단체 등 지역사회 재난 안전대책을 위한 긴밀한 협력체계를 유지하는 것이 중요하다. 이 과정에서 무엇보다도 피해자 개별 상담과 학급, 학년 전체 대상의 집단상담이 이루어질 수 있는 심리지원을 위한 지역사회 자원 연계로 위센터, 정신건강증진센터, 심리치료 전문기관과의 네트워크가 사전에 구축되어야 할 것이다.

(3) 위기 개입에서 학교사회복지사의 역할

학교사회복지사는 위기 개입에서 피해학생 및 학부모, 학생 대상의 심리사회적 서비스 지원과 교내외 협력체계가 원활히 작동할 수 있도록 조정자의 역할을 수행한다. 개별적 접근으로는 위기에 처한 학생과 일반 학생을 위한 개별상담과 집단상담을 통해 심리 · 정서적 안정을 되찾을 수 있도록 개입한다. 외부 전문가에게 의뢰를 통해 상담과 심리치료를 연계할 수 있으며, CISM, CISD와 같은 위기 개입 역량을 갖춘 학교사회복지사가 직접 상담가 역할을 수행할 수 있다.

위기사건 스트레스 관리(CISM; Critical Incident Stress Management)는 참전 군인과 경찰, 소방관, 응급요원 등을 위해 개발된 위기 개입으로, 위기 발생 전부터 위기 후 사후관리까지 포괄하는 일련의 개입과정을 포괄하는 것이다. CISD(Critical Incident Stress Debriefing)는 CISM 프로그램에 포함된 많은 위기 개입 방법 중 하나이며, 동일한 외상 사건을 경험한 소집단 중심의 위기 개입이다. 특별히 학교폭력을 경험한 학생과 학부모를 위한 위기 개입 모델로 이를 변형한 Adapted-CISD가 알려져 있다. 이는 초등학교와 중등학교 전문가를 위해 고안된 것으로, 위기 사건 발생 후 72시간 내에 소집단 학생(최대 12명)과 학부모를 대상으로 7단계의 치료적 서비스(debriefing)를 제공하는 것이다.

7단계 과정은 치료자와 구성원 간의 소개, 위기사건에 대한 사실적 정보 나눔, 사건에 대한 인식을 이야기하기, 사건과 관련된 자신의 감정적 반응을 나누기, 증상을 이야기하기, 증상과 예방 방법을 교육하는 과정 및 종결과정으로 진행된다. 이러한 과정은 피해학생들이 자신의 감정을 자유롭게 표현하도록 하여, 위기 사건으로 인한 심리적 충격을 자연스러운 현상으로 받아들이도록 하고, 서로의 경험을 통해 상호 지지하며, 가능한 자원을 활용하여 문제를 해결해 나가는 대처기술을 습득하도록 돕는다(김기환, 2002).

이러한 학생과 학부모에 대한 심리적 서비스와 더불어, 학교사회복지사는 학교 교사와 함께 학급 단위에서 위기 개입 프로그램을 실시한다. 학교체계 수준에서는 위기 개입 대응전략의 수립 제안과 조정자로서의 권한을 부여받고 학생-학교-지역사회의 의사소통과 상호작용을 증진하며, 다양한 자원을 효과적으로 연계하고 배치하는 역할을 수행한다. 위기 개입에서 학교 관리자의 개방적 태도는 매우 중요하며, 학교사회복지사는 위기 개입 팀이 원활히 작동할 수 있도록 팀 협력을 위한 소통을 증진시킨다. 위기 개입에서 학교사회복지사의 역할을 도식화하면 다음과 같다.

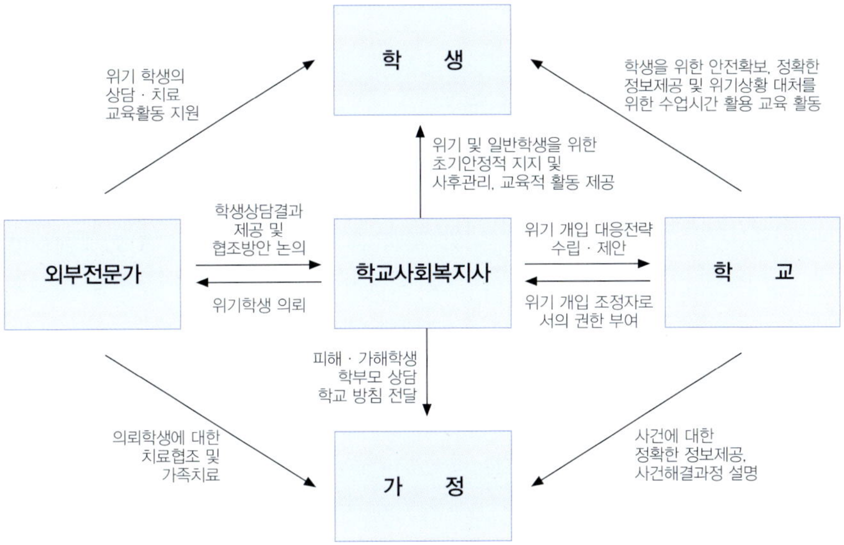

[그림 9-4] 위기 개입에서 학교사회복지사의 역할

출처: 윤철수 등(2002).

| 제10장 |

가족과 지역사회 연계 협력

한 아이를 키우려면 온 마을이 필요합니다.

– 아프리카 속담

1. 가족과 학교사회복지

1) 학교사회복지사의 역할과 관점

(1) 가족에 대한 학교사회복지사의 역할

1960년대 미국의 교육 불평등에 대한 콜맨 보고서(교육기회의 균등, Equality of Educational Opportunity)는 아동의 교육 성취에 영향을 미치는 요인은 학교시설, 교육과정, 교사의 유능성과 같은 학교 내적인 요소보다는 학생의 가정환경(부모의 사회경제적 지위, 양육태도 등)이 매우 큰 영향을 미친다는 것을 밝혔다(Coleman 등, 1966).

가족과 지역사회는 교사와 마찬가지로 학교사회복지 서비스의 표적체계로 개입대상이 되기도 하고, 자원으로서 연계 협력의 대상이 되기도 한다. 생태체계적 관점을 바탕으로 하는 학교사회복지실천에서 가족은 학생을 둘러싼 주요한 환경체계로 학생 문제의 원인이며 해결 방안인 경우가 많고, 학생의 주요한 지지체계이며 학교사회복지실천의 협력체계이다. 그러므로 Costin(1969), Alderson과 Krishef(1973), Allen-Mears(1977, 1994), Peckover 등(2012)의 학교사회복지사들에 대한 직무 연구나 국내 대부분의 연구 조사에서 학생과 가족에 대한 상담이나 가족에 대한 서비스는 언제나 학교사회복지사의 주요한 과업의 하나로 제시된다.

학교사회복지사는 가족에 대해 교육자, 서비스 조정자, 자문가, 공동 협력자, 옹호자, 중개자 등의 역할을 수행한다. 학교사회복지사는 학생의 환경체계를 이해하기 위하여 가정방문을 실시하고, 학교사회복지 서비스에 대해 안내하고, 가족 상담이나 부모교육 프로그램을 실시하거나 전문기관과 연계하며, 가족 기능 강화를 위한 캠프나 가족 개입 프로그램을 진행한다. 상대적으로 학생 중심 실천에 비해서 수행 빈도는 낮지만 가족 개입은 학생에게 효과적인 영향을 미친다.

학교사회복지사는 학생 평가의 권한을 갖고 있는 교사에 비해 가족과 관계 형성에 용이하며, 특히 학교에 대한 부정적인 경험을 갖고 있는 보호자와 학교체계를 중재하는 데에 적절한 위치에 있다. 가능하면 담임 교사와 함께 가정방문을 진행하고 교사, 학부모와 학교사회복지사가 함께 학생 문제를 해결하는 데 협력한다면 매우 이상적이지만, 초등학교와 중·고등학교의 문화나 분위기가 다르고 학부모들의 태도도 모두 다르기 때문에 학교의 상황과 맥락에 따라 다양한 방식의 신뢰 관계 구축과 개입이 이루어지게 된다.

(2) 다양한 가족과 학교사회복지 관점

학교사회복지 실천에서 학교사회복지사의 자기 성찰은 특히 가족 개입에서 중요하다. 일방적인 의사소통 방식이나 전문적 용어의 사용, 옹호나 대변의 잘못된 방식은 오히려 취약한 가족의 자기결정권을 침해하고 권리를 약화시킬 수 있는 위험성이 있다. 구조적 결함이 곧 문제 가족이고 문제 학생을 만든다는 단선적인 사고방식과 편견은 가족이 가진 강점을 보지 못하고 질병관점에 머물게 한다. 한민족과 다문화, 정상과 비정상, 건강한 가족과 건강하지 못한 가정의 이분법에서 벗어나서 강점관점과 임파워먼트 관점으로 문화적 다양성에 대한 포용력을 지니고 실천하고 있는지 반성적 사고와 성찰이 필요하다.

Caple 등(1998)은 문화적으로 다양한 가족에 대한 효과적인 개입에서 4가지 주요한 원칙을 제시하였다. ① 하나의 미국 문화란 없다. ② 각 문화집단에서도 구성원들은 다양하다. ③ 문화접변은 역동적인 과정이다. ④ 다양성을 인정하고 이를 가치 있게 여겨야 한다. 이는 이주민의 국가인 미국만이 아니라, 단군을 시조로 하나의 혈통과 문화를 가진 단일민족이라는 의식이 강한 우리나라의 경우에도 적용될 수 있다.

민족주의는 자칫 다양성의 가치를 인정하지 못하고 민족적 폐쇄성으로 다문화 가족을 포용하기 어렵게 한다. 단일민족 의식은 민족의 정체성 확립과 응집력을 통해 국난의 시기에 민족적 저항을 이끌었지만, 한민족은 예, 맥, 한족이라는 세 종족만이 아니라 고구려, 고려, 조선에 투항하거나 편입된 말갈족, 거란족, 여진족, 왜구 등 수많은 민족들의 집합체이며 단일민족은 환상이다(강창동, 2010). 그러므로 혈통 중심의 편협적인 태도가 아니라, 학교사회복지사에게는 인간의 존엄성을 바탕으로 인종, 민족, 종교, 성적 지향 등의 편견 없이 다양한 가족을 만날 수 있는 자세가 요구된다.

새로운 가족 지원 모델은 강점관점에 기반하여, 가족의 회복탄력성(resilience)을 강조한다(Singer & Powers, 1993). 학교사회복지사는 결핍관점이 아니라 강점관점을 바탕으로 개입 전반의 의사결정 과정에 가족이 참여할 수 있도록 도우며 가족이 지역의 자원을 스스로 활용할 수 있도록 돕는다.

〈표 10-1〉 가족 지원 접근 모델

잔여주의 지원 모델	새로운 가족 지원 모델
• 전문가 주도와 통제 • 가족을 역기능적으로 간주 • 위기가족에 대한 개입 • 시설에 자원 투입 • 장애를 가진 사람에게 초점 • 공식적인 프로그램을 강조 • 외딴 시설에 투자 • 병리 강조 • 부정과 남용에 대한 안전장치 강조 • 빈곤 가족에 접근	• 가족 주도 • 모든 가족은 강점을 가지고 있고, 배울 수 있다는 가정에 기초 • 역기능 예방, 복지 증진, 위기 완화의 목표 • 가족에 자원 투입 • 전체 가족에게 초점 • 공식적, 비공식적 지지체계 활성화 • 지역사회 능력 형성 • 적응과 기술학습을 강조하고, 가족을 전문가와 동료로 간주 • 융통성과 욕구에 대한 즉각적인 반응 강조 • 모든 사회경제적 수준을 포괄하여 접근

출처: Singer & Powers(1993).

2) 가정방문

가정방문은 자선조직협회(C.O.S.)의 우애방문원(friendly visitors)이나 방문교사(visiting teachers)로 출발한 역사적 기원처럼 초기부터 주요한 개입 방법이었다. 초등학교는 학년 초에 담임 교사가 가정방문으로 부모 상담을 하는 경우가 많은데, 위기 가정으로 집중 사례관리 대상은 담임 교사와 사회복지사가 함께 가정방문을 간다. 또한 결석아동에 대한 국가 정책에 의해 2016년부터 무단결석 3일 이후에는 가정방문을 하도록 하고 있는데, 학교사회복지사는 담임 교사와 함께 가정방문을 통해 학생의 안전을 확인할 수 있다.

가정방문은 학교사회복지사가 자연스러운 가정 환경 속에서 아동의 모습을 관찰하고, 가족의 욕구와 개별화된 서비스를 계획하는 데 도움이 된다. 특히 조부모나 부모가 거동이 불편하고 고립된 상황이라면, 가정방문을 하는 것이 왕복에 따른 불편함을 덜 수 있는 방법이다. 학교사회복지사는 가정방문을 통해 가정과 학교를 연결시키며, 부모가 학교를 잘 이해하고 좀 더 관여할 수 있도록 돕는다(Epstein, 2001). 가정방문에서 주거지 환경에 대한 물리적 사정과 함께 가족의 강점, 가족 구성원들 간의 상호작용, 가족의 자원 등을 사정할 수 있다. 또한 아동이 학교에 통학하는 거리, 통학로의 안전, 집 주변의 활용 가능한 지역사회 자원에 대한 사정 등을 통해 학생과 그 가족을 보다 효과적으로 도울 수 있을 것이다.

Allen과 Tracy(2004)는 가정방문에서 다음의 세 가지 유의사항을 제시하였다. 첫째, 비밀보장의 원칙에 대한 윤리강령이다. 가정방문에서 관찰하고 사정하는 것은 어디까지나 학생과 가족을 위한 서비스와 관련된 것으로 제한되어야 하며, 전문직의 윤리강령을 준수하여야 한다. 둘째, 방문가를 결정하는 것으로, 담임 교사, 학교사회복지사, 상담사, 특수교사 중 누가 가정방문을 가는 것이 적절한가에 대해 팀 내 논의가 필요하다. 셋째, 안전에 관한 부분으로 가정폭력이 있는 가정을 방문할 수도 있으므로, 가정방문에 앞서서 안전에 대한 준비가 필요하다. 직관적으로 위험을 느낀다면 즉시 가정을 떠나야 할 것이며, 필요하다면 중립적인 장소, 즉 도서관이나 패스트푸드점 같은 곳들이 고려될 수 있고, 가정방문은 두 명이 함께 가는 것이 좋다.

서울시 사회복지사협회(2019)의 매뉴얼에서 사회복지사의 안전한 가정방문을 위한 수칙을 제시하고 있는데, 학교사회복지사도 이를 참고해 볼 수 있다.

가정방문 수칙

- 출장 승인을 받고 이용자의 위기상황을 예측하여 사전 위기대응 계획 및 업무분장을 세운다.
- 가정방문은 가급적 대낮 또는 주중에 진행(자연재해 시 방문 자제)한다.
- 활동이 불편한 의복 및 장신구의 착용은 자제하고, 귀중품은 기관에 비치한다.
- 2인이 함께 방문하여 사회복지기관 종사자의 신변안전 및 방문조사의 객관성을 향상한다.
- 기관 내 동료들에게 방문 장소, 방문 시간 및 돌아올 예정시간 등을 고지한다.
- 차량을 주차할 때는 긴급상황 시 바로 출발할 수 있도록 주차하고, 응급대비 길목을 파악한다.
- 자동차 열쇠는 가방보다 주머니에 보관한다.
- 방과 같은 밀폐된 공간보다는 거실 등 외부와 연결된 개방적인 공간에서 상담을 진행한다.
- 가급적 문 쪽에서 상담/지원 활동을 진행하여 응급상황 시 신속하게 탈출한다.

3) 가족 참여

학교교육에서 학부모의 참여(parent involvement)는 학생의 학업 성취 향상, 학교생활 적응에 영향을 미치며, 특히 이민자, 저소득층, 한부모 가정, 특수교육 대상자 등의 경우에는 핵심적인 영향을 미친다(Epstein, 1995; 김종훈, 2014). 취약아동을 둔 가족들이 서로 지지하고, 아동과 관련된 학교와 지역사회 정책의 의사결정과정에 적극적인 참여를 할 수 있도록 학교사회복지사는 다양한 방식으로 옹호활동을 수행한다. 즉, 학교사회복지사는 부모교육, 자조 집단, 외부 자원 연계 등에서 가족의 자기결정권을 존중하고, 학교와 지역사회에서 보다 나은 교육 환경의 변화를 위해 주도적으로 나아갈 수 있도록 돕는다.

Montemayor와 Romero(2000)는 학교사회복지사의 가족 개입 모델로 가족 리더 모델을 강조한다. 기존의 결핍 모델은 가족의 손상된 기능을 회복시키기 위하여 가족의 변화에 초점을 두는 모델이지만, 가족 리더 모델은 가족을 중요한 이해당사자로 가치를 두는 모델이다. 그러므로 적극적으로 학교 정책 목표나 의사결정과정, 프로그램 평가과정에 가족이 참여하며 변화를 이끌어가는 것을 강조한다.

Epstein(1995)은 학교사회복지사가 개입하는 학부모 참여의 6가지 유형을 제시하였다. 즉, 자녀 양육을 돕는 부모교육 프로그램을 제공하고, 빈곤 가정의 양육 환경 개선을 돕는다. 의사소통과 관련해서는 가정통신문을 발송하고, 학교사회복지실 서비스에 대한 안내 등을 제공한다. 또한 학부모 자원봉사를 돕고, 학부모들이 상호 도울 수 있는 자조모임을 기획하기도 한다. 방과 후 활동이나 장애학생의 방학 중 개별화 학습이 지속될 수 있도록 도우며, 학교의 정책 결정과정에서 학부모들의 의견이 반영될 수 있도록 임파워먼트 모델을 통해 옹호활동을 한다. 마지막으로 가정-학교-지역사회의 연계에서 학부모들과 함께 협력한다.

〈표 10-2〉 학부모 학교교육 참여 유형

유 형	내 용	실 천
자녀 양육	기본적 양육기술, 학습에 적합한 가정환경 조성, 아동 정보 제공	• 학년에 맞는 가정 학습 지원 • 부모 교육/훈련 • 건강, 영양 등 가족 지원 서비스 • 신학기, 신학년도 가정방문
의사소통	학교와 가정의 원활하고 효과적인 의사소통	• 일년에 한 번 이상 부모와 컨퍼런스 • 필요시 통역 지원 • 가정연락/통신문 • 학교 교과과정, 프로그램, 활동에 대한 명확한 안내 • 학교 정책, 프로그램, 진학 등에 대한 명확한 정보제공
자원봉사활동	학급 및 학교 행사에 참여하고 지원	• 교실 또는 학교 내 자원봉사 • 가족실 또는 가족센터에서 다른 가족을 위한 자원봉사 • 자원봉사에 대해 매년 설문조사 • 학교 안전을 위한 교통안전지킴이 등의 활동
가정 학습 지도	과제 지도 등 교육적 선택을 도움	• 학년별 교과학습에 대한 정보제공 • 과제에 대한 논의 및 정보제공 • 교실 수업에 대해 가족들과 논의 및 상호작용 • 가정 학습 활동 안내 • 방학 중 학습 • 대학이나 직장체험 등 가족 참여

유 형	내 용	실 천
의사결정	학부모단체 소속 등 의사결정과정에 참여	• 학부모회, 자문기구, 위원회 등의 활동 참여 • 학교 개혁과 환경 개선을 위한 옹호활동 • 교육청에서 가족과 지역사회 참여를 위한 위원회 활동 • 학교 대표자 선거에 대한 정보제공 • 학부모 대표자들의 네트워크 참여
지역공동체와의 협력	학교교육을 위한 지역사회공동체와의 협력	• 학생과 가족을 위한 지역사회 건강, 문화, 여가, 사회적 지지 등의 서비스에 대한 안내 • 학생을 위한 지역사회 방과 후 활동에 대한 안내 • 학교, 시민 조직, 상담, 문화, 보건, 여가 등의 기관과 협력을 통한 서비스 통합 • 학생을 위한 동문회 등에 참여

출처: Epstein(1995).

학교사회복지 실천은 생태체계적 관점에서 가정-학교-지역사회의 통합적 · 연계적 접근을 강조하고 있기 때문에, 학교 조직체계의 하부체계인 학부모 조직체계를 이해하고 협력하는 것은 매우 중요하다. 학부모는 학교체계의 변화를 위한 주요 협력자이며, 이들 스스로가 자원이다. 인권관점에서 클라이언트가 자신과 관련된 정책의 의사결정 과정에 참여하는 것은 중요한 권리이다. 학부모의 참여권 보장을 위해 학교 운영위원회는 학부모위원의 수를 할당하고 있으며, 녹색어머니회, 학교 도서관 자원봉사활동, 급식관리위원회 등의 다양한 기구가 운영되고 있다. 그러나 투표권이나 다른 많은 권리처럼 오랜 싸움 끝에 얻어진 권리의 역사적인 배경에도 불구하고, 학부모 참여를 이끌어내는 것은 상급학교로 갈수록 어려운 과제이다.

Ife(2012)는 사회복지사를 위한 지역사회 문제에 시민 참여를 원칙으로 다음과 같이 제시하고 있다. 이는 학교와 학부모 참여에도 적용해 볼 수 있을 것이다.

참여의 원칙

- 사람들은 그 문제가 중요하다고 느끼면 참여할 것이다.
- 그들의 참여로 변화를 가져올 수 있음을 알게 된다면 참여하게 될 것이다.
- 여러 가지 다른 형태로 참여할 수 있음이 인정되어야 한다.
- 사람들이 참여할 수 있도록 조성하고, 참여할 때 지지해주어야 한다.
- 사람들이 참여하는 것이 조직과 절차로 인해 방해받아서는 안 된다.

학교사회복지실천에서 가족의 참여를 확대하는 것은 가족에 대한 욕구 사정 단계부터 이루어질 필요가 있다. 욕구 사정은 수집된 자료에 대한 사회복지사의 판단과 분석으로 여겨지지만, Montemayor와 Romero(2000)의 가족 리더 모델을 적용해 본다면 욕구 사정 단계부터 서비스 목표 수립, 계획, 평가 과정의 전반에서 가족이 함께 결정하고 참여하며 주도할 수 있도록 도와야 할 것이다. 장애, 다문화, 학교폭력, 가정위탁 등 특별한 욕구를 가진 아동의 학교생활과, 교육을 위한 학교 정책과 학교사회복지 서비스의 결정과정에 직접적인 관련이 있는 학부모가 참여하게 된다면 더욱 효과적이 될 것이다. Ife(20120)가 제시한 것처럼, 가족의 참여를 확대시키기 위해서는 가족이 스스로 도움이 되며, 자신들의 참여로 학교에도 변화가 나타날 수 있다는 확신이 있을 때 효과적이기 때문이다. 이와 함께 따뜻한 차와 다과와 같은 사소하지만 가족의 참여를 환대하는 분위기가 갖추어진 공간, 가족의 참여가 가능한 시간 등 학부모들이 스스로 결정하고 역량을 발휘할 수 있도록 학교사회복지사의 촉진자 역할 또한 중요하다.

2. 지역사회와 학교사회복지

1) 지역사회와 학교 환경 변화

(1) 지역사회 환경 변화

지금까지 종합사회복지관은 지역사회의 변화와 네트워크 구축을 통해 좋은 지역사회를 만들기 위해 노력해 왔다(최옥채 외, 2003). 또한 기존에는 장애인복지, 노인복지, 지역사회 정신건강이 각기 분절적으로 이루어졌지만, 최근 지역사회 환경은 기관별로, 대상별로 파편적으로 이루어진 서비스를 통합하고, 기관 간 네트워크와 지역 중심의 포괄적 체계를 지향하는 변화가 나타나고 있다.

지역사회통합돌봄은 이러한 통합 서비스의 한 예이다. 이는 영국의 지역사회보호(community care) 모델에서 비롯된 것으로, 노인, 장애인, 정신장애인에 대한 주거,

의료, 복지 등의 돌봄 서비스를 포괄하는 지역사회 중심의 통합 서비스이다(정무성, 2000). 또한 아동 영역에서도 통합관리를 지향하며 다함께 돌봄사업이 시작되었다. 이는 방과 후 돌봄 서비스를 제공하고 있는 지역아동센터(보건복지부), 방과후학교 및 돌봄교실(교육부), 청소년방과후아카데미(여가부)로 다원화된 체계의 네트워크를 구축하는 데 초점을 둔다. 무엇보다도 기존에는 가정위탁, 입양, 아동보호전문기관, 지역아동센터, 양육시설 등이 각각 파편적으로 움직였다면, 2019년 아동권리보장원의 설립으로 중앙기구를 일원화하고, 지역 내 아동복지를 통합적으로 관리하는 방향으로 전개되고 있다.

지역사회의 여러 자원들을 통합적으로 관리하고, 촘촘한 서비스 제공, 지역주민들의 적극적인 참여와 시민의식으로 안전하고 행복한 지역사회 환경을 구축하고자 하는 노력들은 당사자들의 권리를 존중하고, 민주적인 절차를 중요하게 여긴다. 학교는 이러한 지역사회 내에서 지역주민들의 행복한 삶의 중요한 한 축을 담당하고 있다. 학교사회복지사는 학교와 지역사회의 소통을 증진시키고 학교-가정-지역사회의 상호작용을 증진시키며, 연계자로서 역할을 한다.

(2) 교육공동체

학교와 지역사회는 근대 역사 초기부터 밀접한 관계를 갖고 있었다. 서양의 근대 학교교육은 사실상 종교교육을 실시하였던 지역사회 학교(교회의 일요학교)에 정부가 지원금을 제공하며 공교육제도로 흡수하였던 것에서 출발한다. 우리나라의 경우도 농어촌 마을에서 학교 설립을 위해 토지를 기부하고, 학교 운동회나 축제가 곧 마을의 주요한 행사로 지역주민 모두가 함께 참여하였던 것처럼 학교와 지역사회는 긴밀한 관계를 갖고 있었다. 그러나 한국전쟁 이후 폐허로 학교가 부족한 상황에서, 중학교 입시, 고등학교 입시, 나아가 대학교 입시에 이르는 치열한 경쟁이 계속되는 동안 학교와 지역사회는 점차 멀어지고 학교는 높은 벽에 둘러싸인 곳이 되었다.

'학교가 마을이고 마을이 학교'라는 가치를 가진 풀무학교(1958년 개교)와 같이 대안학교나 지역단위에서 학교와 마을이 유기적으로 협력하는 사례들이 있었지만, 학교와 지역사회 교육공동체를 정책적으로 강조하기 시작한 것은 2003년부터 시작된 교육부의 '교육복지투자우선지역지원사업'이라 할 수 있다. 이와 함께 2007년 교육과학기술부가 '지역과 함께하는 학교' 사업을 시작하고, 서울시교육청의 '혁신교육지구'(2014)를 비롯하여 전국적으로 유사한 마을 교육공동체를 지향하는 사업들이 확산되면서, 지역사회와 학교의 연계 협력이 강조되고 있다.

마을 교육공동체는 학교교육을 보완하고 지역주민과 지역사회의 기관이 함께하며, 학교는 마을의 일부로 유기적인 상호협력 관계를 통해 교육 혁신을 이루는 데 목적을 둔다. '교육복지투자우선지역지원사업'이 학교를 기반으로 지역사회기관과 함께 저소득층 학생을 돕는 데 비해, '마을 학교'는 그 공간이 학교와 마을 모두에서 이루어지며, 주요 대상이 저소득층에 국한되지 않고, 마을의 주민과 학생들이 모두 대상이 된다는 점에서 차이가 있다.

김미향(2020)은 이러한 변화가 지역사회와 학교가 유기적인 관계를 이루며, '교육은 삶을 위해 존재한다'와 '교육은 삶 속에서 존재한다'는 명제를 실현하고 있다고 말한다. 학교사회복지실천은 지역사회 개입을 통해 안전한 학교를 위한 지역사회의 협력을 증진하는 것뿐만 아니라, 지역의 모든 학생을 위한 교육공동체를 지향한다. 생태체계적 관점에서 지역사회의 다양한 인적 · 물적 자원과 학교의 유용한 자원들이 함께 활용되어, 학교와 지역사회가 학생의 삶의 질에 보다 긍정적인 영향을 미칠 수 있다.

2) 지역사회 개입

학교사회복지실천의 지역사회 개입은 지역사회 자원을 발굴하고, 지역사회 네트워크를 구축하여 학생과 학교를 지원하는 지원망을 확대하는 데 초점을 둔다.

(1) 지역사회 조사

학교사회복지사는 지역사회에 대한 이해를 위해 학교가 속한 지역사회에 대한 조사를 하게 된다. 지역사회 조사는 지역의 현황을 파악하고, 지역의 욕구와 활용가능한 자원, 지역사회의 역동을 파악하는 것으로, 효과적이고 효율적인 서비스를 제공하는 데 도움이 된다.

지역사회 자원은 인적 자원, 물적 자원, 정보 자원을 포함한다. 인적 자원은 학교사회복지 실천을 지원할 잠재적, 실제적인 사람들로 사회복지학과 학생, 학부모, 동문회, 지역사회의 다양한 전문직과 비전문직이 모두 포함된다. 물적 자원은 실천의 장소를 제공하거나 실천에 필요한 경비를 지원하거나 또는 필요한 서비스를 제공하는 것을 말한다. 지역사회 내의 주요한 서비스 기관, 관공서, 문화 체육 관련 시설 등이 모두 포함된다. 정보자원은 클라이언트의 문제해결에 도움이 되는 지역사회의 지원 정책, 프로포절 공모사업, 효과성이 입증된 프로그램 등을 말한다.

지역사회 조사는 학교사회복지사가 직접적으로 지역사회 주민의 욕구를 조사하고 인적 · 물적 · 정보 등의 지역사회 자원을 조사할 수도 있지만, 지역단위에서 지역사회복지 계획 수립을 위한 욕구 조사와 자원 조사를 시행한 결과를 참고하거나 사회복지사협회 또는 사회복지협의회, 각 지역의 복지재단이나 복지 관련 연구기관의 보고서를 참고할 수 있다. 또한 긴밀한 관계를 유지하여야 하는 학교 인근 기관의 경우는 기관 방문 협조공문을 발송하고, 개인 명함, 학교사회복지실 홍보자료를 지참하고 직접 방문하여 관계 형성과 기관에서 지원해 줄 수 있는 사업들에 관해 파악하고, 기관의 활용 가능한 물리적 환경에 대해서도 관찰하는 것이 유용하다. 이 밖에 프로그램 개입 영향 사정을 위해 범죄율, 자살률 등의 다양한 문서자료가 활용된다.

〈표 10-3〉 지역사회 조사

지역사회 조사 점검표	지역사회 수준에서 프로그램 /개입 영향 사정을 위한 문서자료
지역사회 역사 지역사회 인구통계학적 자료 (인구, 소득수준, 직업 현황, 취약계층 인구 등) 지역사회 자원 (종교기관, 학교, 기업, 병원, 청소년/가족/공공복지 서비스 기관), 정부기관, 시민단체, 지역신문, 지역사회의 특수 자원 등	소년범/보호관찰 등 소년범죄 학교와 경찰의 접촉 특성 및 형태 십대 임신 비율 아동학대 발생 비율 청소년 자살 비율 청소년 노동 및 실업 비율 청소년 약물 중독 비율 거리 청소년 비율 청소년 보호/복지 기관 및 시설 아동 · 청소년 프로그램 지원 예산
Allen-Mears 등(1986)	Dupper(2003)

(2) 지역사회 연계 협력

학교가 지역사회의 아동을 위한 모든 일을 할 수는 없다(Harris 등, 2007). 지역사회에는 학생을 돕는 다양한 기관이나 네트워크가 있으며, 학교와 연계 협력할 때 효과적으로 학생의 삶의 질을 향상시킬 수 있다. 학교사회복지실천은 학교-가정-지역사회의 연계와 협력을 통해 학생의 삶의 질을 개선하며, 이를 위해 상호 간의 소통과 이해를 증진시키기 위해 노력한다. 그러므로 학교사회복지 서비스는 가족, 학교, 지역사회 맥락과 분리될 수 없으며, 학교사회복지사는 다학문적 배경의 전문가와 협력하는 데 용이한 전문성을 갖고 있다.

특히 빈곤 가정, 장애아동 가정, 다문화 가정, 조손 가정, 위탁 가정, 시설 보호, 학대 가정 등 특별한 욕구를 갖고 있는 학생과 그 가족을 돕기 위해서는 관련된 서비스를 제공하는 기관과 협력이 매우 중요하다. 현재 지역사회 네트워크들로 학생과 가족을 위한 서비스와 관련되어, 학교폭력 예방 네트워크, Wee 프로젝트 네트워크, 초등학생을 위한 온종일 돌봄체계, 지역사회청소년통합지원체계(CYS-Net), 아동학대 관련 아동보호체계, 희망복지지원단 통합사례관리, 사회서비스원과 지역사회 통합 돌봄(커뮤니티 케어), 마을학교 네트워크, 사회복지협의회나 지역사회보장

협의체 등이 다양하게 형성되어 있다. 학교사회복지사는 이러한 다양한 네트워크 속에서 학교의 대표적인 실무자로 다른 기관의 사회복지사 또는 다학문적 전문가와 협력한다.

지역사회 연계 협력의 학교사회복지실천 모델로 앞서 5장에서 CTC(Community that Care) 모델과 CIS(Community in Schools) 모델을 소개하였다. CTC 모델은 청소년 문제 예방을 위해 위원회를 구성하고, 위험요인을 감소시키고 보호요인을 촉진시키기 위해 지역사회 자원을 계획하고 정리하는 체계적인 단계로 진행된다. 이 모델에서는 개입에 앞서, 지역사회의 청소년 문제, 즉 약물남용, 비행, 폭력, 학교 중도탈락 등 문제 행동의 위험요인과 보호요인을 사정하는 청소년 조사 도구를 활용한다(Arthur 등, 2002). 지역사회, 학교, 가족, 또래 및 개별 4개 영역에서의 위험요인과 보호요인에 대해 자기보고 형태의 척도 질문지로, 학교사회복지사는 지역사회 개입에서 이 도구를 소속 학교와 지역사회에 맞춘 포괄적인 서비스를 제공하는데 유용하게 사용할 수 있다(Harris 등, 2007).

CIS 모델에서는 지역사회 단위의 지역본부와 학교를 담당하는 현장 조정가(site coordinator)를 두고 있으며, 학교사회복지사와 유기적인 협력을 통해 학교와 학생의 욕구에 맞춘 지역사회 자원을 발굴하고 연계한다. CIS는 임파워먼트 모델을 기반으로 6단계로 실행된다. 이 두 모델에서 지역사회 연계 협력 단계를 요약하면 다음 〈표 10-4〉와 같다.

〈표 10-4〉 지역사회 연계 협력 단계

CTC 모델	CIS 모델
1. 시작 단계 - 지역사회의 청소년 문제 예방을 위해 지역에서 CTC를 시작할 수 있는 핵심 리더를 파악하고 다양한 이해당사자들을 참여하도록 준비 2. 조직 단계 - 위원회를 구성하고 실행 조직을 구성하며 CTC 실행 일정을 개발 3. 지역사회 프로파일 개발 – 지역사회의 강점과 약점, 자원 사정, 청소년 설문조사, 표적 예방 문제의 위험요인과 보호요인 파악 4. 지역사회 행동 계획 수립 – 위험요인 감소와 보호요인 강화, 건강한 청소년 개발 청사진을 통해 효과적인 정책과 프로그램을 선택 5. 실행 및 평가– 선택된 정책과 프로그램을 실행하고 모니터링하며 성취된 표적집단의 변화를 평가	1. 욕구 사정 - 개별 학생과 학교의 욕구 사정 2. 계획 - 현장 조정자가 학교 지지팀을 통해 학업, 비학업적 욕구에 따른 우선적 개입 계획을 개발 3. 통합적 학생 지지 – 현장 조정가와 파트너가 학교, 학생, 가족을 지지 연계 4. 모니터링과 수정 - 지속적으로 학생과 학교의 진행상태를 점검 5. 평가 - 효과성 입증과 실천의 개선을 위해 CIS 기구에서 파트너들과 학생 지원을 지속적으로 사정 6. 입증된 성과 – 졸업, 중퇴 감소, 학교 출석 증가

(3) 연계 협력의 성공요인과 장애요인

지역사회와 학교의 연계 협력이 성공적이 되기 위한 요인을 이상균(2001)은 다음과 같이 정리하였다.

첫째, 학교 관리자와 연계 기관의 기관장 등 지도자가 클라이언트를 비롯하여 프로그램 참여자와 서비스 제공자를 충분히 이해하고 주도하여야 한다. 둘째, 학교사회복지사는 교사의 중요성을 인식하고 협력 관계를 통해 연계 서비스에 적극적으로 동참할 수 있도록 돕는다. 셋째, 서비스의 연결 및 중개를 위해 사례관리 접근을 활용하는 것이 중요하다. 넷째, 성공적인 서비스 통합을 위해 동반자 관계의 명확한 설정과 의무를 규정하여, 학교와 지역사회 기관 간의 연계에 대한 공식적 동의를 구한다. 이러한 과정으로 계약이나 양해각서(MOU)를 체결할 수 있다. 다섯째, 처음부터 학교의 구조를 변화시키려 하기보다는 기존의 체계에 대한 적응이 필요하다.

미국에서 초기 학교 저항 감소에는 1년 이상이 소용된다고 한다. 그러므로 초기에 교사들의 참여와 협력이 저조하더라도 끊임없이 의사소통을 시도하며, 서비스에 대한 현실적 기대수준과 서비스 표적 대상을 명확히 하고, 항시적으로 서비스가 이루어질 수 있도록 하며, 학교별로 1명의 전담 인력을 기관에서 배치하고, 학생과 가족에 대한 개입 등은 문서화된 공지절차를 거치도록 한다.

학교 연계 서비스의 장애요인과 극복 전략은 다음과 같다(US GAO, 1993, 이상균, 2001 재인용).

〈표 10-5〉 학교 연계 서비스의 장애요인과 극복 전략

잠재적 문제와 장애요인	극복 전략
프로그램의 독립성을 위협하는 관료적인 학교 행정체계	학교 외부의 인력과 기금을 활용하라. 학교 목적과 일치하는 프로그램 목적을 개발하라. 계획 단계에서 역할과 권한 범위에 대해 명확히 규정하라.
학교를 부정적으로 바라보고 출석하지 않는 표적 인구집단	학교 밖의 사회복지기관에서 유사한 서비스를 제공하라.
시간낭비로 보는 학교 관리자	프로그램을 관리하고 운용하기 위해 학교에 속해 있지 않은 인력을 고용하라. 구체적인 관심사를 제시하도록 학교 관리자와 정기적으로 접촉하라.
프로그램을 수행하기에 부족한 학교 공간	임시건물을 세워라.
프로그램을 활용하기에 부족한 학교 자원	정부 및 민간기관으로부터 보조금을 통한 기금을 확보하라. 프로그램 서비스를 전달하기 위해 다른 지역사회 복지기관의 직원을 활용하라.
서비스 제공자 간의 협력 부족	협력을 꺼리는 기관의 경우, 해당 담당자의 상급자로부터 프로그램에 대한 협조를 받아라. 정기적인 사례협의 모임을 통해 협력 관계를 공고히 하라.
비밀보장의 문제	모든 서비스 제공자가 효과적인 활동 관계를 맺기 전까지는 이러한 문제에 대한 논의를 피하라. 교사와 부모들이 기록에 접근하지 못하도록 하라. 참여자의 파일을 관리하는 데는 부모와 학교 직원 이외의 인력을 활용하라. 심각한 문제로 인해 부모와 만나야만 하는 경우, 학생에게 사전에 고지하는 규정을 수립하라.

출처: US GAO(1993)p.14-15. 이상균(2001). p.64.

3) 학교사회복지의 거시적 실천

(1) 취약계층의 옹호

학교사회복지실천에서 거시적 실천은 세 가지 영역에서 이루어진다. 첫째, 필요한 자원에 대한 접근성과 유용성을 높이도록 사회 · 경제 시스템을 변화시키는 것, 둘째, 필요하지만 이용이 불가능했던 자원들을 개발하는 것, 셋째, 클라이언트가 시민권과 경제적 권리를 활용할 수 있도록 돕는 것이다(Kirst-Ashman & Hull, 1993). 학교사회복지사는 빈곤층, 이민자, 장애인, 여성 등 차별을 겪는 취약계층 학생을 위해 학교체계, 지역사회, 국가와 사회 전체 및 세계적 수준에서 활동하게 된다.

최근 세계화(globalization) 시대의 보편성과 지역의 특수성과 다양성(localization)의 조화를 이루는 글로컬라이제이션(glocalization)와 글로컬리즘(glocalism)에 주목해볼 필요가 있다. 글로컬리즘은 세계화와 지역주의의 이분법에서 나아가 세계적인 동시에 지역적인 문화 공간, 지역과 지역 간의 네트워크, 수평적 관계의 공동체 형성 등을 지향한다(홍순권, 2010). 이는 지역주민과 지방 정부, 지역사회의 다양한 기관이 협력하는 네트워크인 지역거버넌스(local governance)를 통해 지역공동체가 주체가 되어 지역사회의 문제를 해결하고 지역사회의 의사결정을 공유하는 것을 통해 실현된다.

일반적으로 사회복지실천에서 지역사회체계에 개입하는 것은 주민들의 참여와 시민의식 함양, 주민들의 비판적 사고와 의식화, 상호 지지와 사회화를 통해 사회적 조건을 개선하기 위한 과정들을 함께 설정해 나가는 것이다. 학교사회복지사는 학교와 지역사회를 연결하며, 지역사회 아웃리치를 할 수 있는 학교 내의 전문가이다(Bye & Alvarez, 2007). Nash(2002)는 학교사회복지사는 지역사회와 학교의 연계를 돕기 위해 다음의 세 가지 방식으로 일한다고 보았다. 첫째, 지역주민들이 학생의 성취를 개선하기 위해 욕구, 목적, 전략들을 함께 논의하도록 한다. 둘째, 방과후 프로그램, 보건 및 정신건강 서비스와 같은 주민들에게 필요한 서비스를 파악하고 개발하기 위하여 지역사회의 기관들, 즉 교회, 여가센터, 여성 지지집단, 클럽들, 사업체 등과 함께 일한다. 셋째, 새로운 거주시설을 위한 재정지원을 얻고, 범죄율을 낮추는 것과 같이 더 거시적인 지역사회 변화와 같은 공동의 목표를 형성하도록 지역사회 집단들을 돕는다.

안전한 학교를 위하여 시행하는 학교 안전 프로젝트(Safety School Project)는 학교폭력이나 범죄로부터 학교 학생을 보호하기 위한 것으로 지역 거버넌스의 한 예로 들 수 있다. 이는 학교 주변의 위험요소를 제거하고 지역주민의 의견을 청취하여, 지역주민이 등하교길 안전과 위험 상황에서 도움을 요청할 수 있도록 하는 프로젝트이다. 우리나라 경찰청에서 은퇴한 노인 전문인력을 선발하여 통학로, 놀이터, 공원 등 학교 주변과 아동 대상 범죄 다발 지역에 아동안전지킴이를 배치하고 안전지킴이집을 두는 것과 유사하다. 안전한 학교는 범죄와 폭력이 없는 지역사회의 안전한 환경 속에서 가능하며, 취약계층 학생들을 효과적으로 돕기 위해서는 학교와 지역사회가 함께 교육공동체를 만들고, 적극적으로 상호 지지가 이루어져야 한다. 이와 같이 학교사회복지는 보다 거시적인 환경체계에 개입하여, 지역사회 자원을 발굴하고, 통합적이고 포괄적인 서비스의 지속을 위해 학교와 지역사회의 상호작용을 촉진하는 데 초점을 둔다.

나아가 거시적 실천에서 학교사회복지사는 취약계층 학생들이 차별받지 않는 교육의 평등성과 인권 보장을 위해 옹호활동을 한다. 학교-가정-지역사회의 연계와 협력을 통해 지역 정책의 우선순위에서 취약계층 학생들의 권리 보장을 위한 정책이 우선되도록 힘을 보탠다. 위에서 아래로의 정책이 아니라 학부모들, 지역주민들과 권한을 공유하며 아래로부터 위로의 지역사회 계획이 수립되고 개발되며, 나아가 전체 사회의 인식이 개선되고 국가 정책에 반영될 수 있도록 한다.

(2) 지역사회와 학교사회복지를 위한 제도화

Bye와 Alvarez(2007)는 학교사회복지사가 정책 형성에 다음과 같이 참여할 수 있다고 제안한다. 즉, 정치적 캠페인 활동 또는 선출직 후보가 되는 것, 법률안 작성, 로비, 법률 제정위에 증언하는 것, 법률을 모니터링하는 조직에서 일하는 것, 기존의 정책을 분석하고 제안하는 것, 거시적 사회변화 운동에 활동가로 참여하는 것 등이다. 한 명의 학교사회복지사가 이와 같은 일을 수행하기보다는 학교사회복지사협회와 학교-가정-지역사회의 네트워크를 통해 함께 해나가는 것이 필요하다.

모든 학생의 삶의 질 향상을 위한 목적으로 학교-가정-지역사회가 보다 유기적으로 연계하고 협력할 수 있도록 필요한 정책과 제도를 마련하며, 이를 통해 모든 학교에서 통합적이고 포괄적인 서비스가 제공될 수 있도록 제도화하는 것은 매우 중요한 과제이다. 학교사회복지사들은 이미 단위 학교 내에서 성실히 서비스를 제공하고 많은 효과성을 입증하여 왔다. 이러한 효과성을 홍보하고, 확산시켜 더 많은 학교에 학교사회복지사가 배치될 수 있도록 제도화하기 위한 노력이 필요하다. 이는 현재 관련된 정책과 법률을 분석하고, 새로운 법률안의 초안을 작성하고, 시·도의회 의원을 통해 학교사회복지 조례를 제정하는 등의 활동을 포함한다. 학교사회복지의 법제화와 모든 학교에서 학교사회복지가 실현될 수 있도록 하는 것은 중요한 과제로 남아 있다.

4

학교사회복지 평가와 수퍼비전

4부에서는 학교사회복지 사업평가와 학교사회복지사 전문인력 양성을 위한 수퍼비전을 다룬다. 제11장에서는 평가 개요와 평가체계, 평가보고를 포함한다. 제12장에서는 학교사회복지 수퍼비전의 역사와 실습생과 수련생, 학교사회복지사를 위한 수퍼비전을 살펴본다. 또한 학교사회복지사 자격제도와 관련된 수련과 보수교육 내용을 포함하였다.

| 제11장 |

학교사회복지 평가

배는 항구에 있으면 안전하다. 그러나 그것이 배의 존재 이유는 아니다.

– William Shed

1. 평가 개요

1) 평가의 목적과 준거

(1) 증거기반 실천 평가

사회복지실천에서 증거기반 실천(evidence-based practice, EBP)은 과학적이고 객관적인 증거에 기반하여 의사를 결정하고 서비스를 제공하는 것으로, 학교사회복지실천에서도 이를 활용하고 있다(Franklin 등, 2014). 증거기반 실천은 효과가 있다고 입증된 실천 기법, 클라이언트가 원하는 개입 방법, 그리고 실천가의 최근 임상 전문지식을 통합해서 클라이언트의 상황에 가장 적합한 서비스를 제공하는 체계적인 실천 과정이다(최길호, 2008). 자신이 실행한 학교사회복지실천에 대해 효과성을 평가하는 것은 증거를 축적하는 과정으로, 향후 유사한 방법을 적용하는 동료와 클라이언트의 임상적인 실수를 감소시키고 보다 효과적인 개입이 이루어질 수 있도록 돕는다.

이와 같은 증거에 기반한 과학적 접근은 최근 우리나라에서도 제도화되고 있는데, 2014년부터 자살 예방 프로그램에 대한 증거기반 인증제를 도입하여 실시하는 것이 한 예이다(박종익 · 전선, 2014). 프로그램의 효과성에 대한 증거가 전문가들의 평가를 통해 인증되고, 공유되어 확산될 수 있도록 문서화되는 것이다.

그러므로 평가 결과는 보고서나 세미나 발표, 학술지 게재 등을 통해 공유되어야 하며, 학교사회복지사는 실천가이면서 동시에 조사연구자로의 역할을 수행한다. 학교사회복지 프로그램의 효과에 대한 결과 평가와 필요한 증거들은 사례연구, 실험연구, 메타 분석, 패널 연구 등 다양한 조사 연구를 통해 얻어지며, 이를 통해 서비스를 개선하고 자원을 효율적으로 활용할 수 있도록 돕는다.

(2) 평가의 목적

평가는 사회복지사의 개별 서비스에 대한 평가와 더불어 사회복지 서비스를 제공하는 사회복지 서비스 조직의 평가를 포함하며, 이를 통해 정책과 제도의 발전, 클라이언트의 복지 수준 및 서비스 질 향상에 기여한다(정홍원 등, 2013). 학교사회복지 평가는 학생의 변화, 프로그램의 효과성 평가와 더불어, 학교사회복지 제도나 정책을 발전시키기 위하여 사업을 추진하는 단위 학교에 대한 평가와 종합적인 학교사회복지사업 계획 수립, 집행과정 및 결과에 대한 평가가 필수적으로 수반된다.

우리나라의 학교사회복지는 시범사업과 기획사업으로 도입되어, 초기부터 재정지원에 대한 책무성을 갖고 사업의 효과성을 입증하기 위하여 지속적으로 노력해왔다. 학교사회복지사는 대체로 '학교사회복지실'이라는 독립된 공간에서 제한된 예산을 넘어 지역사회의 다양한 자원을 활용하여 학생 개별 개입을 포함한 크고 작은 많은 프로그램을 운영하며 학생과 그 환경체계의 변화를 모색한다. 학교사회복지의 성과에 대한 과학적이고 객관적인 증거를 제시하는 것은 학교사회복지사업에 대한 필요성과 인식 확산에 기여한다.

한국학교사회복지사협회(2010)는 학교사회복지 평가가 다음의 세 가지 목적을 갖고 있다고 보았다.

첫째, 학교사회복지 평가는 효율적인 사업추진체계 구축 및 원활한 환류 시스템을 모색하기 위한 것이다. 이는 평가를 통해 학교 내에 학생 서비스를 지원하기 위한 팀을 두도록 촉구하고, 학교사회복지실 설치와 운영을 위한 교내외 사업 운영체계를 구축하도록 한다.

둘째, 학교사회복지 사업의 성과를 분석하기 위한 것이다. 평가는 학생, 학부모, 학교 및 지역사회 체계에 대한 학교사회복지 개입의 성과를 분석하고, 우수 사례의 발굴과 일반화를 통한 학교사회복지사업의 정착을 위한 과정이다.

셋째, 학교사회복지사업 운영 방향성 설정 및 대안을 모색하기 위한 것이다. 학교사회복지사업 평가의 결과는 차년도 사업 계획에 반영되며, 보다 실질적인 학생의 삶의 질 개선을 위한 방향과 대안을 모색하도록 한다. 이는 개별 학교에서의 변화뿐만 아니라 학교사회복지에 대한 국가와 지역사회의 정책과 제도화를 위한 과정이다.

이에 덧붙여, 학교사회복지사업 평가는 공공재원이나 민간재단의 재정 지원에 대한 책무성의 목적을 갖는다. 대중이나 재단은 서비스가 학생과 그 가족의 삶을 개선시키기 위해 사용되고, 명시된 목표를 달성할 것으로 기대한다. 학교사회복지사는 이에 대한 신뢰할 수 있는 경험적 증거를 제시할 수 있어야 한다(Thyer, 2014).

(3) 평가의 준거틀

학교사회복지 평가는 효과성 있는 프로그램의 개발과 사회복지실천 이론의 현장 적용에 대한 검증을 통해 학교사회복지실천 이론화와 전문적 발전의 토대가 된다. 평가를 통해 발견되는 문제들을 규명하고 개선해 나가면서 과학적이고 체계적인 이론과 실증적인 증거를 기반으로 전문화된 서비스를 제공할 수 있다.

학교사회복지의 평가는 평가 기준, 평가 방법, 평가 대상, 평가 시기, 평가 모형의 준거틀을 갖는다(김상곤, 2005). 이는 학교가 학교사회복지사업 지원을 위해 얼마나 노력했는가, 그리고 학교사회복지사의 노력은 적절하였는가를 판단(노력성)하는 것이며, 서비스의 성과(효과성), 예산 운용의 적절성(효율성) 및 이용자의 평가(만족도)를 기준으로 한다. 또한 평가는 이론적 모형에 따라 학생, 가족, 학교와 지역사회를 대상으로 평가 시기, 평가 방법을 결정한다.

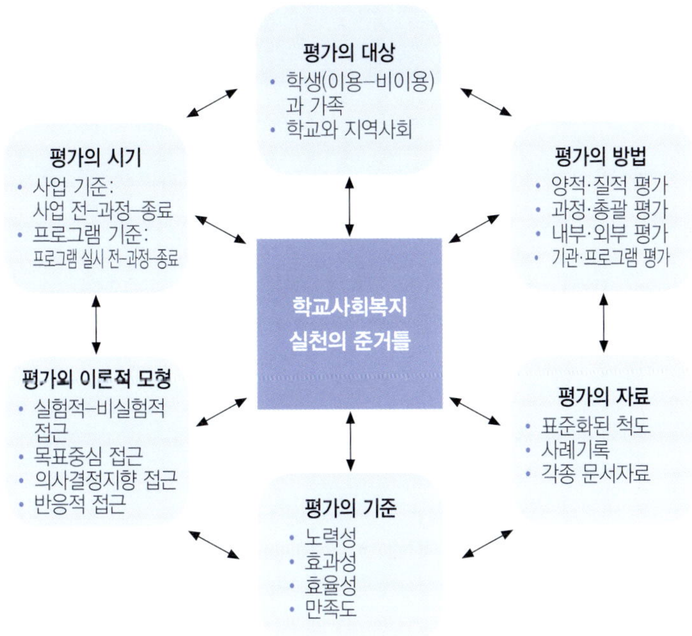

[그림 11–1] 학교사회복지실천의 준거틀

출처: 김상곤(2005). p.67.

2) 평가의 방법

(1) 양적 평가와 질적 평가

양적 평가는 클라이언트의 행동이나 태도를 조작적으로 정의하여 프로그램의 효과를 평가하는 것으로, 수량화된 자료를 수집하고 통계적 방법을 통해 분석하는 평가 방법이다. 양적 평가는 객관성과 중립성을 가진 과학적인 증거를 통해 개입을 일반화하고 이론화에 기여하는 것을 중요하게 본다. 일반적으로 증거기반의 실천은 양적 평가를 선호하고 메타 분석이나 무작위 표본 추출에 의한 실험 연구를 상위의 증거로 보지만, 학교 현장에서는 이보다는 단순히 개입의 사전–사후 효과성에 대한 표준화된 척도를 사용한 분석이 많이 활용되고 있다.

질적 평가는 문제의 역동적이고 상호작용적인 측면을 고려할 수 있는 평가 방법으로, 면접, 관찰, 기록, 비언어적 의사소통 분석, 내용 분석, 문헌 분석 등이 포함된다. 주로 현상학, 해석적 탐구의 전통을 따르며, 일반화할 수 있는 이론화보다는 개개인의 경험과 특성에 대한 심층적 이해에 초점을 둔다.

양적 평가는 환경에 영향을 받는 복잡한 상호작용 관계를 고려하지 못하고, 상황적 맥락을 도외시한 채, 프로그램의 인과관계를 지나치게 단순히 연결지으며, 프로그램 참여자들의 경험을 적절하게 반영하지 못하는 한계점이 있다(이성우 등, 2015). 그러므로 학교사회복지 실천에서는 대부분 이러한 양적 평가의 한계점을 극복하기 위해 양적 평가와 질적 평가를 혼합하여 사용하고 있다.

(2) 과정 평가와 총괄 평가

평가는 진행 시기에 따라 사업이 운영되는 과정에 진행하는 과정평가 또는 형성평가(formative evaluation)와 종결 시기에 이루어지는 총괄 평가(summative evaluation)로 구분된다.

과정 평가는 프로그램이 원래의 목적과 목표를 달성하기 위하여 계획된 과정이 원활히 진행되고 있는지를 평가한다. 그러므로 예측하지 못한 돌발 상황이 발생하여 문제가 있거나 의도한 계획 과정에 수정이 필요한 경우 등 프로그램의 개선이나 수정, 발전을 위해 실시된다. 과정 평가의 결과는 이후의 운영 방향을 수정하고 환류를 통해 보다 효과적이고 효율적인 프로그램의 방안을 마련하는 데 도움을 준다. 학교사회복지사업을 운영하는 교육청 등에서는 정기적인 보고나 중간평가를 실시하며, 학교사회복지사는 프로그램에 따라 내부 회의를 통해 중간 점검을 실시한다.

총괄 평가는 프로그램 전반의 최종적인 결과를 평가하는 것으로, 초기에 수립된 목적과 목표 달성의 증거와 기대효과 등을 평가한다. 주로 실천 기록, 프로그램에 참여한 대상자들의 보고, 영상과 관찰 등 다양한 정보를 통해 수집된 자료들을 분석하고 이를 요약하여 정리한다. 총괄 평가는 내부적으로는 차년도 계획 수립에 반영하여 더 효과적인 프로그램을 운영하기 위한 목적으로 시행되지만, 때로는 사업의 존속 여부나 재정 지원의 지속 여부를 결정하는 데 활용된다.

(3) 내부 평가와 외부 평가

내부 평가는 주로 조직 내부의 운영이나 프로그램의 개선을 위한 목적에서 실시되며, 평가 주체가 학교 내부에 있다. 즉, 프로그램을 기획하거나 운영하는 담당자 또는 학교 내 다른 구성원이 학교사회복지사업에 참여한 학생, 학부모, 교사의 평가를 기초로 자체 평가 절차를 통해 이루어진다. 내부 평가는 참여자나 내부 구성원들이 프로그램이나 사업의 내용과 맥락을 잘 알고 있다는 장점이 있지만, 그렇기 때문에 객관성과 공정성이 부족할 수 있다는 위험을 안고 있다(우수명, 2004).

외부 평가는 프로그램을 실시하는 조직이 아닌 외부의 전문가나 평가기관에서 실시하는 평가를 말한다. 주로 교육청 또는 학교사회복지사업에 대해 재정 지원을 하는 재단 등이 외부 전문가를 중심으로 평가단을 구성하여 실시한다. 외부평가단은 사업 운영에 대한 결과보고서를 검토하고 현장 방문 및 학교사회복지사와 담당 교사를 중심으로 면담을 통해 평가를 실시한다. 사업과 관련된 전문가가 일관성 있는 지침과 평가 지표에 따라 평가하기 때문에 객관적이고 공정한 반면에, 사업이 이루어지는 모든 학교를 동일한 평가단이 평가하지 않는 경우에는 평가위원의 성향 등에 따라 차이가 있을 수 있으며, 학교 상황적 맥락을 충분히 이해하지 못한다는 단점이 있다.

(4) 학생 중심 평가와 체계 중심 평가

Dupper(2003)는 환경 속의 인간이라는 생태체계적 관점을 바탕으로 학교사회복지실천을 학생 중심 개입과 체계 중심의 개입으로 구분하고 이에 따라 학교사회복지 평가도 학생 중심 개입에 대한 평가와 체계 중심 개입에 대한 평가의 두 가지로 구분하고 있다.

학생 중심 개입은 개별학생 또는 소집단이나 학급 환경 내에서 학생을 중심으로 개입하는 것으로, 이에 대한 평가는 학생의 변화를 통해 개입의 효과성을 측정하여 이루어진다. 측정의 범주는 네 가지로, 표준화된 질문지, 학교의 문서자료, 개별화된 비율척도, 행동측정도구가 사용된다. 사용되는 조사설계는 시간에 따른 반복적인 측정에 의해 개입의 변화를 명확히 볼 수 있는 단일사례연구(Single Subject Research Design, SSRD)와 집단에 대한 사전-사후를 비교 분석하는 실험설계가 있다.

체계 중심의 개입은 학교, 가정, 이웃, 지역사회의 변화에 초점을 둔다. 관심의 초점에 따라 체계 수준의 변화를 측정하는 도구도 다른데, 많은 표준화된 척도가 각 체계를 대상으로 사용된다. 예를 들어, 학교 조직 건강성, 학급응집력, 가족응집력, 가족유대 및 의사소통, 지역 소속감, 이웃에 대한 주민의 태도 등에 관한 척도가 개발되어 있다. 또한 학교 내 출석률, 징계보고, 지역사회의 아동학대 비율 등의 문서자료가 활용될 수 있다.

3) 평가 설계

프로그램 설계는 대체로 실험연구와 비실험연구 설계로 구분되는데, 무작위로 연구집단과 통제집단을 할당하는가가 기준이 된다. 실험연구는 무작위로 두 집단을 구성한 후, 실험집단에게만 개입을 하여 관찰되는 변화의 차이가 개입의 효과임을 입증하는 강력한 경험적 증거가 된다. 이와 같은 조사설계는 사전측정이 없는 통제집단 비교 설계와 사전측정이 있는 통제집단 전후 비교 설계, 솔로몬식 4집단 비교 설계 등이 있다.

그러나 학교사회복지사가 완전히 무작위 할당으로 집단을 구성하는 실험연구를 하기에는 현실적으로 매우 어렵다. 또한, 학년 전체를 대상으로 창의적 체험활동을 실시하는 경우는 통제집단을 따로 두기 어렵다. 이에 따라 대부분 학교사회복지실천 현장은 〈표 11-1〉과 같이 무작위 할당으로 연구대상을 나누지 않고, 비교집단과 동질성이 없는 전실험 설계(일회 사례연구, 단일집단 사전-사후검사 설계, 정태적 집단 비교 설계)나 유사(준)실험 설계(비동일 통제집단 설계, 단순/복수 시계열 설계)를 많이 활용하고 있다.

일회 사례연구(one-shot case study)와 정태적 집단 비교 설계(static-group comparison)는 사전검사 없이 개입 후 결과를 검토하는 방법이다. 비교 대상이 없고 효과가 개입에 의한 것이라 확신하기 어려운 한계점이 있지만, 초기 기초선을 측정이나 사전 평가를 할 여유 없이 개입이 시작되었을 때 사용된다.

체계적으로 기초선을 측정할 수 있다면 개별사례연구에서 단순 시계열이나 통제집단과 비교하는 복수 시계열 연구를 통해 개입의 효과성을 입증할 수 있다. 보통 장애학생이나 특정 문제행동을 수정하는 개입에서 시계열 연구를 많이 진행하며, 단일 사례연구(SSRD)는 시계열 연구의 하나이다.

〈표 11-1〉 전실험 설계와 유사실험 설계

구분	종류	도 식	특 징
전실험 설계	일회 사례연구	개입 / 사후검사 단일집단 X → 01	탐색적 연구에 유용하나 비교 대상이 없음
	단일집단 사전-사후 검사 설계	사전검사 / 개입 / 사후검사 단일집단 01 → X → 02	단일집단에 대한 개입의 효과를 측정
	정태적 집단 비교 설계	개입 / 사후검사 연구집단 X → 01 비교집단 → 02	무작위 선정이 되지 않은 한계점이 있으나 실험이 간편함
	비동일 통제집단 설계	임의적 할당 사전검사 / 개입 / 사후검사 실험집단 01 → X → 02 통제집단 03 → 04	사회복지분야에서 가장 많이 활용되는 방법
유사 실험 설계	단순 시계열 설계	반복측정 / 개입 단일집단 01 02 03 04 05 X 06 07 08 09 010 →	개입 전 기초선 측정 및 개입 후 여러 차례 측정 비교
	복수 시계열 설계	임의적 할당 사전검사 / 개입 / 사후검사 실험집단 01 02 03 X 04 05 06 → 통제집단 07 08 09 010 011 012	단순 시계열 설계에 비해 내적 타당도를 높일 수 있음.

증거기반 구축을 위해서는 분명한 이론적인 근거, 무작위에 의한 통제집단 사전-사후 비교 설계, 클라이언트의 특성(성별, 연령, 인종, 학력 등)에 대한 상세한 자료

수집이 필요하다. 단일 사례연구(SSRD)는 적어도 9번 동일한 연구결과가 나타날 때 효과를 인정할 수 있고 다른 연구진에 의해 동일한 연구에서 같은 결과가 나오는 것(replication study) 등의 조건이 있다(최길호, 2008). 여러 가지 현실적으로 어려운 한계점이 있지만, 증거기반 학교사회복지실천을 위해 보다 엄격한 실험 설계가 요구된다.

2. 학교사회복지 평가

1) 평가 운영 체계

(1) 자체 평가위원회

학교사회복지사업이 이루어지는 초·중·고등학교에는 학교별로 사업을 기획, 운영, 조정, 점검 및 내부 평가를 하는 사업운영협의회가 구성된다. 이들은 학교사회복지사업 담당 부장교사, 학년부장 및 주요 관련 부서의 부장교사와 학교 관리자로, 단위 학교의 학교사회복지사는 간사 역할을 맡는다. 개별 사업별로 소규모의 운영회의가 이루어질 수 있으며, 이들은 직접적인 관련이 있는 보건교사, 위클래스 전문상담사, 전문상담교사 등으로 사업별로 다르게 구성될 수 있다.

학교사회복지사를 활용한 교육부 시범사업에서 제시하였던 사업운영협의회 구성원과 역할은 〈표 11-2〉와 같으며, 분기별 혹은 학기별 1회의 정기회합을 갖도록 권유하고 있다. 사업운영협의회의 역할이나 학교사회복지 시범사업 운영 매뉴얼에서 자체 평가에 대한 내용이 강조되고 있지는 않은데, 이는 당시 사업비가 학교당 500만원 내외에 불과하여, 상대적으로 예산이 적었던 것도 하나의 이유로 보인다.

〈표 11-2〉 교육부 시범사업 학교사회복지 사업운영협의회 구성과 역할

○ **구성원**

: 교장, 교감, 담당부장, 학교사회복지사, 연계부서 교사(교무부장, 생활지도부 교사, 진로상담부 교사 등), 보건교사 등 8명 내외

○ **역할**

1. 학교사회복지실 운영 방안 협의
2. 운영 예산에 관한 협의
3. 프로그램 협의 및 월별 행사내용 보고 및 논의
4. 연계가 필요한 부서에 대한 협의 요청
5. 학교사회복지실 지원인력(실습생, 자원봉사자, 직장체험 연수생 등) 활용에 관한 협의

출처 : 한국사회복지사협회 · 한국학교사회복지사협회(2007).

그러나 사업비가 수천만 원 이상에 달하는 교육복지우선지원사업에서는 초기부터 평가가 매우 중요한 영역으로 다루어져서 해마다 사업평가 매뉴얼이 제시되고 자체평가보고서를 제출하도록 하였다. 2010년 이후부터는 교육청마다 차이가 있지만 대부분 교육개발원의 기존 평가틀을 기반으로 하고 있다. 이에 따른 자체 평가에 대한 내용을 기술하면 다음과 같다.

〈표 11-3〉 교육복지우선지원사업 자체 평가

○ **목적**

각 사업 기관이 자체적으로 사업 운영 과정 및 성과를 점검, 평가함으로써 장 · 단점, 강 · 약점 진단을 통해 사업 운영 개선의 효과를 꾀함.

○ **자체평가단 구성**

- 사업학교 : 교장, 교감, 행정실장, 교육복지담당부장 및 교사, 사업관련 부장 및 교사, 사업관련 인력(사서, 방과 후 교사), 지역사회교육전문가 등으로 구성함.
- 교육지원청 및 시도교육청 : 사업전담팀이 자체평가단이 됨.

○ **자체평가보고서 작성**

- 사업학교의 경우에는 사업담당부장 주도하에 자체평가단이 관련 업무를 분담하여 작성하되, 작성된 자체평가보고서 내용에 대한 최종 책임은 기관장에게 있음.

– 사업학교, 교육지원청, 시 · 도교육청은 자체평가보고서의 '총평 및 제언' 혹은 '문제점 및 개선계획' 부분에는 개별 기관 사업 운영의 강점(Strength)과 약점(Weakness), 기회(Opportunity)요인과 위협(Threat)요인을 분석하여 구체적으로 명료하게 제시하도록 함.

○ 학교교육 및 사업 운영 만족도 조사

조사 대상	조사 내용	결과 활용
학생	학교교육 만족도, 사업 프로그램 만족도	사업학교 평가지표 1.3
학부모 또는 보호자	학교교육 만족도, 사업 프로그램 만족도	사업학교 평가지표 1.3
	지역사회 교육 여건에 대한 만족도	교육지원청 평가지표 1.1
교사	학교 운영 만족도	사업학교 평가지표 1.3
	교육지원청 지원에 대한 만족도	교육지원청 평가지표 1.1

출처: 한국교육개발원(2010).

(2) 외부 평가 체계

시 · 도교육청이나 학교사회복지사업의 재정을 지원하는 민간기구에서는 비상시적 기구로 학교사회복지사업을 평가하는 전문가 평가단을 구성할 수 있다. 이들은 학교사회복지의 전문가 집단으로 대학 교수, 학교 관리자, 지역사회의 사업 관련 전문가 집단으로 구성되어 실질적으로 일선 학교의 학교사회복지사업을 평가하는 역할을 담당한다. 때에 따라서 규모가 클 경우에는 관내 다수 학교의 학교사회복지사업을 지원하는 시 · 군 · 구에 운영협의회를 상설 기구로 둔다. 운영협의회는 평가계획을 공유하고 시 · 도 외부 전문가 평가단의 평가에 앞서 정기적으로 사업을 점검하고 모니터링하게 된다. 지역 교육지원청 사업운영협의회는 담당 장학사를 포함하여 관내 학교의 관리자, 사업과 직접적인 관련이 있는 지역사회 기관장 등으로 구성된다. 교육청 내, 또는 지역 단위에서 학교사회복지사업을 운영하는 학교사회복지사가 별도로 배치된 경우 이들이 간사 역할을 맡게 된다.

외부 평가의 경우 대체로 전문가와 10년 이상의 경력을 가진 사람을 중심으로 위촉하여 운영한다. 특히, 교육복지 사업의 경우는 시 · 도교육청 및 교육지원청, 학교 관계자 등이 평가위원으로 참여할 수 있도록 하였으며, 시 · 도교육청이 지역 실정에 맞게 다른 기준을 추가할 수 있으나, 시 · 도교육청, 교육지원청, 학교 관계자는 각각 자신이 소속된 교육청이나 학교, 관할기관을 평가할 수 없도록 규정하였다. 한국학교사회복지사협회(2010)와 한국교육개발원(2010)에서 각각 제시하고 있는 외부 평가위원의 자격은 다음과 같다.

〈표 11-4〉 외부 평가위원의 자격

학교사회복지사업 (한국학교사회복지사협회, 2010)	교육복지우선지원사업 (한국교육개발원, 2010)
평가위원의 자격 - 사회복지를 전공하고 대학에서 학교사회복지론 교과목을 강의하는 전임강사 이상의 교수 - 교육 경력 10년 이상의 교사 - 사회복지 실무 경력 10년 이상인 사회복지사 - 보건복지 행정 경력 10년 이상인 공무원	**평가위원 자격 기준** - 교육복지투자우선지역지원사업 운영 유경험자 - 교육복지투자우선지역지원사업 컨설팅 및 평가 유경험자 - 교육, 문화, 청소년, 복지 관련 연구 및 실천 경험 10년 이상인 자

2) 사업 평가

학교사회복지가 발달한 국가에서는 다양한 전문직이 학생을 지원하는 팀을 이루고, 한 학교 내에 다수의 학교사회복지사가 존재하지만, 우리나라의 학교사회복지는 대체로 1인의 학교사회복지사가 학교사회복지실이라는 별도의 공간에서 근무하는 특성을 갖고 있다. 학교는 매년 연간교육계획을 수립하고 학교사회복지사도 학교교육계획 안에서 1년 단위로 학교사회복지실 사업 운영 계획을 수립하여 운영한다. 그러므로 도입 초기부터 대체로 학교사회복지 평가는 개별 학생에 대한 학생 중심 평가와 더불어 복지실 전반의 운영 평가가 이루어져 왔다. 학교사회복지실 운영 평가는 사업의 전반적인 예산 수립과 집행, 복지실에서 운영하는 모든 학생, 가정, 지역사회 대상 프로그램의 전반적인 효과성을 평가한다.

학교사회복지 사업 평가는 과정 평가, 총괄 평가, 결과 반영의 세 가지 요소로 구성되며, 학교사회복지사업 계획에 설정된 평가 방법과 도구를 활용하여, 사업 연도에 계획된 사업 내용에 대한 목표달성 정도를 확인한다. 평가 내용에는 서비스 이용자 수, 참여자 만족도, 사업목표 달성도, 지역사회 변화(폭력 횟수, 신고, 범죄율 등), 개입에 의해 변화된 인식이나 행동, 상황, 가치 등을 포함한다(주석진 등, 2020).

학생의 심리적 · 사회적 문제해결		학생의 삶의 질 향상		학교교육 목적의 달성
– 개별 개입 – 집단 개입(또래, 학급 등) – 가족 개입 – 학교체계 개입 – 지역사회 개입	⇨	– 학교생활 만족 – 교우관계/교사와의 관계/가족 관계 증진 – 사회적 지지 증진 – 경제적 안정 – 학교/지역사회 안전 등	⇨	– 학교교육의 효과 – 근태/출석률 – 중퇴율 – 징계학생 수 – 재비행율 – 진학/취업률

[그림 11-2] 학교사회복지 사업 평가

이 밖에도 가정, 학교, 지역사회에 대한 개입의 영향을 측정하기 위해 다음과 같은 지표가 활용될 수 있다(Dupper, 2003).

〈표 11-5〉 가정, 학교, 지역사회에 대한 개입의 영향을 측정하기 위한 지표

- 부모와 아동 사이의 상호작용의 질
- 가정의 서비스/프로그램에 대한 정보 획득 및 접근성
- 학교, 지역사회의 서비스/프로그램 수와 이용 수
- 학부모의 학교 및 지역사회 프로그램 만족도
- 학부모의 학교에 대한 태도, 학교 참여도
- 교사, 학생, 학부모의 학교 안전에 대한 인식
- 교사, 학생, 학부모의 지역사회에 대한 심리적 지각
- 학생의 학교 분위기에 대한 인식
- 학교 혁신에 대한 학생들의 인식
- 학교 관리자의 기대, 태도, 행동
- 학교 교직원들 간의 협력 정도
- 학교에 대한 지역사회 참여도
- 학교와 지역사회의 연계도
- 학교 프로그램, 개입/주도성에 대한 대중매체의 보도
- 학생, 가정의 비밀보장에 대한 장애 극복을 포함한 서비스/프로그램의 질
- 아동 및 가정을 위한 지역사회 옹호(아동 프로그램 지원액 등)
- 장기적인 재정적 지원 기반 구축

출처: Dupper(2003). p.232 재구성.

성과 측정은 학생 개별 및 집단의 변화, 학부모와 교사의 평가, 학교 관리자와 지역사회의 평가 등 다양한 영역에서 이루어지며 양적 평가와 함께 개별 면담, 초점 집단 면담(focus group interview, FGI) 등 질적 평가가 함께 사용된다. 사회복지공동모금회의 기획사업에서 활용한 서비스 효과성 평가는 양적 · 질적 평가를 혼합하여, 학생의 변화, 교사의 변화, 학교의 변화의 세 가지 영역을 중심으로 학생의 삶의 질 향상과 학교교육 목적의 달성 정도를 평가하였다(사회복지공동모금회 기획사업 전문위원회, 2005).

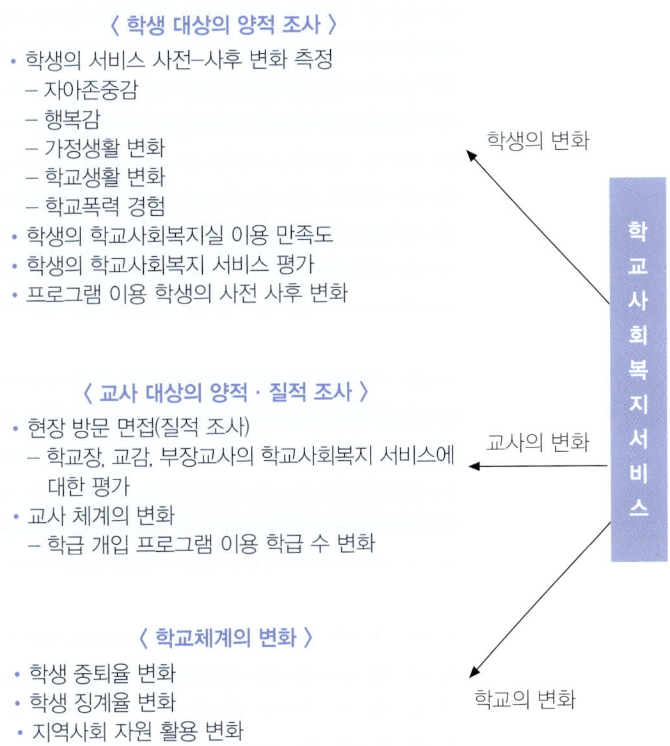

[그림 11-3] 사회복지공동모금회 기획사업 학교사회복지 평가

출처: 사회복지공동모금회 기획사업 전문위원회(2005).

3) 평가 보고

학교사회복지사업을 시행한 단위 학교에서는 자체 평가를 거쳐 평가보고서를 작성한다. 이는 외부 평가의 평가자료로 활용되는데, 사회복지사를 활용한 교육부의 평가보고서 사례는 다음과 같다. 평가보고서는 약간의 차이는 있지만, 기본적으로 기관의 현황, 사업 운영 조직 체계와 역할, 서비스 실적 및 성과의 내용을 포함하고 있다.

〈표 11-6〉 사회복지사를 활용한 연구학교 평가보고

평가 보고

Ⅰ. 기본사항

- ㅁ 사업명:
- ㅁ 학교명: / 대표자
- ㅁ 연구책임/학교사회복지사
- ㅁ 사업 수행 기간

Ⅱ. 사회복지사 활용 연구학교의 필요성에 대한 인식

- ㅁ 교장, 교감, 부장교사의 솔직한 의견 기술

Ⅲ. 학교사회복지실천 여건

1. 사업 추진 인력 및 역할 분담
2. 학교사회복지사 근무 현황: 소속부서, 담당업무, 역할, 회의참석 여부, 근무장소
3. 주요 이용 공간 및 시설: 사진 첨부, 접근성 및 쾌적도 (상, 중, 하로 표시)

Ⅳ. 사업추진 실적 및 성과

구분	개입 방법	계획인원	집행인원	성과
개별 개입				
사례관리				
소집단 개입				
학급 개입				
가정 지원				
교사 연계				
즐거운 학교생활 지원 프로그램				
지역사회 연계				
지역사회 자원 개발				
기타				

1. 프로그램별 사업 추진 실적

2. 개별 개입 사례의 문제 유형
   심리정서적 문제, 학교생활 태도, 교우관계, 교사와의 관계, 진로선택, 학습상담, 경제적 지원, 가정적 문제, 성, 자원봉사, 심리검사, 정보제공, 기타 등
   유형별 사례 수 및 백분율 제시

3. 학교사회복지실천의 성과
   학생 개인의 측면, 교사의 측면, 학교의 측면, 가정과 지역사회의 측면

V. 애로사항 및 건의사항

VI. 총평 및 제언

4) 평가와 연구윤리

아동 · 청소년 대상의 조사는 의도하지 않았다 하더라도, 미성년자인 학생들이 평가 과정에서 심리사회적으로 손상을 받을 수 있는 위험이 있다. 궁극적으로 학생의 삶의 질 향상을 위한 조사 설계라 하더라도 참여한 학생들의 권리가 침해받는다면 그 연구는 정당화되기 어렵다(한국아동권리학회, 2005). 저소득 가정, 다문화 가정, 기초학력 부진 등 특정 학생 집단을 위한 개입과 평가가 그 과정에서 낙인감을 형성하고 자발적 동의나 충분한 연구 과정에 대한 정보가 제공되지 않으면 이는 윤리적으로 심각한 문제를 갖게 된다.

연구윤리는 나치 독일의 비윤리적인 인간 대상의 생체실험 연구를 진행한 전범자들에 대해 독일 뉴럼버그에서 재판을 진행하는 과정에서 필요성이 제기되었다. 이에 따라 1947년 뉴럼버그 강령(Nuremberf Code)이 공표되었는데 핵심은 제1조의 '자발적 동의'에 있다. 자발적 동의에는 3가지 조건이 필요하다. 첫째, 실험대상자가 실험에 참여한다는 동의를 할 수 있는 법적 능력을 가져야 하고, 둘째, 충분한 실험에 대한 정보(목적, 기간, 방법, 예상되는 위험 등)가 제공되어야 하며, 셋째, 강압이나 회유, 속임수에 의한 것이 아니어야 한다(배상률, 2014).

미성년자인 아동 · 청소년은 당사자의 동의와 함께 부모나 보호자의 동의를 구하

여야 한다. 사전 동의는 참여자의 권리, 즉 자신에게 영향을 미치는 사안에 대해 의견을 표명하고 반영될 수 있는 권리를 존중하는 것이다. 학교사회복지실천 평가를 위하여 아동 대상의 설문조사를 하는 과정에서 조사 문항에 대한 윤리적 검토와 부모 또는 보호자의 동의가 요구된다. 그러나 아직까지 유아, 아동, 청소년을 대상으로 하는 연구에서 종종 기관의 동의만 구하고 아동 · 청소년 및 보호자에 대한 동의를 구하는 과정이 생략되는 경우가 많은데 학교사회복지사가 유의할 부분이다.

최근 연구윤리가 강화되면서 2004년 「생명윤리 및 안전에 관한 법률」이 제정되어, 인간을 대상으로 하는 연구에 대한 연구윤리심의위원회(Institutional Review Boards, IRB)의 심사를 받도록 하고 있다. IRB의 윤리지침은 본질적으로 연구 참여에 대한 동의, 연구에 대한 충분한 정보제공과 연구과정에서 발생할 수 있는 위험으로부터 연구대상자를 보호하기 위한 것이다. 특히, 2013년 유니세프(UNICEF, 2013)에서는 아동대상 연구 윤리지침서(ERIC)를 발간하였는데, 아동의 의견, 문화, 역량을 존중하고 연구 과정 중에 철회의사를 밝힐 경우 아동의 의사를 존중하며, 결코 위험한 상황에 처하지 않도록 한다는 등의 구체적인 내용을 담았다.

〈표 11-7〉 국제 ERIC 헌장 7대 조항

1. 아동을 대상으로 하는 연구윤리는 모두의 책임이다. 2. 아동의 존엄성을 존중하여야 하는 것은 윤리적 연구의 핵심이다. 3. 아동을 대상으로 하는 연구는 정당하고 공평해야 한다. 4. 윤리적 연구는 아동에게 이득이 되어야 한다. 5. 연구에 참여하는 아동은 결코 위험 상황에 처해져서는 안 된다. 6. 연구는 반드시 아동의 사전 동의와 지속적인 동의를 구해야 한다. 7. 윤리적 연구는 지속적인 성찰을 필요로 한다.

※ 출처 : UNICEF(2013). Ethical Research Involving Children. UNICEF.

이와 함께 평가보고나 홍보에 있어서도 윤리적인 실천이 요구된다. 아동 · 청소년 대상의 성범죄 보도나 세월호 유가족 및 동료 학생에 대한 비윤리적인 언론보도에 대한 비판이 있었다. 2011년 기자협회가 인권위원회와 공동으로 '인권보도준칙'을 마련하고, 아동 · 청소년의 안전에 미칠 영향에 대해 세심하게 배려하도록 보도 · 취재 기준을 마련하였는데, 학교사회복지사업의 평가보고나 사업의 효과성을 홍보하는 과정에서 주의할 부분이다. Tomkins(2002)는 아동 인터뷰에서 황금률로 다음과 같이 제시하고 있다(배상률, 2014, 재인용).

> 다른 사람들이 당신의 아이들에게 해주기를 원하는 그대로 다른 사람의 아이들에게 하시오.
>
> Do unto other people's kids as you would have them do unto your kids.

제12장

학교사회복지 수퍼비전

앞으로 알아야 할 것이 많다는 건 참 좋은 일 같아요.
만약 이것저것 이미 다 알고 있고 있다면 무슨 재미가 있겠어요?

– Lucy Maud Montgomery, 『빨간머리 앤』

1. 수퍼비전

1) 수퍼비전의 개념

사회복지실천은 변화하는 사회환경과 사회 구성원들의 다양한 욕구에 민감하게 반응하며, 클라이언트에게 최선의 이익이 되도록 지속적으로 개입 지식과 기술을 발전시켜 나간다. 사회복지실천의 과학성과 예술성의 특성은 현장에서 숙련된 경험과 지혜로 축적되어 신입 사회복지사나 실습생 또는 수련생에게 전달된다. 수퍼비전은 궁극적으로 클라이언트에게 효과적인 서비스의 질을 제공하는 데 목표를 두고 있으며, 사회복지사의 정체성과 전문적 실천 능력을 향상시키는 데 도움을 준다.

수퍼비전(supervision)은 '위에서'라는 뜻을 가진 'super'와 '지켜보다'의 'videre'의 라틴어에서 나온 용어이다. 즉, 숙련된 전문가 혹은 선임 사회복지사가 내부 조직의 사회복지사 또는 예비 사회복지사의 사회복지실천에 대해 지도 및 감독하는 것을 말한다. 학교사회복지사는 임상 사례를 중심으로 관련 전문가의 수퍼비전을 필요로 하며, 동시에 실습생이나 수련생에게 수퍼비전을 제공한다. 그러므로 학교 현장에서 학교사회복지사는 수퍼바이지와 수퍼바이저의 두 역할을 모두 수행한다. 또한 지금까지는 대학생을 대상으로 실습 수퍼비전을 제공하였지만, 국가자격제도의 규정으로 이후에는 수련생 대상의 수퍼비전으로 확대될 예정이다.

Munson(1983)은 효과적인 수퍼비전의 요건으로 구조화, 정규성, 일관성, 사례 중심적, 평가의 5가지 요소를 제시하고 있다. 즉, 수퍼바이저와 수퍼바이지의 책임과 역할, 수퍼비전 제공 시간, 평가 방법, 내용 등이 체계적이고 일관성 있게 구성되고 정기적으로 이루어져야 하며, 수퍼바이지의 개별 욕구에 따라 직접적인 도움이 될 수 있도록 사례중심이 될 때 더 효과적이라고 하였다.

수퍼바이저와 수퍼바이지의 관계는 위계적이지만 긍정적인 관계가 되어야 하며, 사회복지사 윤리강령에 입각하여 수퍼비전이 이루어져야 한다. 우리나라의 사회복지사 윤리강령에는 수퍼비전과 관련하여 다음과 같이 윤리기준을 제시하고 있다.

〈사회복지사 윤리강령 중 수퍼비전 조항〉

Ⅲ. 사회복지사의 동료에 대한 윤리기준

2. 수퍼바이저

1) 수퍼바이저는 개인적인 이익 추구를 위해 자신의 지위를 이용해서는 안 된다.
2) 수퍼바이저는 전문적 기준에 의해 공정하게 책임을 수행하며, 사회복지사, 수련생 및 실습생에 대한 평가는 저들과 공유해야 한다.
3) 사회복지사는 수퍼바이저의 전문적 지도와 조언을 존중해야 하며, 수퍼바이저는 사회복지사의 전문적 업무수행을 도와야 한다.
4) 수퍼바이저는 사회복지사, 수련생 및 실습생에 대해 인격적, 성적으로 수치심을 주는 행위를 해서는 안 된다.

2) 수퍼비전 기능

수퍼비전은 사회복지사의 전문성 향상을 위해 지식이나 기술이 미숙한 사람을 훈련시키는 교육적 기능으로 출발하였다(Robinson, 1949). 이후 업무 수행을 위한 통제와 조정의 행정적 측면이 부가되고, 수퍼바이지에 대한 지지적 기능이 추가되었다.

이와 같이 수퍼비전은 행정적, 교육적, 지지적 기능의 세 가지 핵심적 요소를 갖고 있다(Kadushin, 1979). 행정적 수퍼비전은 업무가 제대로 수행되는가를 확인하는 데 초점을 두며, 교육적 수퍼비전은 수퍼바이지의 업무 수행 능력 향상에 초점을 둔다. 지지적 수퍼비전은 수퍼바이저와 수퍼바이지의 긍정적 상호작용으로 수퍼바이지의 소진, 무기력감, 소외감 등을 감소시키고 자신감 증진과 동기 부여를 통해 더욱 효과적인 수퍼비전이 이루어지도록 돕는다.

수퍼바이저는 수퍼비전 전반의 계획 수립과 실행을 통해 다음과 같이 학교사회복지 수퍼비전의 기능과 업무 과제에 따른 도구를 활용할 수 있다. 즉, 행정적 수퍼비전을 위해 학교사회복지 연간 사업계획서, 관련 공문과 기안서 등을 통해 효과적인 서비스 전달을 위한 작업 배경을 제공한다. 또한 교육적 수퍼비전에서는 실질적인 사례 개입에 따른 구체적인 실천 능력을 향상시키기 위해서 관련 기록지 등을 활용한다. 지지적 수퍼비전에서는 자기관리, 스트레스 관리 도구 등을 활용할 수 있다.

〈표 12-1〉 학교사회복지실천 수퍼바이저의 직무 관련 과제 및 도구

구분	행정적 수퍼비전	교육적 수퍼비전	지지적 수퍼비전
목표	• 작업 배경 제공	• 업무 능력 증진	• 업무 만족감 지원
과제	• 올바르고 효과적인 학교 정책 및 행정 절차 이행을 엄수하도록 함 • 수퍼바이지가 업무를 적절히 수행할 수 있는 작업 배경을 제공	• 학교사회복지 전문적 지식 함양 • 학교사회복지실천 기술 향상 • 관련 정책 및 정보 공유 • 학교사회복지실천 경험의 공유와 문제해결 능력 증진	• 수퍼바이지의 스트레스 유발 상황을 방지 • 책임을 공유하고 신뢰를 형성하며 관점을 공유하기
도구	• 학교교육계획서(주요 사업, 교사조직 및 업무 분장표 등) • 학교사회복지 연간 사업계획서 • 학교사회복지 프로그램 평가계획서 • 사업 보고서 • 지역사회 자원 목록표 • 학교사회복지사업 기안 및 공문서 작성 요령	• 사회복지사 윤리강령 • 학교사회복지 관련 정책 자료 • 학교사회복지실천 매뉴얼 • 학생 집단 프로그램 운영 자료집(계획서, 결과보고서) • 개별상담 사례집 • 학교사회복지사 핵심 역량 점검표 • 사례관리 기록지 • 상담/집단 프로그램 운영 동영상 등	• 각종 점검 척도(스트레스 관리 척도, 임파워먼트 척도, 여가 활용 질문리스트 등 각종 척도) • 여가 활용, 건강관리 질문 • 시간관리 도구 • 자기계발 계획 및 보고서

출처: 안정선 등(2010). p.32-33.

또한 엄경남 등(2019)은 학교사회복지사 수퍼비전의 기능을 관리 기능, 개발 기능, 지지 기능, 중재 기능의 4가지로 구분하였는데 이는 다음 〈표 12-2〉와 같다. 관

리 기능과 중재 기능은 Kadushin의 행정적 수퍼비전과 관련되며, 개발 기능은 교육적 수퍼비전, 지지 기능은 지지적 수퍼비전 기능과 관련된다.

〈표 12-2〉 수퍼비전 기능

기 능	주요 내용
관리 기능	학교사회복지실천 활동기록 작성 및 관리
개발 기능	사례관리 능력 함양 지역사회조사 및 지역 네트워크에 대한 지식과 활동 능력 함양 프로그램 개발 및 사업계획서 작성 능력 함양 학생들이 겪는 문제 및 욕구 사정 학교체계 사정에 대한 지식과 활용 능력 함양 부모(보호자) 상담 및 부모 개입 능력 함양 학교사회복지사의 정체성 형성 및 전문성 함양 학교사회복지사의 윤리와 철학 점검 사업 평가 능력 함양(평가지표, 평가방법 습득 등)
지지 기능	수련생의 강점 발견 및 약점 보완 논의
중재 기능	교내외 통합 사례회의 팀의 원활한 운영 지역사회 네트워크 분석 및 활용 교내외 팀워크 및 협력기법 습득 지원

출처: 엄경남 등(2019:92).

3) 수퍼비전 과정

(1) 수퍼비전 단계

Caspi와 Reid(2002)의 과제중심 수퍼비전 모델로 시작 단계, 중간 단계, 종결 단계의 3가지로 제시하였지만, 대체로 수퍼비전 모델은 준비 단계를 포함하여 4단계로 제시된다. Shulman(1993)은 수퍼바이저와 수퍼바이지의 관계를 기반으로, 준비 단계, 시작 단계, 작업 단계, 종결 단계의 4가지로 보았다. 준비 단계는 서로 친밀감을 형성하는 단계이며, 시작 단계에서는 상호 신뢰를 바탕으로 수퍼비전에 대한 계약과 동의가 이루어지고, 작업 단계는 감정이입, 기술과 정보 공유 등 실질적인 수퍼비전이 실행되는 단계이며, 종결 단계에서는 수퍼비전 과정을 요약하고 성취한 바를 공유한다.

안정선 등(2010)도 이를 기초로 학교사회복지 현장실습 수퍼비전 모델을 준비 단계, 초기 단계, 중간 단계, 종결 및 평가 단계의 4단계로 제시하였다. 준비 단계에서는 실습 지도자로서의 준비와 기관의 준비, 수퍼비전 기획, 실습생 모집과 사정, 사전 교육 등 본격적인 실습 수퍼비전에 앞서서 기관, 수퍼바이저, 수퍼바이지 모두가 사전에 준비하는 과정이다. 초기 단계(시작 단계)는 실습 목표와 실습 구조 등에 관한 계약을 확정하고, 관계 형성과 기초교육이 이루어지는 단계이다. 중간 단계(작업 단계)는 실습 업무의 수행과 점검이 이루어지는 단계로, 이 시기에는 중간평가를 통해 실습 성과를 모니터링하며 부분적인 목표나 실습 내용에 대한 수정이 이루어질 수 있다. 마지막 종결 및 평가 단계는 개입 실천 평가, 실습 평가, 수퍼바이저 평가가 이루어지는 단계이다. 이는 현장실습생을 위한 수퍼비전으로 제시되었지만, 수련생이나 학교사회복지사 자신이 외부 전문가에게 수퍼비전을 받는 상황에도 적용시킬 수 있다.

〈표 12-3〉 학교사회복지 실습 수퍼비전 과정

단계	주요 내용
준비 단계	실습 지도자로서의 준비 실습 기관의 실습 지도 준비 실습지도의 기획 실습생의 모집 및 선발, 교육적 사정 실습 사전교육의 실시 실습 계약의 준비
시작 단계	실습 계약의 확정 관계 형성 기초교육
중간 단계	실습 업무의 수행과 점검 실습에 대한 중간평가 보충교육 기관 방문
종결 및 평가 단계	개입 실천의 평가 실습 평가 실습 지도의 평가

출처: 안정선 등(2020).

(2) 수퍼비전 방법

수퍼비전을 제공하는 방법은 개별 수퍼비전과 집단 수퍼비전으로 구분할 수 있다. 개별 수퍼비전은 수퍼바이저와 수퍼바이지가 1:1로 개별적인 수퍼비전을 제공하는 것이다. 그러나 현실적으로 인적 자원이나 시간의 부족, 수퍼비전 체계가 확립되지 못한 상태에서 학교사회복지사들에게는 개별 수퍼비전보다는 동료 수퍼비전이 매우 유용한 도구로 활용되고 있으며, 실습생에 대해서는 다수의 수퍼바이지뿐만 아니라 다수의 수퍼바이저가 참여하는 집단 수퍼비전이 많이 활용된다.

공동 수퍼비전과 동료 수퍼비전 등 집단 수퍼비전은 인접한 학교의 학교사회복지사들이 다수의 전문가들과 함께 집단 모임을 통해 사례발표와 수퍼비전을 받거나 제공하는 것이 있으며(Lornell & Wallace, 1966), 현장실습을 담당하는 교수들과 학교사회복지 실습지도자가 공동 수퍼비전(co-supervision)을 제공하는 것(Coulton & Krimmer, 2005) 등이 있다. 우리나라의 경우, 한국학교사회복지사협회나 지회를 중심으로 공동실습을 운영하며 공동 수퍼비전을 제공한 사례가 있으며, 사업 운영 학교를 중심으로 자문교수를 위촉하여 지역 단위로 공동 수퍼비전이 제공된 사례가 있다.

특히, 서울시교육청의 시범사업에서 노혜련 교수의 제안으로 학교별로 담당부장, 학교사회복지사, 교육청 장학사, 자문교수로 지원체계가 구성된 사례가 있다. 이들은 사업 운영 학교별로 순회하거나 때로는 교육청에서 월 1회의 정기적인 모임을 가졌다. 이 모임에서 학교별 상황에 대한 지도와 자문, 학교와 교육청 간에 발생하는 행정업무의 지체나 불명확한 이해의 조정 및 해결 등이 기본적으로 이루어졌으며, 이외에도 학교사회복지사의 학교 내 적응과 관련된 문제해결이나 학생 사례에 대한 서비스 논의 등에 이르기까지 전반적인 주제를 다루었다(노혜련, 2006).

이 밖에도 접촉 방법에 따라 직접적 관찰과 접촉을 통해 이루어지는 대면 수퍼비전과 비대면 수퍼비전이 있다. 비대면 수퍼비전은 이동 거리와 장소에 따른 장애를 극복하고 기록지와 수퍼비전 요청 내용을 전달하고 피드백을 받기 위해 전화, 화상회의, 이메일 등을 활용하는 방법이다.

(3) 수퍼비전 평가

수퍼비전 평가는 전문성 향상을 위한 수퍼바이지의 학습 동기를 유발시키고 자신감을 증진시키는 데 도움을 주며, 수퍼바이저가 앞으로 보완하여야 할 부분을 파악할 수 있도록 해준다. 이는 궁극적으로 클라이언트에게 양질의 서비스를 제공할 수 있도록 하며, 부적절한 개입이 지속되지 않도록 예방한다. 또한 효과적인 수퍼비전 평가는 긍정적 강화를 통한 성취감을 얻을 수 있는 요소를 포함하고 있다.

일반적으로 수퍼비전 평가는 수퍼바이지 평가를 지칭하지만, 수퍼바이저도 평가를 통해 수퍼비전의 구조, 내용, 방법들을 개선시켜 나가고 전문적인 성장과 발달을 경험한다. Horrejsi 등(2010)은 수퍼비전 평가에 대해 업무수행과 능력에 초점을 두고 평가기준에 대해 사전에 명확히 제시되어야 하는 등의 조건을 제시하였다. 이를 학교사회복지에 적용하면 다음과 같다.

〈수퍼비전의 고려사항〉

1. 수퍼비전은 학교교육 목적과 관련된 수퍼바이지의 업무수행과 능력에 초점을 둔다.
2. 수퍼바이지는 학교에서 선호하는 실천에 대한 평가 기준을 서면으로 받고, 평가 시작 시점부터 명확히 알고 있어야 한다.
3. 수퍼바이지의 업무는 설정된 서면화된 수행 기준에 따라 평가되어야 한다.
4. 수퍼바이지는 공식적인 평가 이전에 자신의 수행과 관련된 지속적인 피드백을 받아야 한다.
5. 수퍼바이저는 등급 부여의 기초가 되는 수행의 예를 설명하고 묘사할 수 있어야 한다.
6. 평가 과정에서 수퍼바이지 간의 수행 수준의 차이가 확인되고 기록된다.
7. 평가에서 수퍼바이지에게 할당된 일들의 성격과 복잡성이 고려되어야 한다.

현장의 학교사회복지사들은 초임 때보다 오히려 경력이 높아질수록 보수교육보다는 수퍼비전에 대한 교육적 욕구가 크고, 특히 개별 또는 집단 사례에 관해 실천 영역에서 풍부한 지식과 경험을 갖춘 수퍼바이저에게 수퍼비전을 받고 싶어 한다(오창순 등, 2006).

학교사회복지 실습생의 경우, 실습 수퍼바이저에게 받은 수퍼비전이 긍정적이었고, 정기적으로 수퍼비전이 이루어질수록 실천수행능력이 높았다(노혜련 · 김상곤, 2004). 현장의 학교사회복지사는 사례관리의 전문성을 가진 학교사회복지사나 사회복지전문가에게 복지적인 측면에서의 수퍼비전의 욕구가 크며 정기적인 수퍼비전 욕구가 큰 것을 알 수 있다(홍순혜 등, 2013).

2. 학교사회복지 수퍼비전

1) 한국 학교사회복지 수퍼비전의 발달

(1) 학교사회복지 현장실습 수퍼비전

우리나라에서 학교사회복지 수퍼비전은 1993년 대학원생이었던 윤철수가 고등학교에서 현장실습 기간 중 숭실대 박종삼 교수의 수퍼비전을 받은 것을 시작으로 볼 수 있다. 학교사회복지사를 꿈꾸었으나 학교가 사회복지기관이 아니었기 때문에 원칙적으로 현장실습이 이루어지기 어려웠던 상황에서, 학과 교수의 실습지도를 조건으로 이루어질 수 있었다(윤철수, 2004). 이전에는 우리나라 학교 내에서 학교사회복지 실습을 시행하지 못했기 때문에, 최초의 학교사회복지 현장실습에 대한 수퍼비전이라고 할 수 있다.

학교사회복지가 도입되던 초기에는 학교에 배치되는 학교사회복지사를 대학원 재학 이상으로 두었기 때문에, 주로 대학원생을 대상으로 실습 수퍼비전이 제공되었다. 그러나 이후 현장이 확대되면서 학부생의 현장실습 수퍼비전이 증가하게 되었다. 특히 2000년 한국 학교사회사업실천가협회가 창설되면서 협회를 중심으로 연수과정이 제공되었고, 현장실습은 주 2회 1년간의 실습(하루는 실습, 하루는 자원봉사)으로 이루어졌다. 이와 함께 2005년도에 학교사회복지사협회에서는 실습을 주제로 하계 워크숍을 진행하고 실습지도 매뉴얼을 보급하였다.

(2) 학교사회복지 자문교수 수퍼비전

현장실습생이 아닌 학교사회복지사를 대상으로 수퍼비전을 제공한 것은 삼성복지재단의 지원으로 학교사회사업을 시행한 종합사회복지관이다. 복지관의 선임 사회복지사는 인근 학교로 파견된 학교사회복지사에게 정기적으로 현장 개입 사례에 대해 수퍼비전을 제공하였다. 이후 국민복지기획단에 의한 제안으로 1997년 교육부가 '학교사회복지 시범연구학교'를 운영하였을 때 한인영 교수가 서울 무학여고에 배치된 전담 인력에게 수퍼비전을 제공하였으며, 같은 해 서울시교육청 연구사업에서는 김연옥 교수, 김기환 교수, 노혜련 교수가 각각 광신고, 연북중, 영등포여상에 투입된 학교사회복지사에게 정기적인 수퍼비전을 제공하였다. 이후 서울시교육청의 시범사업이 시행되었던 기간 동안 숭실대 노혜련 교수가 서울 백석중학교와 동작중학교에서 학교 상주형으로 활동한 5명의 실습생에게 수퍼비전을 제공하였다(윤철수 등, 2006).

2002년 사회복지공동모금회 기획사업이 진행되었을 때는 자문교수제도를 두어 수퍼비전이 이루어질 수 있었다. 사회복지공동모금회 기획사업을 시행한 복지관에서 학교사회복지사가 복지관에 최소 주 1회 이상 보고와 수퍼바이저에게 실천에 대한 수퍼비전을 받을 수 있었다. 그러나 학교 상주형의 경우는 대부분 비정기적이고 비대면적인 수퍼비전이었고, 자문교수의 권한과 책임소재가 불명확한 문제점을 안고 있었다. 기획사업 전문위원회는 수퍼비전의 부족한 부분을 보완하며 정기적인 교육과 워크숍을 통해 지속적인 보수교육을 제공하였다(사회복지공동모금회, 2003).

또한 2004년 교육인적자원부 연구학교 사업을 위해, 한국학교사회복지학회와 한국학교사회복지실천가협회에서는 자문위원회를 구성하여 16개 시 · 도별로 자문위원을 위촉하고 지역별로 수퍼비전이 이루어지도록 하였다. 당시 교육인적자원부가 별도의 재정 지원을 하지 않았음에도 학교사회복지의 선도적 위치에서 역사적 사명감으로 자발적으로 구성된 자문기구였다.

수퍼비전체계가 구축되어 학교사회복지실천의 효과성을 보여준 가장 대표적인 사례로 2002년의 위기 개입 사례를 들 수 있다. 당시 서울시교육청 시범사업으로 학교사회복지사가 배치된 학교에서 위기가 발생하였다. 이미 학교사회복지 자문체계가 갖추어진 학교였기 때문에 학교 내에서 벌어진 폭력과 학생 사망의 위기에 효과적으로 대응할 수 있었다(김기환, 2002; 최경일, 2005). 이러한 경험은 자문교수제도나 수퍼비전체계가 확립되어 있을 때 학교사회복지사가 학교 내에서 발생하는 각종 어려운 문제에 대하여 시행착오를 줄이고 보다 효과적인 서비스를 제공할 수 있음을 보여준다.

(3) 교육복지우선지원사업 수퍼비전

2003년 교육복지투자우선지역지원사업을 시작하면서 초기에는 직영 또는 위탁 운영하는 교육복지연구지원센터가 교육청 내에 설치되었다. 연구위원에는 교육학 또는 사회복지학 교수와 전문가가 구성되어 실무자들의 교육과 연수, 사업 학교에 대한 모니터링과 컨설팅, 사업 평가를 수행하였다. 지역에 따라 편차가 커서 다분히 형식적으로 이루어진 곳이 있는 반면에, 각 사업 학교에 대한 현장 방문을 통한 모니터링과 컨설팅에서 공동 수퍼비전을 제공하거나 지역을 중심으로 실무자들 간의 정기적인 모임에서 동료 수퍼비전이 잘 이루어진 곳도 있었다. 그러나 점차 교육청 내 교육복지 연구지원센터가 직영으로 전환되면서 대체로 학생 개입에 대한 수퍼비전보다는 사업 운영에 대한 행정지도 차원이 더 강화되었다.

이러한 상황에서 교육복지 수퍼비전은 교육청의 프로젝트 조정자에 의해서 이루어진 측면이 강하였다. 즉, 2009년 교육복지사업을 실시하고 있는 100개 지역의 프로젝트 조정자를 대상으로 수행하는 역할을 조사한 강수성과 이윤화(2010)의 연구 결과 프로젝트 조정자들의 주요 역할 중 하나가 사업 대상 학교의 지역사회교육전문가에게 수퍼비전을 제공하는 것으로 나타났다. 프로젝트 조정자들은 대부분 사회복지 전공자로 학교사회복지실습 경험자도 상당수 존재하며, 일선 학교사회복지사들의 경력보다 훨씬 상회하는 경력을 갖고 있는 것으로 나타났다(윤철수 등, 2004; 윤철수 등, 2006a; 오창순 등, 2006).

2) 학교사회복지사 수퍼비전 직무

주석진 등(2020)이 제시한 학교사회복지사 표준직무 중 수퍼비전과 관련된 직무는 두 가지 영역이다. 하나는 학교사회복지사 자신의 전문성 향상을 위하여 수퍼비전을 주거나 받는 것(표준직무 19. 전문성 향상)이고, 다른 하나는 학교사회복지사가 학교 현장에서 학부 실습생이나 수련생에게 수퍼비전을 제공하는 것(표준직무 24. 수련생(실습생) 교육 훈련)이다.

수련생(실습생)의 교육 · 훈련은 수련(실습)의 계획, 실행, 평가의 세 가지 능력 단위로 구성되어 있다. 수련 직무는 학교사회복지사 자격제도에 따른 수련을 위한 활동으로, 사회복지사 윤리강령, 「사회복지사업법」의 학교사회복지사 자격 관련 규정에 따라 이루어져야 한다. 실습의 경우, 학교는 보건복지부의 실습기관이 아니지만 학교사회복지사가 되고자 하는 학부생의 현장실습을 제공하며, 사회복지현장실습에 준하는 윤리기준을 따른다.

실습에 앞서, 종합사회복지관과 같은 사회복지 전문기관이 아닌 학교 현장에서는 각 부서별 업무 파악을 위해서 부장교사들과의 협력이 중요하고, 기본적으로 학교장의 허가 없이는 수련(실습)이 어렵다. 교내 협력 기반이 구축되어 있다면, 수련생이나 실습생 모집 이전에 사전 계획이 수립되고, 수련생이나 실습생 선정 후 수퍼바이지의 욕구를 고려하여 함께 계획, 실행, 평가를 진행하는 것이 중요하다. 강점관점, 임파워먼트, 인권관점의 기본적 토대 위에서 윤리적 민감성을 가지며, 수퍼바이지가 모든 의사결정과정에 참여할 수 있도록 유의한다.

주석진 등(2020)은 수련생(실습생)의 교육 · 훈련 표준직무에 따른 지식, 기술, 태도 및 평가 내용을 다음과 같이 제시하고 있다.

〈표 12-4〉 수련생(실습생) 교육 · 훈련 직무의 지식, 기술, 태도 및 평가

	계획하기	실행하기	평가하기
지식	• 학교사회복지사 수련(실습) 규정 • 수퍼비전론 • 학교사회복지 이론 및 실천 모델	• 관계 형성 이론 • 개별 및 집단 수퍼비전 이해 • 동기강화이론 및 학습이론 • 행정적, 교육적, 지지적 수퍼비전 • 사회복지사 윤리강령	• 학교사회복지사 수련(실습) 규정 및 운영 지침 • 수퍼비전 성과 평가 원리 • 학교사회복지사 전문성 발달 단계
기술	• 계약서 작성 기술 • 교육 욕구 분석 평가 및 요약기술 • 적극적 경청 기술과 반영 기술	• 수련(실습)생과 관계 형성 능력 • 적극적 경청과 반영 기술 • 교육적, 행정적, 지지적 수퍼비전 제공 기술 • 학습동기 촉진 능력	• 수퍼비전 목표달성 평가 능력 • 수퍼비전 보고서 작성 능력 • 공문서 작성 및 행정 시스템 사용 기술
태도	• 수련(실습)생의 전문성 발달에 대한 책임감 • 비심판적 태도와 수용적 태도 • 과학적, 분석적 태도	• 수련(실습)생의 전문성 발달에 대한 책임감 • 사회복지사 윤리강령을 준수하는 태도	• 과학적, 분석적 태도 • 전문성 개발을 위한 공정하고 적극적인 태도
평가 준거	• 수련(실습)생의 발달 수준을 파악하여 관련 정보를 수집할 수 있다. • 기관의 수련(실습) 규정과 수련(실습)생의 교육 욕구를 분석하고 목표를 합의할 수 있다. • 합의된 목표에 따라 구체적인 계획을 수립하여 수련(실습)계약서를 작성할 수 있다.	• 수련(실습) 계획에 따른 교육과정을 진행할 수 있다. • 정기적으로 교육적, 행정적, 지지적 수퍼비전을 제공할 수 있다. • 중간평가와 모니터링을 통해 수련(실습)생의 발달과정을 점검할 수 있다.	• 수련(실습)생의 실습 목표 달성 정도를 평가할 수 있다. • 수련(실습) 평가서를 작성하고 송부할 수 있다.
평가 도구	• 수련(실습)생의 교육 욕구 조사 분석 • 수련(실습)생 교육 · 훈련 일정표 • 수련(실습) 계약서	• 수련(실습)생 교육 · 훈련 일정표에 따른 진행상황 • 수퍼비전 일지 • 수련(실습) 중간평가서	• 수련(실습)생의 교육만족도 분석 • 수련(실습)생의 목표달성도 • 수련(실습) 종결 평가서

출처: 주석진 등(2020). 재구성.

3) 학교사회복지사 자격제도와 수련

(1) 미국의 학교사회복지 전문사회복지사 자격제도

미국의 학교사회복지사 자격제도는 수퍼비전과 밀접히 관련되어 있다. 전미사회복지사협회(NASW)는 학교사회복지 전문사회복지사(C-School Social Work Specialist; C-SSWS)제도를 두고 있는데, 이를 취득하기 위해서는 석사학위와 학위 취득 후 2년 이상(2,160시간)의 현장 경력, 수퍼바이저의 평가, 동료의 추천서, 시험의 합격 등의 기준을 충족하여야 한다. 즉, 학교사회복지 전문사회복지사가 되기 위해서는 행정적인 업무를 제외하고 직접적인 클라이언트 수준의 학교사회복지실천을 주당 30시간씩 2년간 활동하여야 한다. 이는 대략 2,160시간에 해당되며 학교사회복지사로서 임금을 받고 전일제로 수퍼비전을 받으며 활동해야만 학교사회복지 전문사회복지사로 인정되는 것이다. 전문사회복지사 자격 신청 기간을 중심으로 최근 5년 이내에 반드시 학교 내에서 실천한 사람으로 현재에도 학교사회복지실천을 하고 있어야 한다.

학교사회복지사 전문자격 취득을 위해서 학교사회복지실천의 핵심적인 기능 전반에 필요한 능력과 학교사회복지실천 기술, 지식을 수퍼바이저가 평가한 문서를 제출하여야 한다. 수퍼바이저는 클라이언트 개입의 직접적인 실천에 대한 수퍼비전을 적어도 주당 최소한 한 시간 이상 2년 동안 정기적으로 제공하고 이를 문서화하여야 한다(전체적으로 최소한 72시간 이상). 수퍼바이저의 자격은 석사 졸업 후 최소한 2년 이상 학교사회복지사 경력을 가진 사람이거나, 학교 세팅이 아닌 외부 석사학위자로 계약을 맺은 자의 경우 반드시 이들이 개업을 허가받은 사회복지사여야 하고, 사회복지를 전공하지 않은 사람은 인정되지 못한다. 만일 이와 같은 규정의 수퍼바이저가 없는 상황에서는 석사 이상의 학위를 갖고 있는 의학, 간호, 교육학, 법률, 기타 행동적 보건 실천가들을 포함하는 전문직으로 면허나 자격이 있는 정신과의사, 임상심리학 박사, 심리학 박사, 정신보건 전문사회복지사, 전문 상담사(Licensed professional counselor; LPC)로 대체할 수 있으나, 이 경우에도 분기별로 적어도 한 번은 반드시 석사 수준의 사회복지사에게 대면 수퍼비전을 받아야 한다.

(2) 미국의 보수교육

미국의 사회복지사 자격제도에서는 2년간 48시간의 보수교육을 받으며 자격 갱신을 하도록 하고 있다. 또한 학교사회복지 전문사회복지사 자격을 유지하기 위해서는 이 중 20시간은 반드시 학교사회복지실천과 관련된 것이어야 한다. 이와 같은 전문사회복지사제도는 NASW에서 전문가로 인정하는 자체적인 제도이기 때문에 주(state)에서 제시하는 자격이나 면허를 대체하는 것은 아니다. 이는 어디까지나 사회복지사 스스로가 높은 수준의 전문적 성장을 이루었음을 보여주는 것이며, 학교사회복지사의 정체성을 확립하기 위한 것이다. Garret 등(1995)이 미네소타 학교사회복지사협회의 학교사회복지사를 조사한 연구에서 조사 대상 중 26%가 자격을 받기 위해 수퍼비전이 요구되었다고 응답한 것처럼, 미국의 학교사회복지에서 자격제도를 통해 수퍼비전을 강제함으로써 전문적 성장과 발달을 위한 스스로의 정체성을 확고히 해 나감을 알 수 있다.

(3) 한국의 학교사회복지사 자격제도

우리나라는 2018년 11월 「사회복지사업법」의 개정으로 학교사회복지사가 법적으로 규정된 사회복지 전문인력으로 명시되었다. 이전까지 학교사회복지는 「청소년복지지원법」이나 「초·중등교육법」, 「사회복지사업법」 중 어느 곳에도 명확히 제시되지 않았지만, 이제 공식적인 전문 인력으로 법적 기반을 갖게 된 것이다. 학교사회복지사는 정신건강사회복지사와 의료사회복지사와 함께 전문 사회복지사로 규정되었다.

학교사회복지사 자격은 「사회복지사업법」 제11조제3항에 따라 사회복지사 1급 자격이 있는 사람 중에서 보건복지부령으로 정하는 수련기관에서 수련을 받은 사람에게 부여된다. 이는 제3장에서 살펴본 것과 같이, 수련기관(초·중등학교)에서 1년 이상, 총 1,000시간 이상의 수련과정을 이수하여야 한다. 세부 수련과정 내용은 시행규칙 별표 1의2에 명시되었는데, 이론 150시간, 실습 830시간, 학술활동 20시간 이상으로, 학교사회복지사 자격을 갖춘 후 5년 이상 학교사회복지 실무 경험이 있는 사람이 수련지도자가 될 수 있다. 시행령 제4조의2와 시행규칙 부칙 및 별표 1의2에서 제시하는 학교사회복지사 자격 요건을 요약하면 다음과 같다.

> **수련기관** : 학교사회복지 업무를 수행하는 담당 부서를 갖추고, 5년 이상의 학교사회복지사 실무 경험이 있는 사람 1명 이상이 수련지도자로 상시 근무하는 「초 · 중등교육법」 제2조에 따른 학교
>
> **수련과정** : 학술활동(20시간), 이론(150시간), 실습(830시간)으로 총 1,000시간
> - 이론: 법과 정책(15), 윤리와 철학(15), 이론과 실제(100), 기획 및 행정(20)
> - 실습: 학교 환경 이해(40), 사정 및 평가(120), 체계별 개입 실천(470), 위기 개입 실천(100), 행정 및 재정관리(100)

이에 따른 부칙으로 규칙 시행 후 3년 동안, 즉 2023년 12월까지는 보건복지부장관이 인정하는 단체에서 발급한 영역별 사회복지사 자격증을 취득한 후 해당 영역에서 5년 이상 종사한 사람은 수련지도자로서의 요건을 갖춘 것으로 특례를 마련하였다(부칙 제2조). 그러므로 기존에 발급받은 학교사회복지사 자격을 갖춘 후 5년간의 실무 경력이 있는 사람은 2023년까지 수련지도자로 수련과정을 운영할 수 있다.

(4) 한국의 보수교육

학교사회복지사는 「사회복지사업법」의 보수교육(법 제13조제2항) 규정과 「사회복지사업법」 시행규칙 제5조에 의해 연간 12시간 이상의 보수교육을 받아야 한다. 이는 사회복지 법인이나 시설에 종사하는 사회복지사의 보수교육이 연간 8시간 이상인 것에 비해 강화된 내용이다. 보수교육이 면제되는 사람은 군복무, 질병, 해외체류, 휴직 등으로 6개월 이상 자격과 관련된 업무에 종사하지 않거나, 학교에서 사회복지학 또는 사회사업학을 전공하고 있는 사람, 기타 불가피한 사유로 보건복지부장관이 인정하는 경우에 해당하는 사람이다.

보수교육은 협회, 사회복지 관계 기관 또는 단체가 실시하며, 보수교육 수탁기관은 초 · 중등학교와 학교사회복지사의 자격과 관련된 업무를 수행한다고 보건복지부 장관이 인정하는 시설 또는 기관에 보수교육 대상자 명단 제출을 요청할 수 있

다. 이러한 기관은 학교, 교육청 및 교육지원청, 지역교육복지센터 등이 해당된다.

기존에 학교사회복지사 자격을 취득한 사람에 대해서는 규칙 시행 후 3년 이내에 보건복지부 장관이 정하여 실시하는 교육을 이수하면 영역별 사회복지사 수련 과정을 이수한 것(규칙의 부칙 제3조)으로 경과 규정도 마련되었다. 학교사회복지사 수련과 보수교육에 관한 시행령과 시행규칙의 내용을 간추리면 다음과 같다.

〈표 12-5〉 학교사회복지사 수련과 보수교육 규정

1. 수련 과정

1) 수련시간: 총 1,000시간 이상
2) 수련기관: 학교사회복지사업을 운영하는 초 · 중등학교
3) 수련지도자: 학교사회복지사 자격 취득 후, 5년 이상의 학교사회복지 실무를 갖춘 자

2. 법정보수교육: 연간 12시간

1) 대상: 해당 자격증을 가진 학교사회복지 관련 업무 종사자
2) 면제: 해당 연도에 6개월 이상 근무하지 않거나, 대학원에서 사회복지학 전공 중인 자로, 면제 대상자임을 증명한 자
3) 보수교육 기관 : 협회, 사회복지 관계 기관 또는 단체

3. 민간자격 취득자의 특례

1) 기한: 2023년 12월 11일까지
2) 방법: 보건복지부 장관이 정하여 실시하는 과정

참고문헌

강수성, 이윤화(2010). 교육복지투자우선지역지원사업 프로젝트조정자의 직무만족 영향 요인. 학교사회복지. 19, 89-111.

강창동(2010). 단일민족사관의 사회사적 형성과 다문화교육의 방향 탐색. 교육사회학연구. 20(4), 01-25.

강희경(1999). 미국 학교사회사업의 CIS 모델과 한국 학교사회사업에 주는 의의. 청소년학연구. 6(2), 201-217.

관계부처합동(2019). 포용국가 아동정책. 국정현안점검조정회의 자료.

교육부(2015). 초 · 중등학교 교육과정 총론.

교육부(2016). 미취학 및 무단결석 등 관리 · 대응 매뉴얼.

교육부(2020). 교육통계.

교육부(2020a). 학생정서행동특성검사 및 관리 매뉴얼.

교육부, 이화여자대학교 학교폭력예방연구소(2020). 2020년 학교폭력 사안처리 가이드북.

교육정책자문회의(1992). 교육정책자문회의 활동 실적 보고서.

구은미, 이중희(2019). 난민아동의 인권에 대한 연구: 생존권과 발달권을 중심으로. 아시아연구. 22(2), 487-505.

국민복지기획단(1995). 「삶의 질」 세계화를 위한 국민복지의 기본구상.

권이종(1996). **청소년과 교육병리**. 양서원.

김광혁(2014). 학교사회복지 프로그램의 연구동향 분석.한국학교사회복지학회 춘계 학술대회 자료집. 학교사회복지 프로그램의 평가와 방향. 5-36.

김기환(1997). 학교사회사업의 도입과 활성화 방안. 학교사회사업 대토론회 자료집.

김기환(1999). 사회복지관의 학교사회사업 성과와 발전방향. 학교사회사업의 국제적 동향과 국내 현실. 한국학교사회사업학회 제5회 학술대회 자료집. 3-21.

김기환(2002). 학교 내 위기개입 서비스의 필요성과 실천 방안의 모색. 2002 학교사회사업 하계 workshop 자료집.

김달님(2001). 학교 내 학교사회복지사의 역할에 관한 사례연구. 가톨릭대학교 대학원 석사학위 논문.

김미향(2020). 학교와 지역사회 간 연계 · 협력에 기반한 마을교육공동체의 개념 탐색. 평생학습사회. 16(1), 27-52.

김상곤(2005). 학교사회복지실천의 평가방법에 대한 이해. 한국학교사회복지사협회(2005). 교육복지증진 및 학교폭력예방을 위한 효과적인 학교사회복지실천전략. '05 교육인적자원부 지정 사회복지사 활용 연구학교 하계 워크숍 자료집. 45-69.

김상곤, 고윤순, 정익중(2007). We start 마을 만들기 사업에서 학교사회복지실천 모형. 2007년도 한국학교사회복지학회 춘계학술대회. 변화하는 사회환경과 학생복지. 51-83.

김상곤(2010). 아동청소년 복지분야 사례관리의 현황과 발전 방안. 사례관리연구. 47-80.

김선숙, 김진숙, 최웅(2019). 교육복지우선지원사업 운영 매뉴얼 개발. 중앙교육복지연구지원센터.

김성애, 이동형(2017). 동기강화 집단상담이 SNS 중독경향 여중생의 변화동기 및 스마트폰 건전사용에 미치는 효과. Korea Journal. 25(2), 253-271.

김연옥, 이상균(1998). 가정, 학교, 지역사회 연계를 위한 학교사회사업 실천전략. 교육개혁과 학생복지: 학교사회사업의 실천방향. 제3회 한국학교사회사업학회 학술대회 자료집. 13-48.

김영란, 정슬기, 유서구(2007). 청소년의 학교적응에 미치는 임파워먼트의 영향. 한국가족복지학. 20(0), 163-190.

김영화(2020). 초등학교 상담에서의 동기강화상담적 접근의 적용가능성 탐색. 초등상담연구. 19(4), 349-370.

김은혜(1999). 학교사회사업 활성화를 위한 학교와 지역사회복지관의 협력에 관한 연구. 서울여자대학교 석사학위논문.

김종훈(2014). 다문화 가정 어머니의 학교교육 참여 경험에 관한 사례 연구. 초등교육연구. 27(4), 105-129.

김중술, 한경희, 임지영, 민병배, 이정흠, 문경주(2005). 다면적 인성검사. 청소년용 매뉴얼. 마음사랑.

김진향(2010). 모두가 함께 노력하는 안전한 학교 만들기-국제안전학교. 교육정책포럼 현장리포트(http://mailzine.kedi.re.kr/).

김현미, 강슬기, 김사강, 박임효, 박정형, 이상국(2020). 국내 거주 난민 아동의 교육권 실태 연구. 세이브더칠드런 연구보고서.

김혜래(2000). 학교복지적 측면에서 본 '학교붕괴' 현실과 대책. 학교사회사업. 제3호, 25-48.

김혜래, 오창순(2010). 델파이 조사를 통한 학교사회복지 교과과정 방향 모색. 한국사회복지교육. 12, 51-72.

김희정, 하양명, 정윤희(2019). 전문상담교사가 인식한 학교 위기 개입 개선 방안에 관한 연구. 교육혁신연구. 29(3), 309-338.

나병현(2001). 학교교육의 위기와 공교육 이념의 재검토. 아시아교육연구. 29(2), 139-159.

노경은(2017). 지방자치단체 학교사회복지사업-경기도 내 지자체 사업의 의미와 한계. 한국학교사회복지학회 2017 춘계학술대회자료집. 한국학교사회복지 20년 성과와 전망. 71-82.

노혜련(2001). 학교사회복지 실천의 현재-2000년 서울시교육청 시범학교의 활동을 중심으로. 학교붕괴의 실상과 사회복지적 대응. 한국학교사회복지학회 제9회 학술대회 자료집. 77-105.

노혜련(2006). 2000년~2005년 6년간의 서울시교육청 학교사회복지 시범사업의 평가와 전망. 학교사회복지. 10, 1-39.

노혜련(2017). 서울시교육청 학교사회복지 시범사업. 한국학교사회복지학회 2017 춘계학술대회자료집. 한국학교사회복지 20년 성과와 전망. 27-38.

노혜련, 이종익, 전구훈(2012). 초 · 중학생의 자살 시도에 영향을 미치는 위험요인과 보호요인에 관한 연구: 성별 차이를 중심으로. 청소년복지연구. 14(2), 335-363.

노혜련, 이태수, 윤철수(2003). 학교사회사업 최종평가. 2002 기획사업 학교사회사업 운영위원회 평가보고서 내부 자료.

노혜련, 김상곤(2004). 학교사회사업 교육현황과 교육과정 개발에 관한 연구. 학교사회복지. 7, 79-133.

노혜련, 김상곤(2006). 학교사회복지사의 직무와 역할에 관한 연구. 사회과학논총. 8, 159-197.

노혜련, 주석진, 이혜진(2010). 학교사회복지 실습생의 실천수행능력에 영향을 미치는 실습지도 요인에 관한 연구. 학교사회복지. 18, 1-28.

박종익, 전선(2014). 자살예방 프로그램 인증 체계. 한국정신보건 사회복지학회 학술발표 논문집. 445-447.

박현선(1998). 빈곤 청소년의 학교적응유연성(Resilience) 발달메커니즘. 청소년학연구. 5(3), 147-165.

박현선(2001). 지역사회중심 학교사회복지 실천현황과 발전 전략. 학교사회사업. 4, 27-51.

배상률(2014). 아동, 청소년 대상 연구윤리 가이드라인 개발 연구. 청소년정책연구원 연구보고 14-R25.

배진형, 김상곤, 윤철수, 정연정, 이종익, 최세나, 이예니, 남경현, 박윤정(2013). 학교폭력 예방 및 해결을 위한 다차원적 접근 매뉴얼-안전하고 평화로운 학교 만들기. 한국학교사회복지학회, 한국학교사회복지사협회, KGC인삼공사.

복지타임즈(2020). 학교사회복지사 전문성 확보 위해 노력하겠다. 2020.6.19일자.

사회복지공동모금회(2003). 학교상주형 학교사회복지실천 사업평가. 2003 사회복지공동모금회 기획사업 보고서.

사회복지공동모금회 기획사업 전문위원회(2005). 학교상주형 학교사회복지 4차년도 사업평가보고서.

서울시교육청(2016). 2016 중등학교 진로전담교사 배치 및 운영 지침.

서울시교육청(2020). 2020학년도 교육복지우선지원사업 운영 매뉴얼.

서울시교육청(2020a). 2020 위(Wee) 클래스(학교상담실) 운영 계획.

서울특별시사회복지사협회(2019). 사회복지종사자의 안전과 인권보장을 위한 위기대응 매뉴얼. 서울특별시 사회복지사협회, 사랑의 열매.

선주용(2017). 사회복지사 활용 연구학교 사업. 한국학교사회복지학회 2017 춘계학술대회자료집. 한국학교사회복지 20년 성과와 전망. 61-67.

성민선(2009). 교육과 사회복지의 공유영역. 사회복지리뷰. 14, 5-30.

성민선, 이상오, 정무성, 정은(1998). 학교부적응 청소년들을 위한 학교사회사업 실천 모델 연구. 학교사회사업. 창간호, 179-223.

성민선, 조흥식, 오창순, 홍금자, 김혜래, 홍봉선, 노혜련, 윤찬영, 이용교, 조미숙, 노충래, 정규석, 오승환, 이상균, 김경숙, 김상곤, 진혜경, 윤철수,안정선, 최경일, 김영화(2004). **학교사회복지의 이론과 실제**. 학지사.

성민선, 조흥식, 오창순, 홍금자, 김혜래, 홍봉선, 노혜련, 윤찬영, 이용교, 조미숙, 노충래, 정규석, 오승환, 이상균, 김경숙, 김상곤, 진혜경, 윤철수, 최경일, 이태수, 손병덕, 박경현(2009). **학교사회복지의 이론과 실제(2판)**. 학지사.

성민선(2017). 한국학교사회복지 20년 성과와 전망. 한국학교사회복지학회 2017 춘계학술대회자료집. 3-13.

소영호(2004). 교육복지우선지원사업 사례관리 실태에 관한 연구. 교원대학교 석사학위논문.

송효준, 양경은(2018). 이주민 밀집지역 내 학교-가정-지역사회의 연계 효과: 교사의 어려움 경감을 중심으로. 학교사회복지. 43, 81-99.

신성만, 류수정, 김병진, 이도형, 정여주(2015). 인터넷 중독 청소년을 위한 동기강화상담 집단프로그램 개발 및 효과. 상담학연구. 16(4), 89-109.

신은선, 김수진(2016). 동기강화상담 프로그램이 중학생의 금연지식, 금연태도 및 금연행위에 미치는 효과. 한국콘텐츠학회논문지. 16(11), 444-455.

안정선(2005). 집단활동의 계획, 실행 및 평가. 한국학교사회복지사협회(2005). 교육복지증진 및 학교폭력예방을 위한 효과적인 학교사회복지실천전략. '05 교육인적자원부 지정 사회복지사 활용 연구학교 하계 워크숍 자료집. 108-132.

안정선, 윤철수, 진혜경, 박경현(2010). 학교사회복지 현장실습지도 매뉴얼. 양서원.

안정선, 진혜경, 윤철수(2006). 학교사회복지사의 직무분석과 직무표준안 개발. 한국아동복지학. 21, 147-179.

양승실, 공병호, 김현정(2010). 의무교육의 세계적 동향과 발전방안 연구. 한국교육개발원.

엄경남, 안정선, 김희영(2019). 학교사회복지사 수련 수퍼비전 모형 기초 연구. 47, 63-98.

여성가족부(2020). 다문화가족 관련 통계현황. 2020.6.3일자 보도자료.

오경자, 이해련, 홍강의, 하은혜(1997). K-CBCL 아동 · 청소년 행동평가척도. 중앙적성연구소.

오승환(2000). 교육부 학교사회사업 연구학교 운영결과에 대한 비교사례연구. 학교사회복지. 3, 197-221.

오승환(2009). 청소년의 학교 부적응 영향요인 -위험요인에 대한 학교보호요인의 매개효과 분석을 중심으로. 청소년복지연구. 11(1), 161-181.

오영재(2004). 사립 고등학교의 학교운영위원회 운영과정에 관한 미시 정치적 사례연구. 교육학연구. 42(1), 339-367.

오영재, 백경숙(2000). 학교사회사업의 교육적 의미에 관한 고찰. 청소년복지연구, 2(1), 47-56.

오인환, George Won, 이상희(1974). 역할개념에 관한 연구. 한국사회학. 9, 31-38.

오창순(1999). 학교사회사업 연구 학교들의 성과분석. 학교사회사업의 국제적 동향과 국내현실. 한국학교사회사업학회 제5회 학술대회 자료집. 31-57.

오창순, 박경현, 김혜래, 홍순혜(2006). 학교사회복지사 직무교육 및 보수교육의 방향과 과제. 2006 한국학교사회복지학회 및 한국사회복지학회 추계 공동학술대회 자료집. 45-66.

오창순(2017). 교육부 시범사업. 한국학교사회복지학회 2017 춘계학술대회자료집. 한국학교사회복지 20년 성과와 전망. 19-23.

우수명(2004). TP사회복지 Program 개발과 평가. 인간과 복지.

유영준(1998). 지역사회복지관에서 학교사회사업가의 역할. 학교사회사업. 창간호, 33-59.

유은주(2001). 중등학교 교사들의 학생지도현황과 학교사회사업에 대한 인식에 관한 연구. 학교사회사업. 4, 81-109.

윤종건(1999). 21세기의 학교조직 경영론. 원미사.

윤철수(2004). 학교사회복지사의 역할수행 과정과 유형. 청소년학연구. 11(3), 217-240

윤철수(2004). 학교사회복지사의 역할수행 과정과 의미: 현실기반 이론 접근. 가톨릭대학교 박사학위논문.

윤철수, 김주미, 김지연, 서희정, 이혜주, 임정임, 최경일, 한복희(2002). 위기개입의 단계별 전략. 2002년 학교사회사업 하계 Workshop 자료집.

윤철수, 배성우(2014). 학교현장에서의 사례관리실천 현황과 개선 방안 모색-교육복지우선지원사업을 중심으로. 한국사회복지학회 학술대회 자료집. 640-666.

윤철수, 진혜경, 안정선(2006). 학교사회복지 운영 및 실습실태에 관한 연구. 한국사회복지학회 추계 공동학술대회 자료집. 7-33.

윤초희, 박상근, 신인수(2014). 국내 학교폭력 예방 프로그램의 효과에 관한 메타분석. 아시아교육연구. 15(1), 189-215.

은평종합사회복지관(2005). 해결중심모델을 적용한 학교폭력 가해학생 집단상담 프로그램 결과보고서.

이상균(1999). 학교에서의 또래폭력에 영향을 미치는 요인. 서울대학교 박사학위논문.

이상균(2001). 학교와 사회복지의 접맥, 그 가능성의 모색. 학교붕괴의 실상과 사회복지적 대응. 한국학교사회복지학회 제9회 학술대회 자료집. 53-71.

이상균(2015). 적응유연성 이론에 기반한 위험, 보호요인의 잠재계층 유형과 아동 문제행동 간의 관계. 한국아동복지학. 50, 213-245

이상균, 윤철수(2010). 대학에서의 학교사회복지 교육내용에 대한 분석: 교과과정 및 교재분석을 중심으로. 18, 53-85.

이상오(2000). 평생학습 사회구축을 위한 교육복지 체제의 모형개발. Andragogy Today. 3(2), 1-49.

이성우, 곽병훈, 오수길(2015). 사회정책 평가에서 질적 평가의 의의와 정합성. 한국사회정책. 22(3), 165-196

이소임(2017). 교육복지우선지원사업. 한국학교사회복지학회 2017 춘계학술대회자료집. 한국학교사회복지 20년 성과와 전망. 109-121.

이숙정, 박소연, 이희현, 유지현(2015). 학교폭력 피해경험 관련 학교차원 보호요인에 대한 메타분석. 교육심리연구. 29(3), 633-652.

이장호, 김정희(1992). **집단상담의 원리와 실제**. 서울: 법문사.

이종익, 최웅, 서동미(2018). 한국 학교사회복지의 제도화 과정과 주요 쟁점. 학교사회복지. 41, 29-54.

이준우, 임경선, 박경현(2009). 장애학생을 위한 학교사회복지 서비스에 대한 연구: 특수학교 내 학교사회복지 시범사업을 중심으로. 학교사회복지. 17, 133-161.

이태수, 정무권, 이혜영, 박은혜, 윤철경, 김현숙, 윤철수, 박주용, 진혜경(2004). 교육복지 구현 종합방안 연구. 교육인적자원부 정책연구과제 2004-지정-8.

이학수(2020). 청소년들 하루 평균 27명 자해자살 시도해 병원행… 5년새 5배. MBC뉴스 2020.10.5일자.

이향규, 양승주, 박성춘, 김옥순, 이슬기(2013). 청소년을 위한 다문화감수성 증진 프로그램 개발연구. 2013년 (재)이주배경청소년지원재단 연구보고서.

임경선, 권세원, 전민경(2014). 학교사회복지 프로그램 운영실태 분석 및 방향성 모색. 2014년 한국학교사회복지학회 춘계학술대회. 학교사회복지프로그램의 평가와 방향. 45-83.

전구훈, 윤철수, 진혜경(2011). 안전한 학교에 대한 학교사회복지사의 인식과 과제. 학교사회복지. 21, 113-141.

정무성(2000). 지역사회복지의 전망과 과제. 2000춘계학술대회자료집. 한국사회복지학회.

정홍원, 정해식, 김정은, 이정은(2013). 사회복지 영역의 평가제도 현황 분석과 개선 방안. 한국 보건사회연구원. 연구보고서. 22.

조발그니, 류정희(2013). **교육학의 기초**. 청목출판사.

조현진(2008). 학교에서의 청소년 위기개입 고찰. 청소년복지연구. 10(1), 215–236.

주석진(2010). 학교사회복지 현장에서의 윤리적 갈등에 관한 탐색적 연구. 임상사회사업연구. 7(2), 45–70.

주석진, 진혜경, 조성심(2020). **국가직무능력표준(NCS)기반의 학교사회복지사 표준직무 매뉴얼**. 양서원.

진혜경(2000). 학교복지의 교사 연계 프로그램 활성화 방안 : 교사효능감 강화 프로그램(Teacher Efficacy Training Program)을 중심으로. 가톨릭대학교 석사학위논문.

진혜경(2005). 학교 내의 복지 전문 인력과 교사의 협력 관계 연구. 가톨릭대학교 박사학위 논문.

진혜경(2013). 한국 교육복지 연구 동향. 한국콘텐츠학회논문지. 13(6), 260–269.

진혜경(2018). 영국의 교육복지에 대한 탐색–교육복지서비스, Education Action Zone 중심으로. 학교사회복지. 44, 243–267.

채완순(2002). 학교사회복지사와 교사의 팀 협력 경험에 대한 질적 연구. 전북대학교 대학원 석사학위논문.

최경일(2005). 팀접근을 통한 학교 내 위기개입의 방향성 모색. 학교사회복지. 9, 129–155.

최경일(2017). 사회복지공동모금회 지원사업. 한국학교사회복지학회 2017 춘계학술대회자료집. 한국학교사회복지 20년 성과와 전망. 41–46.

최길호(2008). 학교청소년의 정신건강문제에 대한 실천 기법과 지침. 2008 학교사회복지학회 춘계 Workshop 자료집.

최명민, 황보람, 김기덕, 김욱, 유서구, 이순민(2019). 한국사회복지사윤리강령의 개정 필요성과 방향에 관한 연구. 한국사회복지행정학. 21(2), 171–202.

최연선(1999). 학교사회사업 서비스 수혜욕구에 대한 연구. 이화여자대학교 대학원 석사학위논문.

최옥채, 권혁철, 정성원, 문철표, 김지연, 김도묵, 이정호, 안정선, 김현미, 최낭숙, 이현수, 박재호(2003). **좋은 지역사회 만들기**. 학현사.

통계청(2019). 2018 인구주택총조사.

통계청 여성가족부(2020). 2020 청소년통계.

한국교육개발원(2004). 교육복지 투자우선지역지원사업을 위한 연구 · 지원사업 결과 보고서. 기술보고 TR 2004–1.

한국교육개발원(2010). 2010 교육복지투자우선지역 지원 사업 평가 매뉴얼. 연구자료 CRM 2010–69.

한국교육개발원(2019). 교육통계분석자료집–유 · 초 · 중등 교육통계편.

한국산업인력공단(2015). 2015년 NCS개발 가이드북.

한국사회복지사협회, 한국학교사회복지사협회(2007). 2007 학교사회복지사파견사업 직무매뉴얼.

한국아동권리학회(2005). **아동권리 보호와 연구윤리**. 서울: 학지사.

한국청소년상담원(2008). 청소년자살 예방프로그램 "높이 날아올라 새롭게".

한국학교사회복지사협회(2005). 학교사회복지 실무자를 위한 학교사회복지 실천 사례집1.

한국학교사회복지사협회(2010). 10년을 딛고 내일을 연다. 한국학교사회복지사협회 10주년 기념 자료집.

한국학교사회복지사협회(2020). 2020 전국 학교사회복지사업 운영현황 자료.

한국학교사회복지학회 · 한국학교사회복지사협회 · KGC 인삼공사(2013). 학교폭력 예방 및 해결을 위한 다차원적 접근 매뉴얼–안전하고 평화로운 학교 만들기.

한미현, 유안진(1995). 한국아동의 일상적 스트레스 척도의 개발. Family and Environment Research. 33(4), 49-64.

한인영, 홍순혜, 김혜란, 김기환(1997). **학교와 사회복지.** 학문사.

홍금자, 이경준(1998). 학교폭력의 실정과 학교사회사업가의 개입. 학교사회복지. 창간호, 61-91.

홍봉선(2004). 우리나라 교육복지의 방향과 과제. 한국사회복지학. 56(1), 253-282.

홍봉선, 남미애(2009). **청소년복지론.** 공동체.

홍선경(1999). 학교사회사업 연구 학교들의 성과 분석에 관한 토론. 학교사회사업의 국제적 동향과 국내 현실. 한국학교사회사업학회 제5회 학술대회 자료집. 61-64.

홍순권(2010). 글로컬리즘과 지역문화연구. 석당논총. 46, 1-17.

홍순혜(2005). 학교사회복지사 교육의 현황과 과제. 학교사회사업. 8, 115-144.

홍순혜(2017). 위스타트 학교사회복지사업. 한국학교사회복지학회 2017 춘계학술대회자료집. 한국학교사회복지 20년 성과와 전망. 49-57.

홍순혜, 안정선, 조성심, 엄경남, 방진희(2013). 학교사회복지실천가의 현장수퍼비전 현황과 발전방안. 학교사회복지. 24, 197-218.

Abrams, R.(1980). *Foundations of Political Analysis : An Introduction To the Theory of Collective Choice*, New York: Columbia Univ. Press.

Abramson, J.S. & Rosenthal, B.B.(1995). *Interdisciplinary and Interorganizational Collaboration. Encyclopedia of Social Work*(19th ed.). Washington, DC: National Association of Social Workers, 1479-1489.

Abramson, M.(1984). Collective responsibility in interdisciplinary Collaboration: An ethical perspective for social workers. *Social Work in Health Care*, 10(1), 35-43.

Achenbach, T. M. (1991). *Manul for the Child Behavior Checklist.* Burlington VT: University of Vermont. Department of Psychiatry.

Alderson, J. & Krishef, C. (1973). Another perspective on tasks in school social work, *Social Casework*, 54, 591-600.

Alderson, J.(1972). Models of school work practice, In R.Sarri & F. Maple(Eds.), *School in the community*, Washington, D.C.: National Association of Social Workers, Inc. 57-74.

Aldrich, H. E.(1975). An Organization-environment perspective on cooperation and conflict beteen organizations in the manpower training system, in Amant R. Negandi(Ed.), *Conflict and Power in Complex Organizations*, Kent, OH: Center for Business and Economic Research, Kent State University, 11-37.

Allen M., Burt K., Bryan E., Carter D., Orsi R. & Durkan L. (2002). School counselor's preparation for and participation in crisis intervention. *Professional School Counseling*. 6(2), 96-102.

Allen, S. F., &Tracy, E.M. (2004). Revitalizing the Role of Home Visiting by School Social Workers. *Children & Schools*. 26(4), 197-208.

Allen-Mears, P. (1977). Analysis of tasks in school social work. *Social Work*, 22, 196-201.

Allen–Mears, P. (1987). A national studyof educational reform: Implications for social work services in schools. *Children and Youth Services Review*, 9, 207–219.

Allen–Mears, P. (1994). Social Work Services in Schools: A National Study of Entry–Level Tasks, *Social Work*, 39(5), 560–565.

Allen–Meares, P.(2003). *Social Work Services in Schools* (4th ed.). MA:Pearson Education, Inc.

Allen–Meares, P.(2007). *Social work services in schools* (5th ed). New York: Pearson. 성민선 외 역(2008). 학교사회복지론. 시그마프레스

Allen–Meares, P.(2014). *Social work services in schools* (7th ed). New York. Pearson.

Allen–Meares, P., Washington, R. & Welsh, B.(1986). *Social Work Service in School*, Prentice–Hall, Englewood Cliffs: NJ.

Allen–Mears, P. & Montgomery, K. L.(2014). School social work: A historical and contemporary view In Allen–Meares, P(Eds). *Social work services in schools* (7th ed.). New York: Pearson.

Altshuler, S. J. & Webb, J. R. (2009). School Social Work: Increasing the Legitimacy of the Profession. *Children and Schools*, 31(4), 207–218.

Anderso, R. J. (1996). Leaders in School Social Work: Lela B. Costin. *Children & Schools*, 18(4), 199 – 201,

Anderson–Butcher, D. & Ashton, D.(2004). Innovative models of collaboration to serve children, youths, families, and communities. *Children & Schools*, 26(1), 39–53.

Andrews, A. B.(1990). Interdisciplinary and inteorganizational collaboration. In L. Ginsberg et al. (Eds.). *Encyclopedial of social work* (18th ed., 1990 suppl., 175–188). Silver Spring, MD: NASW Press.

Frankel, A. J., Gelman, S. R., & Pastor, D. K. (2018). *Case management: An introduction to concepts and skills*. Oxford University Press.

Arthur, M.W., Hawkins, J.D., Pollard, J.A., Catalano, R.F. & Baglioni, A.J. Jr.(2002). Measuring risk and protective factors for substance use, delinquency, and other adolescent problem behaviors. The Communities That Care Youth Survey. *Eval Rev*. 26(6), 575–601

Atkins, M. S., McKay, M., Arvanitis, P., London, L., Madison, S., Costigan, C., Haney, M., Zevenbergen, A., Hess, L., Bennett, D., & Webster, D.(1998). An ecological model for school–based mental health services for urban low–income aggressive children. *Journal of Behavioral Health Services & Research*, 5, 64–75.

Baker, L. M.(1994). The politics of collaboration : How an educational partnership works. Paper presented at the Annual Meeting of the American Educational Research Association(New Orlens, LA. ED 375458.

Ballew, J. R., & Mink, G.(1996). *Case management in social work: Developing the professional skills needed for work with multiproblem clients* (2nd ed.). Springfield, IL: Charles C Thomas Publisher.

Barker, R. L.(1996). *The social work dictionary 3rd*, NASW Press.

Barrett, C. (2014). School social work in the state of Victoria, Australia: 65 years of student wellbeing and learning support. (Unpublished doctoral dissertation).University of Melbourne, Melbourne, Australia.

Bastian, K. C., Akos, P., Domina, T., & Griffard, M. (2019). Understanding the Allocation of Student Support Personnel in Public Schools. *AERA Open*, 5(4), 1–17.

Bartlett, H. M. (1970). *The Common Base of Social Work Practice*. New York: National Association of Social Workers.

Beck, U. (1992). *Risk Society: Towards a New Modernity*. New Delhi: Sage. 홍성태 역.(1997). **위험사회: 새로운 근대성을 향하여**. 새물결.

Berg–Weger, M., Rochman, E., Rosenthal, P., Sporleder, B., & Birkenmaier, J. (2007). A multi–program collaboration in field education. *Social Work Education*, 26(1), 20–34.

Berrick, J. D. & Duerr, M.(1996). Maintaining posiive school relationships: The role of the social worker vis–a–vis full–service schools. *Social Work in Education*, 18(1), 53–57.

Bertalanffy, L. (1968). *General System Theory Foundations, Development*. New York: George Braziller.

Biestek, F. (1961). *The Casework Relationship*. London: George Allen and Unwin.

Blundo, R.(2001). Learning Strengths–based Practice: Challenging Our Personal and Professional Frames, *Families in Society*: 82(3), 296–304

Blundo, R. (2006). Shifting our habits of mind: Learning to practice from a Strengths Perspective. In D. Saleebey (Ed.), *The Strengths Perspective in social work practice*. Boston, MA: Allyn and Bacon.

Bolman, L. G. & Deal, T. E. (1991). *Reframing Organizations: Artistry, Choice and Leadership*. San Francisco: Jossey–Bass Publishers. 김영진, 김용구, 신택현, 윤방섭, 최병순 공역(1995). **비젼시대의 조직패러다임**. 미래경영개발연구원.

Bolman, L. G. & Deal, T. E.(1984). *Modern Approaches to Understanding and Managing Organizations*. San Francisco : Jossey–Bass Publishers.

Bourdieu, P.(1979). *La distinction: Critique sociale du jugement*. 최종철 역(1995). **구별짓기: 문화와 취향의 사회학**, 새물결.

Bowen, G. L., Richman, J. M., Brewster, A., & Bowen, N.(1998). Sense of school coherence, perceptions of danger at school, and teacher support among youth at risk of school failure. *Child and Adolescent Social Work Journal*, 15, 273–286.

Bowen, N. K., & Bowen, G. L.(1998). The effects of home microsystem risk factors and school microsystem protective factors on student academic performance and affective investment in schooling. *Social Work in Education*, 20, 219–231.

Brand, C & O'Connor, L.(2004). School Refusal : It Takes a Team. *Children & Schools*, 26(1), 54–64.

Brewer, M. B. & Brown, R. J.(1988). Intergroup relations. In D. T. Gilbert, S. T. Fisk & G.

Lindzey (Eds.), *The Handbook of Social Psychology* (4th ed., 554–594). McGraw–Hill.

Bronfenbrenner, U. (1979). *The Ecology of Human Development—Experiments by Nature and Design*. Cambridge, Ma.: Harvard University Press

Bronstein L.R.(2003). A Model for Interdisciplinary Collaboration. *Social Work*. 48(3), 297–306.

Bronstein, L. R.(1999). Interdisciplinary Collaboration between social workers and other professionals: The design and development of an assessment instrument. Doctoral dissertation. Barry University.

Bronstein, L. R.(2002). Index of interdisciplinary collaboration. *Social Work Research*, 26(2), 113–123.

Bronstein, L. R. & Abramson, J. S.(2003). Understanding socialization of teachers and social workers: Groundwork for collaboration in the schools. *Families in Society*, 84(3), 323–330.

Bruner, C.(1991). *Thinking collaborative: ten questions and answers to help policy makes improve children's service*. Washington D.C.: Education and Human Service Consortium.

Bucher, K. T., & Manning, M. L.(2005/2006). Challenges and suggestions for safe schools. *Annual Editions: Adolescent Psychology*, 65–69.

Burgess, R. G.(1984). *In the field*. London : George Allen & Unwin.

Burn, C & Rapp, R. C. (2001). Strengths Based Case Management : Individual's Perspective on Strengths and the Case Manager Relationship, *Social Work*, 46(3), 278–288.

Bye, L. & Alvarez, M.(2007). *School Social Work-Theory to practice*. Thomson Brooks/Cole.

Bye, L., Shepard, M., Partridge, J. & Alvarez, M.(2009). School social work outcomes: Perspectives of school workers and school administrators, *Children in the Schools*, 31(2), 97–108.

Cahn, L. & Peterson, R.(1973). Education and mental health: A need for interdisciplinary involvement. *Journal of School Health*, 43(4), 218–220.

Callahan C. J.(1998). Crisis intervention model for teachers. *Journal of Instructional Psychology*. 25. pp.226~234.

Campell, R. F. & Mazzoni, T. L.(1976). *State policy making for the public schools :a comparative analysis of policy making for the public schools in twelve states and a treatment of state governance models*. Berkeley, Calif. : McCutchan Pub. Corp

Caplan, G.(1964). *Principles of preventive psychiatry*. New York: Basic Books.

Caple, F. S., Salcido, R.M., & Cecco, J. (1998). Engaging Effectively with Culturally Diverse Families and Children in *Multisystem Skills and Interventions in School Social Work Practice*, 119–130.

Carver, C.S., Scheier, M.F., & Weintraub, J.K.(1989). Assessing coping strategies: a theoretically based approach. *Journal of Personality and Social Psychology*. 56(2), 267 - 283.

Caspi, J., & Reid, W. J. (2002). *Educational supervision in social work: A task-centered model for field instruction and staff development*. Columbia University Press.

Chen, G., Gully, S. M., & Eden, D. (2001). Validation of a new general self–efficacy scale. *Organizational Research Methods*, 4(1), 62–83.

Clancy, J.(1995). Ecological school social work: The reality and the vision, *Social Work in Education*, 17, 40-47.

Comer, J.(1988). Educating poor minority children. *Scientific America*, 259, 42-48.

Compas B. E., Hinden B. R. & Gerhardt C. A. (1995). Adolescent Development: Pathway and Processes of Risk and Resilience. *Annual Review of Psychology*, 46, 265-93.

Compton, B. R. & Galaway, B.(1998). *Social work process*(5th ed.). London : International Thomson.

Constable, R., Flynn, J. P., & McDonald, S.(1996). *School Social Work*, Lyceum Books, Inc.

Corcoran, J. (2016). *Motivational Interviewing: A Workbook for Social Workers*. The Oxford Press. 신성만, 장승옥, 유채영, 김준영 (2017). **사회복지현장에서의 동기강화상담**. 박영스토리.

Costin, L. B. (1969). An analysis of the tasks in school social work. *Social Service Review*, 43, 274-285.

Costin, L. B. (1975). School social work practice: a new model, *Social Work*, 20(2), 135-139

Costin, L. B. (1981). School social work as specialized practice, *Social Work*, 26(1), 36-43.

Coulton, P., & Krimmer, L. (2005). Co-supervision of social work students: A model for meeting the future needs of the profession. *Australian Social Work*, 58(2), 154-166.

Dahl, R. A.(1957). The concepts of power. *Behavioral Sciences,* 2, 201-215.

Davis, L. V.(1996). Role theory and social work treatment. In F. J. Turner(Ed.). *Social Work Treatment*(4th ed.). New York: The Free Press.

De Jong, P. & Insoo Kim Berg.(2002). *Interviewing for solutions*. Pacific Grove, CA: Brooks/Cole. 노혜련, 허남순 역(2004). **해결을 위한 면접**. 서울: 시그마프레스.

De Jong, T. (2006). Kit on Effective School Case Management: Strengthening Mental Health Programs for Secondary School. Students with Support Needs.

Demsch, B., O'Connor, G. & Friedman, L. (1972). The Principal and School Social Work. *Education*, 92(3), 111-113.

Dryfoos, J.(1994). *Full-service schools*. San Francisco: Jossey-Bass.

Dupper, D. R.(2003). *School Social Work: Skills & Interventions for Effective Practice*. John Wiley & Sons, Ltd.

Epstein, J.(1995). School/family/community partnerships: Caring for the children we share. *Phi Delta Kappan*, 76(9), 701-712

Epstein, J. L. (2001). *School, family, and community partnerships: Preparing educatot's and improving schools*. Baltimore: Westview Press.

Erchul, W. P. .& Martens, B.Bk. (1997). *School consultation: Cpmceptual and empirical bases of practice*. New York: Plenum Press.

Evas, C.(2001). The developmental and implementation of a crisis response team in a school setting. *International Journal of Emergency Mental Health*. 3(1), 35-46.

Fichte, J. G. (1808). *Reden an die deutsche Nation*. 권기철 역.(2019). **독일 국민에게 고함: 인간의 사**

명/권리를 위한 투쟁. 동서문화사

Firestone, W. A. & Drews, D. H.(1987). *The Coordination of eduation and social services: Implications from three programs*. Washington DC: Office of Educational Research and Improvement. (ERIC Document Reproduction Service No. ED 291002).

Fisher, R. J.(1989). *The spcoa ; Psychology of Intergroup and International Conflict Resolution*. New York Springer Verlag Inc.

Flexner, A.(1915). Is Social Work a Profession? 576 - 590 in Proceedings of the National Conference of Charities and Correction at the Forty-second Annual Session Held in Baltimore, Chicago: Hildmann.

Florio A E , & Staffor G A (1974). *Safety Education Editorial Revision Committee*(2nd ed.). New York: Man and Motor Car.

Forsyth, D. R.(1999). *Group Dynamics* (3rd. ed.). Belmont, CA: Wadsworth Publishing Company.

Franklin, C.(2000a). Predicting the future of school social work practice in the new millenium. *Social Work in Education*, 22(1), 3-8.

Franklin, C. (2000b). Rethinking our roles with teachers. *Social Work in Education*, 22(3), 130-131.

Franklin, C., & Streeter, C. L.(1998). School-Linked Services as Interprofessional Collaboration in Student Education. *Social Work*, 43(1), 67-69.

Franklin, C., Harris, M. B.,& Montgomery, K.L.(2014). The delivery The delivery of school social work services. In P. Allen-Meares (Ed.), *Social work services in schools* (7th ed). 124-157.

Franklin, C., Streeter, C. L., Webb, L., & Guz, S.(2018). *Solution Focused Brief Therapy in Alternative Schools: Ensuring Student Success and Preventing Dropout*. NY: Routledge.

Freeman, Edith M., (1995). School Social Work Overview, *Encyclopedia of Social Work*, NASW, 19th.

Freire, P. (1970). *Pedagogy of the Oppressed*. New York, Continuum.

Frey, A.J. & Kayser, J (2002). Evaluating school social work intern effectiveness: A content validation. *Social Work in Education*, 24(1), 48-58.

Friend, M., & Cook, L.(1992). *Applicaitons of collaboration in special services*(16-33). White Plains, NY: Longman.

Konopka, G. (1963). *Social Group Work : A Helping Process*, New Jersey : Prentice-Hall Inc, 280.

Gibelman, M.(1993). School social workers, counselors, and psychologists in collaboration: A shared agenda, *Social Work in Education*, 15(1), 45-53.

Giddens, A.(2001). *Sociology* (4th. ed.). 김미숙, 김용학, 박길성, 송호근, 신광영, 유홍준, 정성호 역 (2003). 현대사회학. 을유문화사.

Giddens, A.(1984). *The constitution of society : outline of the theory of structuration*. Berkeley : Univ. of California Pr.

Golan N.(1978). *Treatment in crisis situations*. NY: Free Press.

Gordon, T.(1972). *Teacher Effectiveness Training:Teacher Notebook. Effectiveness Training*. 백종억,

권낙원, 반용성 역. (1997). 성공적인 교사가 되는 길. 성원사

Goren, S. G.(1981). The Wonderland of Social Work in the Schools, or How Alice Learned to Cope. *School Social Work Journal*, 6, 19–26.

Guzzetta, C.(1972). School social work leadership in the 1970s. in Michael Joet.al.(eds.), *Continuing Education in Social Welfare: School Social Work and the Effective Use of Manpower*, 14–26.

Hare, I.(1994). School social work in transition. *Social Work in Education*, 16(1), 64–68.

Hare, I.(1995). School–linked service. In R. Edwards(Ed.). *Encyclopedia of social work*(19th ed), 2100–2109.

Harris, M. B., Franklin, C., & Hopson, L. (2007). The design of social work services. In P. Allen–Meares (Ed.), *Social work services in schools* (5th ed., 293–316). Boston: Allyn & Bacon.

Hartup W. Wilard. (1996). The company they keep: Friendship and their developmental significance. *Child Development*. 67(1), 1–13.

Hasenfeld, Y.(1992). *Human Services As Complex Organizations*. Sage Publications.

Henderson, N., & Milstein, M. M. (2003). *Resiliency in schools: Making it happen for students and educators* (Updated ed.). Corwin Press. 장승옥 역(2008). 학교사회복지와 탄력성–학생과 교육자의 꿈 이루기. 학지사.

Hodges, S., Nesman, T. & Hernandez, M.(1998). Promising Practice: Building Collaboration in System of Care. *Systems of Care Promising Practices in Children's Mental Health* 1998 Series. Research and training for children's mental health. Louis de la Parte Florida Mental Health Institute. University of South Florida.

Hogg, M. A. & Abrams, D.(1990). *Social Identifications: A Social Psychology of Intergroup Relations and Group Processes*. Routledge. London and New York.

Hokenstad M. C. & Ritvo, R. C.(1982). *Linking Health Care and Social Service: International Perspective*. London: SAGE.

Horejsi, C. R., Horejsi, G. A., & Sheafor, B. (2010). *Techniques and guidelines for social work practice*. Allyn and Bacon.

Howard County(2007). A Parents' Guide to Reporting Acts of Harassment or Intimidation Against Students.

Huxtable, M. (2002). *School Social Work Worldwide*. NASW press.

Huxtable, M., Sottie, C.A., & Ulziitungalag, K. (2012). Social work and education. In K.H. Lyons, T. Hokenstad, & M. Pawar (Eds.), *SAGE Handbook of International Social Work*, 232–248. London: SAGE.

Ife, J.(2012). *Human Rights and Social Work: Towards Rights-Based Practice* (3rd ed.). Cambridge: Cambridge University Press.

Irma A. Molina, Catherine N. Dulmus & Karen M. Sowers(2005). Secondary Prevention for Youth Violence: A Review of Selected School–Based Programs. *Brief Treatment and Crisis Intervention*. 5(1), 95–107.

Jehn, K. A., Northcraft, G. B., & Neal, M. A.(1999). Why difference make a difference: A field study of diversity, conflict, and performance in workgroups. *Administrative Science Quaqrterly*, 44, 741–763.

Jimerson, S. R., Brock, S. E., & Pletcher, S. W. (2005). An integrated model of school crisis preparedness and intervention: A shared foundation to facilitate international crisis intervention. *School Psychology International*, 26(3), 275–296.

Johnson, A.(1965). Social Work Practice in Schools, In H. L. Lurie (Ed.) *Encyclopedia of Social Work*(15th ed). New York : N.A.S.W., 672–679.

Kadushin, A.(1979). Supervisor–Supervisee: A Survey. In Munson, C.E. (Eds), *Social Work Supervision*, 244–257. New York: A Division of Macmillan Publishing Co., Inc.

Kadushin, A. (1992). What's wrong, what's right with social work supervision. *The Clinical Supervisor*, 10(1), 3–19.

Kagan, S. & Neville, P.(1993). *Integrating services for children and families*. New Haven, CT: Yale University.

Kagan, S. L.(1992). Collaborating to meet the readiness agenda: Dimensions and dilemmas. In Council of Chief State School Officers(Ed.), *Ensuring student success through collaboration*. Washington D.C.: Council of Chief State School Officers.

Kagan, S. L.(1989). Early care and education: Beyond the schoolhouse doors. *Phi Delta Kappa*, 7, 107–112.

Kanter, R. M.(1973). Symbolic Interactionism and Politics in Systenic Perspective. In A. Effecerat (Eds.), *Perspectives in Political Sociology*, 77–92. Indianapolis: Bobbs–Merrill.

Kanter, R. M.(1977). *Men and Women of the Corporation*. New York: Basic Books.

Knox, K.S. & Roberts, A.R. (2005). Crisis Intervention and Crisis Team Model in Schools. *Children & Schools*. 27(2), 93–100.

Kennedy M.(1999). Crisis management: Every school needs a plan. *American School & University*. 71(11), 25–27

Kettner, P. M.(1975). A framework for comparing practice models, *Social Service Review*, 49(4), 629–642.

Kordesh, R. S., & Constable, R. (1999). New tasks and old in resource development. In R. T. Constable, S. McDonald, & J. P. Flynn, (Eds.). *School social work: Practice, policy and research perspectives* (4th ed). 478 – 498. Chicago: Lyceum.

Kopfstein, R. (1994). Inservice education for interdisciplinary teamwork: Training and evaluating teams. D.S.W. diss. City University of New York.

Lee, L. J. (1983). The social worker in the political environment of a school system. *Social Work*, 28, 302–307.

Lister, L. (1982). Role training for interdisciplinary teams. *Health and Social Work*, 7(1), 19–25.

Lopez, S. A., Torres, A. & Norwood, P. (1998). Building Partnership: A Successful Collaborative

Experience between Social Work and Education. *Social Work in Education*, 20(3), 165–176.

Lornell, Wallace M. (1966). Group supervision in school social work an experiment. *Child Welfare*, 533–536.

Luhmann, N. (1996). *Systeme, Grundrib einer allgemeinen Theorie, Suhrkamp taschenbuch wissenschaft*.

Lynn, C. J., McKay, M. M. & Atkins, M. S.(2003). School social work: Meeting the mental health needs of students through collaboration with teachers. *Children & Schools*, 25(4), 197–210.

Lyon, K. (1993). Why study roles and relationships, in Jan Walmsley, Jill Reynolds, Pam Shakespeare and Ray Woolfe (eds.) *Health Welfare and Practice : Reflecting on Roles and Relationships*. London: Sage, 231–239.

Malen, B. (1985). The Political Bargaining Model–"New" Dimensions. Paper presented at the Annual Meeting of American Educational Research Association, April.

Mason, J. (1996). *Qualitative Researching*. 김두섭 역(1999). **질적연구방법론**. 나남출판.

Mattessich, P. & Monser, B.(1992). *Collaboration: What makes it work* (5th ed.). St. Paul, MN: Amherst H. Wilder Foundation.

Mazzoni, T. A.(1982). Framework for Political (power) Analysis.

McMichael, P. & Irvine, R.(1983). Obstacles to interprofessional cooperation: A Study of student reponse to education, schools and teachers. *Scottish Education Review*, 15(2). 100–110

Mellor, B. K., Martin, M. L., Kerson, T. S., & Berman, M. J. (1994). Field instruction in a public school. *Clinical Supervisor*, 12(1), 105–121.

Merriam, S. B.(1988). *Case Study in Education: A Qualitative Approach*. 허미화 역(1994). **질적 사례 연구법**. 양서원.

Miller, W. R. & Rollnick, S. (2002). *Motivation Interviewing: Preparing People to Change Addictive Behavior*, New York: The Guilford Press. 신성만, 권정옥, 손명자 역(2006). **동기강화상담 (제2판)**, 서울: 시그마프레스.

Miller, W. R. (1983). Motivational interviewing with problem drinkers. *Behavioural Psychotherapy*, 11(2), 147 - 172.

Miller, W. R., & Rollnick, S. (2002). *Motivational interviewing: Preparing people for change* (2nd ed.). The Guilford Press.

Monkman, M.M.(1982). The specialization of the school social worker and a model for differential levels of practice. In *Differntial Levels of Student Support Services*, Minnesota Department of Education.

Montemayor, A. M., & Romero, A. (2000). Valued parent leadership. IDRA Newsletter,

Munson, C. E. (1983). *An introduction to clinical social work supervision*. Routledge Mental Hea.

NASW(1992). NASW standards for school social work services.

NASW(1998). *The Foundations of Social Work Practice*. 이팔환 외 역(1999). **사회복지실천이론의 토대**. 나눔의 집.

NASW(2012). NASW Standards for School Social Work Services.

Nelson, M. D., & Johnson, P. (1999). School counselors as supervisors: An integrated approach for supervising school counseling interns. *Counselor Education & Supervision,* 39, 89–100.

Newgass S. & Schonfeld D. (1996). A crisis in the class: Anticipating and responding to student's needs. *Educational Horizons*. 74. 124–129.

Newgass S. & Schonfeld D. (2000). School crisis intervention, crisis prevention and crisis response. In Karen S. Knox & Albert R. Roberts. 2005. Crisis Intervention and Crisis Team Model in Schools. *Children & Schools*. 27(2), 93–100.

Owens, D. A., & Neals, M. A.(1999). The Dubious benefit of group heterogeneity in highly uncertain situations : Too much of a good thing? Working paper, School of Business, Vanderbilt University.

Padgett, D. K.(1998). *Qualitative Method in Social Work Research : Challenges and Rewards*. 유태균 역.(2001). 사회복지 질적연구방법론. 나남출판.

Page, M. L.(2003). Race, culture, and the supervisory relationship: A review of literature and call to action, *Journal of Curriculum and Supervision* , (18)2, 161–174.

Pappas, V.C.(1994). Interagency collaboration: an interdisciplinary application. In *Teamwork in human service*. Garner, H.G. & Orelove, F.P.(Ed.). Washington: Butterworth–Heinemann.

Parker, G., Tupling, H. and Brown, L.B.(1979). A Parental Bonding Instrument. *British Journal of Medical Psychology*, 52, 1–10.

Parsons, T. (1951). *The Social System*. England: Routledge

Pawlark, E. J. & Cousins, L. (1999). School Social Work: Organizational perspectives. In R. Constable, S. McDonald, & J. P. Flynn (Eds.). *School Social Work: Practice, policy and research perspectives* (4th ed., 150–165). Chicago: Lyceum Books.

Payne, M.(1997). *Modern Social Work Theory*. 서진환 외 역(2001). 현대사회복지실천이론. 나남.

Peckover, C. A. , Vasquez, M.L., Van Housen, S. L., Saunders, J. A., & Allen, L.(2013). Preparing School Social Work for the Future: An Update of School Social Workers' Tasks in Iowa, *Children & Schools*, 35(1), 9 - 17.

Peebles–Wilkins, W.(2003). Collaborative Interventions. *Children & Schools*, 25(4), 195–196.

Peebles–Wilkins, W.(2004). Youth Developmet in Schools. *Children & Schools,* 26(1). 3–4.

Pennekamp, H. H.(1992). Toward school–linked and school–based human services for children and families. *Social Work in Education*, 14(2), 125–130.

Perlman, H. (1960). Intake and some Role Considerations, *Social Casework*, 41, 171 - 7.

Pfeffer, J.(1981). *Power in Organizations*. Marshfield: Pitman.

Pike, A.(1991). Moral outrage and moral discourse in nurse–physician collaboration. *Journal of Professional Nursing*, 7, 351–362.

Pincus, A. & Minahan, A.(1973). *Social Work Practice : Model and Method*. Itasca, Ill., F. E. Peacock Publishers.

Poland S.(1994). The role of school crisis intervention teams to prevent and reduce school violence and trauma. *School Psychology Review*. 23, 175–189.

Quinn, K., & Cumblad, C.(1994). Service provider's perceptions of interagency collaboration in their communities. *Journal of Emotional and Behavioral Disorders*. 2(2), 106–116.

Radin, N.(1975). A personal perspective on school social work. *Social Casework*, December, 615–613.

Radin, N.(1989). School social work practice: Past, present and future trends. *Social Work in Education*. 11, 213–225.

Rapp, C. (2006). Strenths–based case management: Enhancing treatment for persons with substance abuse problems. In Saleebey, D. (Ed.). (2006). *The Strengths Perspective in social work practice*. 4th ed.. Boston: Allyn & Bacon.128–147.

Rigby, K. & Slee, P.T.(1993). Bullying among Australian school children: reported behaviour. *Journal of Personality and Individual Differences*. 14, 371 - 373.

Richmond, M. E. (1917). *Social diagnosis*, New York: Russell Sage Foundation

Richmond, M. E. (1922). *What is social case work? An introductory description*, New York: Russell Sage Foundation

Robinson, V.(1949). *The dynamics of supervision under functional controls: A Professional process in social casework*. Philadelphia: University of Pennsylvania Press.

Rosenthal, R.,& Jacobson, L.(1968). Pygmalion in the classroom. *Urban Rev* 3, 16 - 20 .

Rosenberg, M. (1965). Rosenberg self–esteem scale (RSE). Acceptance and commitment therapy. *Measures package*, 61(52), 18.

Russell Katz(1960). School Social Work, *Social Work Yearbook*, 521.

Saleebey, D. (1992). *The Strengths Perspective in social work practice*. White Plains, NY: Longman

Saleebey, D. (2006). *The Strengths Perspective in social work practice*. 4th ed.. Boston: Allyn & Bacon

Saleebey, D. (2012). *The Strengths Perspective in social work practice*. 6th ed. Pearson.

Sanders, D.(1999). Calssroom observation: An instrument for assessment. In R. T. Constable, S. McDonald, & J. P. Flynn, (Eds.), *School social work: Practice, policy and research perspectives* (4th ed). 248 - 257. Chicago: Lyceum.

Shaw, M. C. (1967). Role delineation among the guidance professions. *Psychology in the Schools*, 4, 3–13.

Shera, W. & L Wells (1999). *Empowerment: A Critical View* . Canadian Scholars Press.

Shulman, L. (1995). Supervision and Consultation. *Encyclopedia of Social Work*, NASW, PP. 2373–2379.

Singer, G.H.S. & Powers, L.E. (1993). *Families, Disability & Empowerment: Active Coping Skills and Strategies for Family Interventions*. Baltimore: Paul Brookes.

Swan, W. W., & Morgan, J.(1993). *Collaborating for comprehensive services for young children and their families*. Baltimore: Paul Brookes.

Snyder, C. R. (2002). Hope theory: Rainbows in the mind. *Psychological Inquiry*, 13, 249– 275.

Taber, M. A. & Finnegan, D. J. (1980). The Social Service Program Developer: A New Role in Social Work, *Journal of Education for Social Work*, 16(1), 27–32.

Thyer, B.A. (2014). Evaluating school social work. In Allen–Mears, P.(2014). *Social work services in schools* (7th ed). New York. Pearson, 297–326.

Tompkins, A. (2002). Guidelines for Interviewing Juveniles. *Poynter Institute for Media Studies*, August, 14.

Tyack, D.B., & Berkowitz, M. (1977). The Man Nobody Liked: Toward A Social History of the Truant Officer, 1840–1940.

UNICEF(2013). Ethical Research Involving Children. *American Quarterly*, 29(1), 31-54. UNICEF.

US General Accounting Office. (1993). School –linked human services: A comprehensive strategy for aiding students at risk of school failure.

Verdugo, R.R. and Schneider, J.M. (2005). School Quality, Safe Schools: An Empirical Analysis. Revista Electrónica Iberoamericana sobre Calidad, *Eficacia y Cambio en Educación*, 3(1). 96–117.

Wallace, M. & Hall, V.(1994). Team approaches to leadership in secondary schools. paper presented at the Annual Meeting of the American Educational Research Association. ED : 370219.

Weick, A., Rapp, C., Sullivan, W., & Kisthardt, W. (1989). A Strengths Perspective for Social Work Practice. *Social Work*, 34(4), 350–354.

Werner E.E. & Smith, R.S.(1982). *Journeys From Childhood to Midlife: Risk, Resilience and Recovery*. NY: Cornell University Press.

Young, S & Holdorf, G (2003). Using solution focused brief therapy in individual referrals for bullying. *Educational psychology in practice*, 19(4), 271–282.

Young, S. (2009). *Solution-focused schools: Anti-bullying and beyond*. 노혜련, 김윤주 공역(2016). 해결중심 학교 만들기. 신정.

부록. 한국 학교사회복지 역사

연도	한국 학교사회복지 역사	비고
1950년대	• 1950년대 전후 외원단체 중심의 사회복지 서비스 실시 : 당시 외원기관의 사회사업가들은 빈곤아동 및 요보호학생의 가정을 방문하여 상담과 재정적 지원을 제공하였으며, 학교교육을 마칠 수 있도록 원조 • 기독교아동복리재단, 양친회 등의 복지기관이 후원금연결사업을 통해, 아동의 의식주 문제해결과 학교교육 지속을 위한 도움을 주었으며, 10여 개의 복지단체들이 학생 상담, 가정 상담, 비행청소년 상담을 제공	• 1952 미국 교육사절단이 학생지도를 위한 교육법으로 상담, 심리검사, 정신건강 등을 소개 • 1953.7.27. 한국전쟁 정전 협정 • 1953 「근로기준법」 제정 • 1953 학생의 날 제정 • 1956 TV 방송 시작 • 1957 어린이 헌장 제정 • 1957 서울시 교육위원회 주최 '카운슬러 강습회'개최 • 1958 서울시 중고등학교 교도교사제도 도입 • 1958 「소년법」 「소년원법」 제정 • 1958 이화여대 사회사업학과 개설
1960년대	• 1960년대 후반 캐나다 유니테리언봉사회(USCC) 운영의 서울시 마포사회복지관이 마포지역의 한 초등학교와 연계하여 학교 내의 요보호학생 상담과 경제적 서비스 제공의 학교사회사업 실시 – 부모, 시립아동상담소, 교사와 협력하여 학교에서 의뢰된 36명의 학생들에게 경제적 원조 제공 및 상담 서비스 제공 – 학생의 학교적응과 학업 성취를 원조–사회사업가와 학교와의 계약에 의해 아동복지사업 실시 • 학교사회사업의 이론과 개념 소개	• 1960 4.19 혁명 • 1961 「아동복리법」 제정 • 1963 교도교사 자격증제도 신설, 한국 카운슬러 협회 발족 • 1964 중고교 카운슬러 자격 규정 시행 • 1966 서울시 교육위원회에 '학생생활지도 상담센터'개소 • 1968 대학입학 예비고사 실시 • 1969 중학교 무시험 진학제 시행
1970 ~80년대	• 1986 현대고등학교 사회사업 학위를 겸한 김혜래 교사 상담활동 • 1980년대 초반부터 사회복지관, 아동상담소, 소년감별소 등에서 아동복지, 청소년복지의 일환으로 지역사회의 문제학생들에게 상담이나 사회복지 서비스를 제공	• 1973 「교육법」 시행령으로 교도주임교사의 의무 배치 • 1974 고교 평준화 시작 • 1976 전국 대학생 카운슬러 연구회 창설 • 1980. 5. 18 광주 민주화운동 • 1980 컬러TV 방송 • 1981 「아동복지법」 제정 • 1982 한국사회복지사협회 사회복지사 윤리강령 제정 • 1982 대입학력고사 실시 • 1985 서울시 교육연구원에서 학생 상담자원봉사제도 도입 • 1985 UN 세계 청소년의 해 • 1987 「청소년육성법」 제정 • 1988 '88 서울 올림픽 • 1989 UN 아동권리협약 채택

연도	한국 학교사회복지 역사	비고
1990년대	• 1992 대통령교육정책자문위원회에서 교육복지 실현을 위한 「교육복지법」 제정과 학교사회사업요원 배치 제안 • 1993 연세대학교 사회복지학과 학생들이 자원봉사자의 자격으로 미동초등학교, 공진중학교, 중암중학교 내에서 문제학생들에게 개인상담, 집단상담, 가정방문 등의 학교사회사업 서비스 제공 • 1993 숭실대학교 대학원생 윤철수가 사회복지실습생의 자격으로 화곡여자상업고등학교에서 학교사회사업 서비스 제공 • 1993 태화은평사회복지관의 유영덕과 한수정이 수색초등학교 내에 '꿈나무 교실'이라는 명칭으로 3년간 학교부적응 학생을 위한 학교사회사업 제공 • 1995 국민복지기획단에서 학교사회사업제도 도입 건의 • 1995 삼성복지재단 태화은평종합사회복지관 학교사회사업 프로그램 지원(1997년 8개 지역사회복지관 1998년 7개 지역사회복지관 지원) • 1996 서울시교육청이 서울대학교 사회복지연구소에 학교사회사업 연구사업 용역 시작 • 1997 서울시교육청 연구사업으로 학교사회사업가 3개교 배치 • 1997 교육부 학교사회사업 시범사업 (~1999.2) • 1997 한국학교사회사업학회 창립 • 1997 삼성복지재단에서 학교사회사업을 위한 복지관 지원사업 전개 • 1998 일반 사립재단에서 최초 학교사회사업가 자체 고용(봉덕학원, 윤철수) • 1999 한국학교사회복지학회 '학교사회복지' 전문 학술지 창간	• 1990 동서독 통일 • 1990 시도교육연구원에 진로교육부 신설 • 1990 대한민국 청소년 헌장 제정(1998 개정) • 1991 UN아동권리협약 비준 • 1991 「청소년기본법」 제정 • 1991 외국인 '산업연수생' 입국 • 1992 미국 NASW 학교사회복지사 자격시험 실시 • 1993 김영삼 문민정부 출범 • 1994 대학수학능력시험 도입 • 1994 성수대교 붕괴 • 1995 5.31교육개혁(학생 자원봉사활동이 입시에 반영) • 1996 OECD 회원국 • 1997 서울시교육청에 학생상담소 개소, • 1997 전국 6개 대안학교 시작 • 1997 「청소년보호법」 제정 • 1997.12. 외환위기로 IMF 구제금융요청 (~2001) • 1998 김대중 국민의 정부 출범 • 1998 금강산 관광 시작 • 1999 「국민기초생활보장법」 제정 • 1999 제1차 세계 학교사회복지 컨퍼런스 개최(미국 시카고)

연도	한국 학교사회복지 역사	비고
2000년대	• 2000 한국학교사회사업실천가협회 창립(2005년 현 한국학교사회복지사협회로 명칭 변경) • 2000 서울시교육청 학교사회사업 1차 생활지도 시범사업 시작(~2007년 5차까지 진행) • 2002 사회복지공동모금회 기획사업 학교사회사업 14개교 실시(~2005) • 2003 교육복지투자우선지역지원사업 서울 및 부산 45개교 시작 – 이후 지속적으로 확대 • 2003 과천시에서 지방자치단체 학교사회복지 최초로 시작 • 2004 교육인적자원부 주관 '학교폭력예방 및 교육복지 증진을 위한 사회복지사를 활용한 연구학교' 사업(~2008.12) • 2005 한국사회복지사협회, 한국학교사회복지학회, 한국학교사회복지사협회 공동의 학교사회복지자격관리위원회 설치 • 2005 제1회 학교사회복지사 자격시험 실시 • 2005 위스타트 학교사회사업 안산마을 2개 초등학교에서 시작(~2013년까지 경기도 전체 위스타트 마을로 확대) • 2006 제3차 세계 학교사회복지 컨퍼런스가 부산대학교에서 개최 • 2006 서울시교육청 좋은 학교 만들기 자원학교 사업 시작 • 2007 드림스타트 학교사회사업 전국 14개 초등학교 실시(2008년 전국 5개초 실시) • 2008 사회복지공동모금회 특수학교 학교사회사업 3개교 지원 • 2009 성남시에서 최초로 학교사회복지 조례 제정	• 2000 개성공단 착수 • 2000 헌법재판소 과외금지 위헌 판결 • 2000 미국 NASW 공인학교사회복지사 전문자격 C-SSWS 신설 • 2002 서울 · 동경 월드컵 개최 • 2003 노무현 열린정부 출범 • 2003 사회복지사 1급 국가시험 시작 • 2004 「학교폭력 예방 및 대책에 관한 법률」 제정 • 2004 「청소년활동 진흥법」 제정 • 2004 「청소년복지지원법」 제정 • 2004 「건강가정기본법」 제정 • 2005 전문상담교사 교육청에 배치 시작 • 2005 「아동복지법」 개정으로 지역아동센터가 아동복지시설로 추가 • 2007 「장애인 등에 관한 특수교육법」 • 2007 「보호소년 등의 처우에 관한 법률」 제정 • 2007 「소년원법」 개정 (보호소년의 최저연령 12세에서 10세로 변경) • 2007 전문상담교사 학교 배치 • 2008 이명박 정부 출범 • 2008 위프로젝트(학교안전종합시스템) Wee Class 설치 • 2008 「다문화가족지원법」 제정 • 2009 신종플루 확산

연도	한국 학교사회복지 역사	비고
2010년대	• 2010 이주영 국회의원 학교사회복지법안 발의 • 2010 「초중등교육법 시행령」 개정 교육복지 우선지원사업 근거 조항 신설 • 2010 강원랜드 하이원 학교사회사업 시작 • 2011 교육복지우선지원사업이 기존 빈곤지역 단위에서 저소득층 밀집학교 단위로 변경 • 2014 지방자치단체 학교사회복지사업(서울 7개교, 과천 9개교, 용인 6개교, 수원 37개교, 성남 30개교, 안양 3개교, 군포 · 의왕 12개교 등 총 104개교 실시) • 2018 「사회복지사업법」 개정 – 학교사회복지가 사회복지의 전문 영역의 하나로 규정. 학교사회복지사가 국가자격제도로 전환	• 2010 마이스터고, 자율형 사립고(자사고) 시작 • 2010 경기도에서 최초로 학생인권조례 제정 • 2011 「장애아동복지지원법」 제정 • 2012 시군구 희망복지지원단 출범 • 2014 「발달 장애인 권리보장 및 지원에 관한 법률」 제정 • 2015 개정 교육과정 시작 • 2015 「진로교육법」 제정 – 신로선남교사(진로진학상담교사) 배치 • 2015 「국민기초생활보장법」 개정(상대적 빈곤선, 급여에 따라 선정기준 차등) • 2016 중학교에 자유학기제 도입(2018 자유학년제 도입) • 2016 세계 학교사회복지 저널 발간 • 2019 아동권리보장원 설립
2020년대	• 2020 「사회복지사업법」 시행령, 시행규칙 개정. – 학교사회복지사 자격을 위한 1000시간의 수련시간, 연간 12시간 이상의 보수교육 규정 신설	• 2020 「공직선거법」 개정으로 선거권이 기존의 만 19세에서 만 18세로 조정 • 2020 「청소년기본법」 개정으로 청소년정책위원회에 청소년위원 포함 • 2020 마이스터고 고교 학점제 1학년 시작 – 2025년 전면 도입 예정 • 2021 공립 고교 무상교육 전면 실시

저자소개

진혜경

이화여자대학교 사범대학 과학교육학과를 졸업하고, 중 · 고등학교에서 교사로 재직 중 IMF 학교 붕괴 시기에 가톨릭대학교 사회복지대학원에서 학교사회복지를 공부하였다.

가톨릭대학교 대학원에서 학교사회복지로 박사논문을 쓰고, 인천시교육청, 전라남도교육청에서 교육복지연구지원센터 위원으로 참여하였다.

현) 목포대학교 사회복지학과 교수
한국학교사회복지학회 부회장
한국청소년복지학회 이사

학교사회복지론

초판 1쇄 인쇄 2021년 3월 2일
초판 1쇄 발행 2021년 3월 5일

지 은 이 | 진혜경
펴 낸 이 | 김기섭
편 집 인 | 정현주
펴 낸 곳 | 창지사 www.changjisa.com
08589 서울시 금천구 가산디지털 1로 83 파트너스타워 1차 9층
전화 (02)719-2211~3
팩스 (02)701-9386
등 록 | 1977년 4월 28일 · 제1-421호

ISBN 978-89-426-1428-8 (93330)

값 18,000원